O eu soberano

Transmissão da Psicanálise
diretor: Marco Antonio Coutinho Jorge

Elisabeth Roudinesco

O eu soberano

Ensaio sobre as derivas identitárias

Tradução:
Eliana Aguiar

2ª reimpressão

Grafia atualizada segundo o Acordo Ortográfico da Língua Portuguesa de 1990, que entrou em vigor no Brasil em 2009.

Título original
Soi-Même Comme un Roi: Essai sur les dérives identitaires

Capa
Elisa von Randow

Preparação
Angela Ramalho Vianna

Revisão
Erika Nogueira Vieira
Thiago Passos
Julian F. Guimarães

Dados Internacionais de Catalogação na Publicação (CIP)
(Câmara Brasileira do Livro, SP, Brasil)

Roudinesco, Elisabeth
O eu soberano : Ensaio sobre as derivas identitárias / Elisabeth Roudinesco ; tradução Eliana Aguiar. — 1ª ed. — Rio de Janeiro : Zahar, 2022.

Título original: Soi-Même Comme un Roi : Essai sur les dérives identitaires.
ISBN 978-65-5979-053-1

1. Conflito social 2. Identidade (Psicologia) 3. Minorias 4. Relações intergrupais I. Título.

21-92318 CDD: 150.195

Índice para catálogo sistemático:
1. Ensaios : Psicanálise 150.195

Eliete Marques da Silva – Bibliotecária – CRB-8/9380

[2022]

EDITORA SCHWARCZ S.A.
Praça Floriano, 19, sala 3001 — Cinelândia
20031-050 — Rio de Janeiro — RJ
Telefone: (21) 3993-7510
www.companhiadasletras.com.br
www.blogdacompanhia.com.br
facebook.com/editorazahar
instagram.com/editorazahar
twitter.com/editorazahar

Mais clara a luz, mais sombria a escuridão… É impossível apreciar corretamente a luz sem conhecer as trevas.

Jean-Paul Sartre

Sumário

Prefácio 9

1. **A designação identitária** 13
   Beirute, 2005: Quem sou eu? 13
   Laicidades 17
   As políticas de Narciso 21
   Berkeley, 1996 23

2. **A galáxia do gênero** 26
   Paris, 1949: Não se nasce mulher 26
   Viena, 1912: A anatomia é o destino 28
   Grandezas e decepções dos estudos de gênero 30
   Transidentidades 36
   Loucuras inquisitoriais 39
   Derrocada da psiquiatria 42
   Nova York, 1990: *Queer Nation* 47
   Disseminar o gênero humano 61
   Não sou nem branco nem mulher nem homem, mas meio libanês 67

3. **Desconstruir a raça** 70
   Paris, 1952: A raça não existe 70
   Colonialismo e anticolonialismo 77
   Negro sou 83

Escrever para a Argélia 92
Identidades mestiças 108

4. **Pós-colonialidades** 118
"Sartre ainda está vivo?" 118
Descartes, macho branco colonialista 125
Flaubert e Kuchuk Hanem 130
Teerã, 1979: Um sonho de cruzada 138
A identidade subalterna 145

5. **O labirinto da interseccionalidade** 168
A querela das memórias 168
"Je suis Charlie" 198
Fúrias iconoclastas 201

6. **Grandes substituições** 216
Eu contra tudo 216
Terror da invasão 230
"Big Other": de Boulouris a *La Campagne de France* 237

Epílogo 255
Agradecimentos 257
Notas 258

Prefácio

Depois de vinte anos, os movimentos de emancipação parecem ter mudado de direção. Já não se perguntam como transformar o mundo para que ele seja melhor, mas dedicam-se a proteger as populações daquilo que as ameaça: desigualdades crescentes, invisibilidade social, miséria moral.

As reivindicações hoje são, portanto, o inverso do que foram durante um século. Luta-se menos pelo progresso, cujas conquistas, às vezes, são até rejeitadas. As pessoas exibem seus sofrimentos, denunciam as ofensas, dão livre curso a seus afetos, como marcadores identitários que exprimem um desejo de visibilidade, seja para afirmar sua indignação, seja para serem reconhecidas.[1] As artes e as letras não escapam ao fenômeno, pois a literatura nunca esteve tão preocupada com o "vivido" quanto hoje. Nos romances, procura-se menos a reconstrução de uma realidade global do que uma forma de contar-se a si mesmo sem distância crítica, usando a autoficção,[2] talvez até a abjeção, o que permite que o autor se desdobre infinitamente afirmando que tudo é verdade porque tudo é inventado. Daí a síndrome do camaleão: "Colocado sobre o verde, ele fica verde, deitado sobre o azul, fica azul, posto sobre um tecido escocês, ele fica louco, explode, morre".

Recentemente, Gérard Noiriel, historiador dos movimentos sociais, apontava que as salas dos arquivos eram frequentadas menos por historiadores profissionais que por "amadores da história", que muitas vezes queriam reconstituir sua árvore genealógica para "contar a história de sua aldeia, de seus ancestrais, de sua comunidade etc.".[3] Essa autoafirmação de si — transformada em hipertrofia do eu — seria, portanto, o sinal distintivo de uma época em que cada um tenta ser si-mesmo como um rei, e não como um outro.[4] Mas, em contraponto, consolida-se uma outra maneira de submeter-se à mecânica identitária: o isolamento.

Várias definições de identidade são possíveis. Quando se diz "Eu sou eu", ou "Penso, logo sou", ou "Quem sou eu se não sou quem habito", ou ainda "Isso pensa lá onde eu não sou" ou "Eu é um outro",[5] ou, por que não, "Eu dependo de uma alteridade", ou "Eu dependo dos outros para saber quem sou", ou ainda *"Je suis Charlie"*,* afirma-se a existência de uma identidade universal — consciente, inconsciente, habitada pela liberdade, dividida, sempre "outra" sendo si-mesma —, independente das contingências do corpo biológico ou do território de origem. Recusa-se então o pertencimento no sentido do enraizamento para sublinhar que a identidade antes de tudo é múltipla e inclui em si o estrangeiro.[6] Mas se, ao contrário, assimila-se a identidade a um pertencimento, então o sujeito é reduzido a uma ou várias identidades hierarquizadas e desaparece a ideia do "Eu sou eu, isso é tudo!".[7] É esta segunda definição de identidade, amplamente inspirada por trabalhos de interpretação psicanalítica pós-freudiana, que será examinada nas páginas que se seguem.

Num primeiro capítulo evocarei algumas formas modernas da designação identitária,[8] cada qual mais melancólica que a

* Ver pp. 198-201. (N. T.)

outra, que se traduzem numa vontade de acabar com a alteridade, reduzindo o ser humano a uma experiência específica. No segundo capítulo analisarei as variações que afetaram a noção de "gênero". À custa de uma série de derivas, ela não é mais usada como instrumento conceitual destinado a esclarecer uma abordagem emancipadora da história das mulheres — como foi até o ano 2000 —, mas para consolidar, na vida social e política, uma ideologia normativa de pertencimento que chega a ponto de dissolver as fronteiras entre o sexo e o gênero.

Nos três capítulos seguintes, tratarei das diferentes metamorfoses da ideia de "raça". Depois de ter sido descartada do discurso da ciência e das humanidades em 1945, ela foi resgatada pelos estudos chamados "pós-coloniais", subalternistas e "decoloniais", que se inspiraram em algumas das grandes obras de pensadores da modernidade: Aimé Césaire, Edward Said, Frantz Fanon ou Jacques Derrida. Também neste terreno, instrumentos conceituais forjados com rara acuidade foram reinterpretados ao máximo a fim de sustentar os ideais de um novo conformismo da norma, cujos traços podem ser encontrados tanto em alguns adeptos do transgenerismo queer quanto nos Indígenas da República e outros movimentos engajados na busca de uma inencontrável política identitária.

Em cada etapa deste ensaio, tratarei de analisar a abundância de neologismos que acompanham o "falar obscuro" de todas essas derivas.

No último capítulo do livro, estudarei a maneira como a noção de "identidade nacional" voltou aos discursos dos polemistas da extrema direita francesa, possuídos pelo terror da "grande substituição" de si por uma alteridade demonizada: o imigrante, o muçulmano, Maio de 68, a barriga de aluguel, a Revolução Francesa etc. Esse discurso fetichiza um passado imaginário propondo a execração do presente e valorizando, assim, o que os identitários do lado oposto recusam: a identidade branca, masculina, viril, colonialista, ocidental etc. Para estes outros identitários — que, aliás, se autodenominam Identitários (com maiúscula) —, nossas aldeias de outrora, nossas escolas, nossas igrejas, nossos valores estariam ameaçados pelos novos bárbaros: a Eurodisney, as mães de aluguel indianas, os que dão aos filhos nomes impronunciáveis, as comunidades polígamas etc.

Como conclusão, ao final dessa imersão nas trevas do pensamento identitário em que muitas vezes se misturam delírio, conspiração, rejeição do outro, incitação ao assassinato e racialização das subjetividades, indicarei algumas pistas capazes de contribuir para nos tirar da desesperança, em direção a um mundo possível, onde cada um adotaria o princípio do "Eu sou, isso é tudo" sem contestar a diversidade das comunidades humanas nem transformar o universal ou a diferença em essência. "Nem muito perto, nem muito longe", dizia Claude Lévi-Strauss, afirmando que a uniformização do mundo levava tanto à sua extinção quanto à fragmentação das culturas. É esse o significado profundo deste livro.

1. A designação identitária

Beirute, 2005: Quem sou eu?

Numa festa em Beirute, consecutiva à realização de um colóquio sobre psicanálise no mundo árabe e islâmico,[1] tive a oportunidade de conhecer, em maio de 2005, um grande empresário da imprensa, erudito e elegante: Ghassan Tuéni. Ele acolheu-me com entusiasmo, encantado, dizia ele, em receber uma "ortodoxa" em sua suntuosa residência. Espantada, eu disse que não era ortodoxa, e ele respondeu de imediato: "Mas você é romena!". E acrescentou que ele próprio pertencia à comunidade grega ortodoxa e que sua primeira esposa era drusa. E que estava acostumado às "identidades mistas". Eu, depois de dizer que não era nem romena nem ortodoxa, mas que em minha família havia judeus e protestantes, destaquei que fora educada segundo o rito católico por pais que, a bem da verdade, não tinham fé e que me transmitiram tão parcas tradições de culto que eu me sentia, na verdade, ateia — ou "fora da religião" —, sem por isso ser anticlerical: eu nada sabia sobre "identidades mistas". Não sem humor, ele objetou: "Então você é ateia cristã, de origem ortodoxa e de obediência católica". Não sendo nem ateia, no sentido de um engajamento, nem realmente cristã, embora batizada, acabei explicando que minha mãe, ligada sobretudo à laicidade republicana, viera de uma família alsaciana, protestante por parte de pai e "israelita" parisiense por parte de mãe, e que, pelos dois lados, preferia a denominação HSP (Haute Societé Protestante [Alta Sociedade Protestante]), o que permitia evitar a palavra "judeu" em nome de um assimilacionismo militante. Quanto a meu pai, oriundo de uma família judia de Bucareste — ultrafrancófila e não praticante —, ele detestava os papas, a sinagoga e os rabinos, e aderia sem reservas aos ideais da República. Preferia, sobretudo, declarar-se "voltairiano" sem deixar de ser, por razões estritamente estéticas, um fervoroso admirador da Igreja Católica Romana — especialmente da pintura do Renascimento: a Itália era sua segunda pátria, depois da França, e Roma, sua cidade preferida. Temendo o antissemitismo e desejoso de uma boa integração, adorava mentir sobre suas origens, sublinhando que seu pai era ortodoxo e ele, convertido ao catolicismo.

Eu, por meu lado, via como um fantasma de outras eras essa maneira de dissimular a judeidade, seja pretendendo-se "israelita", seja referindo-se a uma identidade confessional. Outro convidado intrometeu-se então em nossa conversa, observando que, mesmo sem ser "francesa de raiz", eu adquirira a "cidadania francesa". Fui obrigada a responder que a terminologia não me convinha e que, aliás, eu não era cidadã francesa nem de raiz — pois, assim como as raças, as raízes não existiam — nem por aquisição, pois nasci francesa de pais franceses. Quanto à "identidade da França", sobre a qual ele me interrogava, respondi citando de memória as proposições de Fernand Braudel. A identidade da França, disse eu, nada tem a ver com qualquer "identidade nacional", mesmo que seja francesa. A identidade pura ou perfeita não existe. Da mesma forma como *a* França tem sua identidade sempre dividida — entre suas regiões e suas cidades, entre seus ideais divergentes —, embora a República seja indivisível, laica e social.[2] A França nada mais é que a França descrita por Michelet: várias Franças "costuradas juntas", isto é, a França construída em torno de Paris e que acabou impondo-se às diferentes Franças. Esta é, portanto, a França francesa, composta por todos os aportes migratórios vindos do mundo inteiro, com suas tradições, sua língua e sua influência intelectual. A civilização francesa não existiria sem o acesso dos estrangeiros à identidade da França: "Digo de uma vez por todas", sublinhava Braudel em 1985, "amo a França com a mesma paixão, exigente e complicada, que Jules Michelet. Sem distinguir entre suas virtudes e seus defeitos, entre aquilo que prefiro e aquilo que aceito menos facilmente [...]. Faço questão de falar da França como se fosse um outro país, uma outra pátria, uma outra nação".[3]

No curso desse diálogo, que parecia muito com uma história judaica — do tipo "Você diz que está indo para a Cracóvia para que eu pense que está indo para Lodz" —, fui então obrigada, pela primeira vez na vida, a explicar a um homem de alta cultura, leitor de Paul Valéry e adepto do velho humanismo europeu, que eu era simplesmente francesa: cidadã francesa, de nacionalidade francesa, nascida em Paris, isto é, na França, e que não falava uma palavra de romeno, língua que meu pai só usava quando ficava furioso com sua irmã, minha velha tia. Era mais simples para mim, de fato, reivindicar a "francesidade" do que continuar me esforçando em contorcionismos identitários do tipo "Sou judia-romena-alsaciana-semigermânica", ou, quem sabe, um quarto vienense por parte de meu ancestral materno Julius Popper, conquistador da Patagônia, ou, ainda, marcada com o selo da "branquitude". Explosão de riso: "Claro! E eu sou libanês. Mas digamos que você é antes de tudo ortodoxa, porque tem um nome romeno. Portanto, somos, os dois, ligados às Igrejas ortodoxas canônicas autocéfalas. Vou, aliás, apresentá-la à minha segunda esposa, Chadia, também ortodoxa, livreira e apaixonada por psicanálise".

Vinda de um libanês habituado a viver num país em guerra, adepto de uma das dezessete religiões reconhecidas pelo Estado, a afirmação não deveria causar espanto. Aliás, o diálogo só poderia ocorrer com um estrangeiro: questionar um patriota libanês sobre sua identidade seria, de fato, uma grande incongruência, porque nesse universo o pertencimento a uma comunidade confessional é evidente. E a fé também é uma questão privada, distinta de qualquer forma de identidade, que se define para cada sujeito a partir de uma imposição: a obrigação de pertencer a uma das dezessete comunidades, cada qual com legislação e jurisdições próprias em matéria de estatuto pessoal. Nenhuma identidade subjetiva, política, nacional, sexual ou social é possível sem esse marcador.[4] Nessa configuração, a identidade não depende da religião ou de uma fé qualquer, mas de um pertencimento: uma tribo, um clã, uma etnia. Estabelecido pela França mandatária com as melhores intenções do mundo, o sistema comunitário deveria garantir o respeito aos equilíbrios seculares transmitidos de geração em geração, única maneira, dizem, de não apagar ou reificar as identidades. E, no entanto, durante o colóquio, os conferencistas libaneses — inclusive Ghassan Tuéni — tiveram a oportunidade de dizer que não aprovavam o sistema e que suas preferências recaíam sobre as Luzes francesas, a laicidade e uma concepção cidadã da democracia muito distante de todas as formas confessionais de organização, das quais eles eram ao mesmo tempo vítimas, herdeiros e protagonistas.

Jornalista e historiador, defensor da causa palestina, editorialista do jornal *An-Nahar*, cofundador do Movimento da Esquerda Democrática, Samir Kassir contribuiu para a organização do colóquio, convencido de que a psicanálise era portadora, nela mesma e independentemente de seus representantes, de uma subjetividade perigosa para os totalitarismos, os nacionalismos e o fanatismo identitário. Ele desafiou muitas vezes a censura e, em sua intervenção, deu provas de sua ligação com os ideais do humanismo árabe, reiterando a preferência pelo universalismo das Luzes e a rejeição de um comunitarismo estreito. Kassir combatia tanto a ditadura síria quanto o Hezbollah. Alguns dias depois de tomar a palavra nesse colóquio que, como todos sabíamos, era de alto risco, ele foi assassinado num atentado com carro-bomba. Em dezembro, foi a vez de Gébrane Tuéni, filho de Ghassan.

Laicidades

De minha parte, nunca deixei de pensar que o princípio da laicidade era superior a qualquer outro para garantir a liberdade de consciência e a transmissão dos saberes, e isso bem antes de nos confrontarmos, na França, com as derivas identitárias, embora a questão do islã já estivesse presente. No entanto, não alimento nenhuma hostilidade de princípio contra o culturalismo, o relativismo ou as religiões em geral, e considero as diferenças necessárias à compreensão do universal. Recuso o projeto de fazer da laicidade uma nova religião habitada por um universalismo dogmático, aplicável a todas as nações. Somente a diversidade e a mistura são, a meu ver, fontes de progresso. Isso não impede dizer que, sem um mínimo de laicidade, nenhum Estado escaparia do domínio da religião, sobretudo quando ela se confunde com um projeto de conquista política, ou seja, com a ostentação de seus estigmas. É por isso que, mesmo consciente das inúmeras formas de laicidade existentes no mundo, tão respeitáveis e eficazes quanto o modelo francês, apoio de bom grado a ideia geral de que a laicidade, enquanto tal, gera mais liberdade que qualquer religião investida de um poder político.[5]

Ao mesmo tempo, eu diria que somente a laicidade pode garantir a liberdade de consciência e sobretudo evitar que cada sujeito fique confinado à sua identidade. É esta, aliás, a razão pela qual fui favorável, em 1989, ao projeto de lei proibindo, na França, o uso do véu islâmico nas escolas, pois se tratava de jovens menores de idade. Nunca achei que a lei instaurasse qualquer tipo de "exclusão neocolonial" visando aos representantes de uma comunidade em particular. Na França, de fato, a escola republicana repousa sobre um ideal que tem como projeto afastar, em parte, a criança de sua família, de suas origens e de seu particularismo, e faz da luta contra qualquer domínio religioso o princípio de uma educação igualitária. Em virtude desse princípio, nenhum aluno tem o direito de exibir, no interior da instituição escolar, qualquer sinal ostentatório de seu pertencimento a uma religião: crucifixo visível, quipá, véu.[6] A França é, contudo, o único país do mundo a reivindicar esse modelo de laicidade republicana. E é preciso defendê-lo em relação a tudo e contra tudo, pois ele encarna uma tradição oriunda da Revolução e da separação entre a Igreja e o Estado. Mas por isso mesmo é difícil afirmar que ele seria superior a todos os outros e, portanto, exportável. Querer impor o modelo a todos os povos do mundo seria ao mesmo tempo imperialista e suicida.

Muito diferente de Ghassan Tuéni, o padre Sélim Abou, reitor da Universidade Saint-Joseph, presente na famosa festa em Beirute, era um magnífico jesuíta que me fazia pensar em Michel de Certeau. Freudiano convicto, antropólogo anticolonialista, fino conhecedor da América Latina e do Canadá, ele estudou a trágica epopeia da República Jesuíta dos Guarani e reflete desde então sobre a "questão identitária", preferindo o cosmopolitismo a qualquer outra ideia de designação, mesmo que confessional.[7] Ele sublinhava, aliás, que quanto mais a globalização econômica se afirmava, mais se intensificava, em contraponto, a reação identitária igualmente bárbara, como se a homogeneização das maneiras de viver sob a influência do mercado seguisse de par com a busca de pretensas "raízes". Nessa perspectiva, a mundialização das trocas econômicas era acompanhada, portanto, por uma recrudescência das angústias de identidade as mais reacionárias: terror da abolição das diferenças sexuais, da supressão das soberanias e das fronteiras, medo do desaparecimento da família, do pai, da mãe, ódio aos homossexuais, aos árabes, aos estrangeiros etc.[8]

Sélim Abou reivindicava também, contra essa espiral diabólica, a famosa afirmação de Montesquieu:

> Se eu soubesse alguma coisa útil à minha nação que fosse danosa a outra, eu não a proporia a meu príncipe, porque sou homem antes de ser francês, ou ainda porque sou necessariamente homem, sendo francês apenas por acaso. Se soubesse de alguma coisa que fosse útil à minha família e que não o fosse à minha pátria, buscaria afastá-la de meu espírito. Se soubesse de alguma

coisa que fosse útil à minha pátria e que fosse prejudicial à Europa ou que fosse útil à Europa e prejudicial ao gênero humano, eu a veria como um crime.[9]

Trata-se — e Sélim Abou o afirma — do melhor antídoto para as provocações exacerbadas de Jean-Marie Le Pen, que repetia *ad nauseam* sua adesão aos princípios de uma hierarquia das identidades baseada na endogamia generalizada, do tipo: gosto mais de minhas filhas que de minhas primas, mais de minhas primas que de minhas vizinhas, mais de minhas vizinhas que das desconhecidas e mais das desconhecidas que das inimigas. Em consequência, gosto mais dos franceses que dos europeus e, enfim, gosto mais, nos outros países do mundo, daqueles que são meus aliados e amam a França.

Nada tem efeito mais regressivo para a civilização e a socialização que reivindicar uma hierarquia das identidades e dos pertencimentos. Claro que a afirmação identitária é sempre uma tentativa de combater a supressão das minorias oprimidas, mas ela atua por meio do excesso de reivindicação de si, quiçá por um desejo louco de não se misturar mais com nenhuma outra comunidade exceto a sua. E quem adota esse recorte hierárquico da realidade está imediatamente condenado a inventar um novo ostracismo para aqueles que não serão incluídos nesse entre-si específico. Assim, longe de ser emancipador, o processo de redução identitária reconstrói aquilo que pretende desfazer. Como não pensar aqui nos homens homossexuais efeminados rejeitados por aqueles que não o são? Como não ver que é exatamente o mecanismo de designação identitária que leva os negros e os brancos a rejeitar os mestiços, tratados como "mulatos", os mestiços a reivindicar a "gota de sangue" que permite que se incluam num campo e não no outro? E o mesmo vale para os sefarditas discriminando os asquenazes, eles próprios antissefarditas, os árabes fustigando os negros e, da mesma forma, os judeus tornando-se antissemitas, seja pelo ódio de si próprio judeu, seja, mais recentemente, pela adesão à política nacionalista da extrema direita israelense. No coração de todo sistema identitário há sempre o lugar maldito do outro, irredutível a qualquer designação e destinado à vergonha de ser si-mesmo.

As políticas de Narciso

Para compreender a eclosão dessas angústias identitárias que transformaram em imposição o ideal das lutas emancipadoras cabe remeter-se à emergência daquilo que Christopher Lasch chamou de cultura do narcisismo.[10] Em 1979, ele observou que a cultura de massas, tal como se desenvolvia na sociedade norte-americana, engendrara patologias impossíveis de erradicar. E imputava à psicanálise pós-freudiana a responsabilidade de ter validado essa cultura, ao converter o sujeito moderno numa vítima de si mesmo, incapaz de interessar-se por outra coisa além do próprio umbigo. À força de tratar exclusivamente de suas angústias identitárias, o sujeito da sociedade individualista americana transformara-se, segundo Lasch, no escravo de uma nova dependência, da qual o destino trágico de Narciso — bem mais que o de Édipo — seria a encarnação. Na mitologia grega, Narciso, fascinado pelo próprio reflexo, caiu na água e afogou-se, pois não conseguiu compreender que a imagem não era ele próprio. Em outras palavras, por não conceber a ideia de diferença entre ele mesmo e a alteridade, ele se condena à morte. E também se torna dependente de uma ancoragem identitária mortal, que o leva a necessitar dos outros para estimar-se a si mesmo, sem com isso conceber aquilo que é uma verdadeira alteridade.

O outro é, então, assimilado a um inimigo, e sua diferença é negada. Como não se admite mais nenhuma dinâmica de conflito, cada um busca refúgio em seu pequeno território para fazer guerra contra seu vizinho. Ser obcecado pelo corpo, adquirir uma boa imagem de si, afirmar seus desejos sem sentir culpa, desejar o fascismo ou o puritanismo: esse seria o credo de uma sociedade ao mesmo tempo depressiva e narcísica, cuja nova religião seria a crença na terapia da alma baseada no culto de um ego hipertrofiado.

Em ensaio posterior, publicado cinco anos mais tarde, Lasch sublinhava que, numa época atribulada como a dos anos 1980, a vida cotidiana nos Estados Unidos transformara-se num exercício de sobrevivência:

> As pessoas vivem um dia de cada vez. Evitam pensar no passado por medo de sucumbir a uma "nostalgia" depressiva; e quando pensam no futuro é para ver como se prevenir contra desastres que hoje todos ou quase todos esperam ter de enfrentar. [...] Acuado, o eu fecha-se até não ser mais que um nó defensivo, armado contra a adversidade. O equilíbrio emocional requer um eu mínimo, e não mais o eu imperial de outrora.[11]

Lasch teve o grande mérito de atrair a atenção para a emergência de um grande fantasma de perda da identidade. Num mundo recentemente unificado e privado de inimigo exterior — desde o desengajamento político dos anos 1980 até a queda do Muro de Berlim —, cada um podia se ver pessoalmente como vítima daquele desastre ecológico, daquele acidente nuclear, daquela trama ou simplesmente de seu vizinho transgênero, pós-colonialista, negro, judeu, árabe, branco, sexista, violador, zumbi. A lista não tem limite. O fenômeno não parou de crescer no início do século XXI, como se toda luta devesse ter por objetivo a preservação de si.

Berkeley, 1996

Em seguida, a cultura identitária assumiu progressivamente o lugar da cultura do narcisismo e tornou-se, neste mundo fluido que é o nosso, uma das respostas ao enfraquecimento do ideal coletivo, à queda dos ideais da Revolução e às transformações da família. Foi nesse momento que se pôde dizer que as lutas ditas "societais" substituíram as lutas sociais. A cultura da identidade tende a introduzir os procedimentos do pensamento nas experiências da vida subjetiva, social ou sexual. E, nessa perspectiva, todo comportamento torna-se identitário: as maneiras de comer, de fazer amor, de dormir, de dirigir um carro. Cada neurose, cada particularidade, cada roupa que se usa remete a uma designação identitária, segundo o princípio geral do conflito entre si mesmo e os outros.

Tomei consciência disso em setembro de 1996, durante uma estada na Universidade de Berkeley, na Costa Oeste dos Estados Unidos, laboratório de todas as teorias de vanguarda. Eu era convidada de meu amigo Vincent Kaufmann, professor de literatura, instalado no campus com toda a família. Espantei-me ao descobrir que ele não conseguia reunir os professores de seu departamento para um jantar alegre e amigável. Cada um brandia seu modo de vida como um fetiche: um era vegetariano e teria de trazer seus próprios pratos; o outro sofria de terríveis alergias que não lhe permitiam conviver a noite inteira com certas partículas consideradas perigosas para sua saúde; um terceiro obedecia a rituais de sono cotidiano que o obrigavam a deitar-se às 21 horas e, portanto, a chegar para jantar às dezoito horas; um quarto, ao contrário, era insone e não suportava sentar-se à mesa antes das 22 horas; outro ainda não tolerava a ideia de que servissem queijos no jantar, sem contar aqueles que se exasperavam com o barulho que as crianças pequenas poderiam fazer... Em suma, cada um estava disposto a vir na hora que lhe fosse conveniente, com a condição de trazer os próprios alimentos e a bebida de sua escolha. De resto, eram todos simpáticos, inteligentes, refinados, muito cultos. Todos praticavam a hospitalidade como só os intelectuais americanos sabem fazer.

Nesse dia, não pude deixar de pensar em Michel Foucault quando, em 1969, chegou a Vincennes:

> Era difícil dizer qualquer coisa sem que alguém perguntasse: "De onde você fala?". A questão sempre me causava um grande abatimento. Parecia-me, no fundo, uma pergunta policialesca. Sob a aparência de questão teórica e política ("De onde você fala?'), colocava-se de fato uma questão de identidade: "No fundo, quem é você?", "Diga-nos, então, se é ou não é marxista", "Diga se é idealista ou materialista", "Diga se é professor ou militante", "Mostre sua identidade, diga em nome de que vai circular, para que possamos reconhecer onde você está".[12]

Compreendo, portanto, por que Mark Lilla, militante da esquerda americana e professor de ciências humanas na Universidade Columbia, enfureceu-se, em 2017, ao constatar mais uma vez os estragos das políticas identitárias (*identity politics*):

> Na página do Partido Democrata, há sob a rubrica "Pessoas" uma lista de links. E cada link remete a uma página desenhada sob medida para agradar a um grupo ou comunidade distinta: as mulheres, os hispânicos, os americanos étnicos (de origem europeia), a comunidade LGBTQ+, os ameríndios, os americanos de origem asiática, os americanos originários das ilhas do Pacífico... Há dezessete grupos desse tipo e dezessete mensagens diferentes. Faz pensar que aterrissamos por engano na página do governo libanês...[13]

2. A galáxia do gênero

Paris, 1949: Não se nasce mulher

"Não se nasce mulher, torna-se mulher."[1] Ao escrever a frase, em *O segundo sexo*, Simone de Beauvoir não desconfiava que essa obra-prima abriria caminho, do outro lado do Atlântico, para todos os trabalhos literários, sociológicos e psicanalíticos dos anos 1970 que tinham como objetivo distinguir o sexo, ou corpo sexuado, do gênero (*gender*) como construção identitária. De Robert Stoller[2] a Judith Butler, passando por Heinz Kohut, do estudo do transexualismo ao estudo do self narcísico e depois do transgênero ou queer, está sempre presente, embora não seja sempre nomeada, a grande interrogação beauvoiriana que permitiu, pela primeira vez, lançar um novo olhar sobre o estatuto de todas as diferenças recalcadas pela história oficial, e entre elas a mais chocante, a do "tornar-se mulher".

Desde a sua publicação em 1949, *O segundo sexo* causou escândalo. Como se a obra tivesse saído diretamente do Inferno da Biblioteca Nacional.* E no entanto ela não se parecia com um conto do Marquês de Sade, nem com um texto porno-

* Setor da Bibliothèque Nationale de France, em Paris, criado no século XIX, com uma coleção de livros e manuscritos de caráter erótico ou pornográfico. (N. T.)

gráfico, nem com um tratado de erotismo. Beauvoir estudava a sexualidade à maneira de um erudito, um historiador, um sociólogo, um antropólogo, um filósofo, apoiando-se na pesquisa de Alfred Kinsey[3] e nas obras de um número impressionante de psicanalistas, levando em conta não apenas a realidade biológica, social e psíquica da sexualidade feminina, mas também os mitos fundadores da diferença entre os sexos, pensados pelos homens e pelas mulheres, para além do domínio da vida privada. Ela falava de sexualidade, e mais precisamente da sexualidade feminina, em todas as suas formas e nos mínimos detalhes.

De repente, o sexo feminino irrompia no campo do pensamento de uma forma nova e paradigmática: doravante diríamos *O segundo sexo* como antes já dizíamos *O discurso do método, As confissões, A interpretação do sonho.* E esse livro magnífico serviria de fundamento para uma profunda renovação do pensamento feminista. Para o futuro, lutar pela igualdade social e política não seria suficiente. Era preciso considerar também a sexualidade da mulher como objeto antropológico e vivência existencial.

Simone de Beauvoir não conceitualizava a noção de gênero e ignorava que, desde sempre, as sociedades classificaram diversamente a sexualidade em função da anatomia e da construção identitária. Como muito bem sublinha Thomas Laqueur, as duas noções não estão incluídas em nenhum dos discursos sobre a sexualidade. Ora afirma-se, de Aristóteles a Galeno, que o gênero domina o sexo, a tal ponto que os homens e as mulheres podem ser classificados, segundo o grau de perfeição metafísica, ao longo de um eixo em que o homem ocupa um lugar soberano; ora, como no século XIX, destaca-se, ao contrário, que o sexo no sentido biológico e anatômico define o gênero: monismo (o sexo único) de um lado, dualismo (diferença anatômica) de outro. Nos dois casos, a masculinidade é sempre pensada como superior à feminilidade; ou seja, falocentrismo.[4]

Quanto à teoria freudiana da sexualidade, ela representa uma síntese dos dois modelos. De fato, Freud inspira-se tanto em Galeno quanto na biologia do século XIX, que pretendia estabelecer uma diferença radical entre os dois sexos a partir da anatomia. Segundo ele, existiria uma única libido — ou pulsão sexual —, de essência masculina, que definiria a sexualidade, seja ela masculina ou feminina, e não excluiria a existência da bissexualidade. A esse respeito, Freud reatualiza o mito platônico do andrógino, segundo o qual haveria três gêneros: macho, fêmea e andrógino. Ancestrais dos humanos, os andróginos seriam seres orbiculares. Semelhantes a ovos ou esferas. Cada ser era duplo e possuía quatro pés, quatro mãos, dois rostos opostos um ao outro e dois sexos situados na parte posterior. De um orgulho desmesurado, eles partiram ao assalto do céu, o que levou Zeus a cortá-los em dois. Com essa divisão punitiva — a castração —, cada metade desejava eternamente unir-se à outra.[5]

Viena, 1912: A anatomia é o destino

Desse mito e de vários trabalhos da época — entre os quais os de Wilhelm Fliess —, Freud conserva a ideia de que a bissexualidade psíquica é central na gênese da sexualidade humana, sobretudo da homossexualidade e da sexualidade feminina, a ponto de afirmar que cada sexo reprime aquilo que concerne ao sexo oposto: inveja do pênis para a mulher, desejo de feminilidade para o homem. Pela mesma razão, ele defende que o clitóris é uma espécie de pênis atrofiado, e que, para alcançar o estatuto de uma feminilidade consumada, a mulher deve renunciar ao gozo clitoridiano em prol do gozo vaginal. Todas essas teses serão, a justo título, criticadas por seus herdeiros e, é evidente, por Simone de Beauvoir. Isso não significa que Freud não tenha elaborado, no seu tempo, uma das teorias mais completas já criadas até então. Afinal, ele rompia com a ideia das espécies e das raças e lançava pelos ares toda ideia de fixidez identitária.

Na visão de Freud, não existe nem "instinto materno", nem "raça" feminina, exceto nas fantasias e nos mitos construídos pelos homens e pelas mulheres. Em outras palavras, nessa perspectiva cada ser humano possui em si várias identidades sexuais e nada mais é englobado em uma única etiqueta. A construção social ou psíquica da identidade sexual tornava-se, para ele, tão importante quanto a organização anatômica da diferença dos sexos. E é assim que se deve compreender sua famosa frase, tão célebre quanto a de Beauvoir: "O destino é a anatomia".[6] Ao contrário do que muitos disseram, Freud jamais afirmou que a anatomia era o único destino possível para a condição humana. Testemunha disso, se necessário, é o fato de que ele tomou essa fórmula emprestada de Napoleão, que queria inscrever a história futura dos povos na política, e não numa referência constante a antigos mitos.[7] Com essa fórmula, Freud, embora revalorizasse as tragédias antigas, não deixava de transformar a grande questão da diferença sexual numa dramaturgia moderna e quase política. Daí em diante, com ele e depois dele, pelo fato mesmo da desconstrução da família ocidental, que servia de cenário para a emergência da psicanálise, os homens e as mulheres estariam, cada um deles, condenados a serem movidos por uma idealização ou um rebaixamento do outro, sem jamais alcançar uma completude real. O teatro sexual descrito por Freud inspirava-se, assim, no teatro do mundo e da guerra dos povos — pensada pelo imperador —, prefigurando ao mesmo tempo uma nova guerra dos sexos, na qual o que está em jogo são os órgãos de reprodução, a fim de nela introduzir a linguagem do desejo e do gozo. Em suma, digamos que, se para Freud a anatomia faz parte do destino humano, ela não poderia continuar a constituir, para cada ser humano, um horizonte insuperável. Essa é exatamente a teoria da liberdade própria da psicanálise: reconhecer a existência de um destino para melhor se emancipar dele.

Grandezas e decepções dos estudos de gênero

Foi a partir dos anos 1970 que se desenvolveram estudos de gênero distantes tanto da perspectiva freudiana clássica quanto da reflexão beauvoiriana: de início no mundo acadêmico anglófono, depois em todos os departamentos de ciências humanas e, por fim, entre diferentes sociedades civis. No começo, o objetivo desses estudos era compreender, por um lado, as formas de distinção que o estatuto da diferença dos sexos induz numa determinada sociedade; e, por outro, a maneira como a dominação de um poder patriarcal ocultara a existência do papel não somente das mulheres na história, mas também o das minorias oprimidas em razão de sua orientação sexual: homossexuais, "anormais", perversos, bissexuais etc. A esse respeito, os estudos de gênero foram — e continuam a ser — de uma importância crucial do ponto de vista da pesquisa tanto para os historiadores quanto para os especialistas em literatura. O que seria das obras de Michel Foucault sobre a sexualidade, de Jacques Derrida sobre a desconstrução ou de Michelle Perrot sobre a história das mulheres sem a referência implícita à questão do gênero? Todos tinham como objetivo descobrir a extensão dos papéis sexuais e do simbolismo nas diversas sociedades e em diferentes épocas.[8]

Contudo, à medida que o mundo deixava de ser bipolar e que o fracasso das políticas de emancipação baseadas na luta de classes e nas reivindicações sociais tornava-se cada vez mais evidente, o engajamento em prol de uma política identitária (*identity politics*) substituiu a militância clássica, sobretudo no seio da esquerda norte-americana.[9] Foi na mesma época que os progressos da cirurgia permitiram que se pensasse a questão do gênero não em termos de subjetividade, mas de intervenção direta sobre o corpo, conforme testemunham duas experiências radicalmente distintas, mas ambas reveladoras dessa transferência: de um lado, um delírio conduzindo à abolição do sexo, de outro, uma reflexão construtiva sobre a possibilidade de novas relações entre o sexo e o gênero.

Primeiro a popularizar o termo, John Money, psicólogo de origem neozelandesa oriundo de uma confraria fundamentalista, especializou-se no estudo do hermafroditismo.[10] Mas, longe de contentar-se em ajudar as famílias e as desventuradas crianças atingidas por essa anomalia tão rara, ele pretendia realizar, a partir da observação direta do fenômeno, uma vasta reflexão sobre as relações entre natureza e cultura, a fim de demonstrar que entre os dois sexos existia não um corte distintivo, mas uma espécie de continuidade. Ele afirmou também, em 1955, que o sexo anatômico não era nada diante da construção do gênero: "Um papel de gênero nunca é estabelecido no nascimento, mas construído de modo cumulativo por meio das experiências vividas". A seu ver, só o que contava era o papel social: o gênero sem o sexo.[11] Segundo ele, bastaria, portanto, educar um menino como menina e vice-versa para que um e outra adquirissem uma identidade diferente de sua anatomia.

Em 1966, Money encontrou uma cobaia para validar sua tese, na pessoa de David Reimer, que tinha dezoito meses e teve o pênis carbonizado em consequência de uma cirurgia de fimose malfeita. Seguindo os conselhos de Money, os pais autorizaram a ablação dos testículos e a mudança do prenome. Mas, na adolescência, David começou a sentir-se homem. Decidiu, então, fazer uma cirurgia para recuperar o pênis, porém os traumas cirúrgicos viriam a ser insuportáveis: ele cometeria suicídio. A experiência de Money é ainda mais chocante porque todas as pesquisas científicas demonstram que é quase impossível criar como menina uma criança geneticamente programada para ser menino. Atacado, Money declarou-se vítima de um complô da extrema direita. Ele sofria de distúrbios mentais e dizia-se partidário da pedofilia e das relações incestuosas.

Foi com uma orientação totalmente diferente que Robert Stoller, psiquiatra e psicanalista, abordou a questão do gênero ao criar, em 1954, na Universidade da Califórnia, em Los Angeles (Ucla), a Clínica de Pesquisa de Identidade do Gênero. Apaixonado por antropologia, literatura e história, convencido de que as teorias psicanalíticas clássicas não eram suficientes para dar conta das verdadeiras relações entre gênero e sexo, especialmente no vasto domínio das perversões sexuais, Stoller interessou-se pela diversidade das identidades sexuais, sobretudo pelo transexualismo estudado um ano antes por um endocrinologista norte-americano: Harry Benjamin.

O desejo de mudar de sexo ocorre em todas as sociedades. Na Antiguidade, o fenômeno foi objeto de numerosas observações, tanto sobre o travestismo quanto sobre a bissexualidade. Mas o que surgiu de novo no meio do século XX foi que o desejo podia enfim traduzir-se em transformações anatômicas radicais: operações cirúrgicas, uso de medicamentos etc. E o transexualismo foi definido como algo muito diferente do travestismo, do hermafroditismo e da androginia. Tratava-se de compreender a natureza de um problema de identidade puramente psíquico e caracterizado pela convicção inabalável — mas não delirante — de um sujeito homem ou mulher de pertencer ao sexo oposto.

Através de inúmeros estudos, Stoller mostrou que as intervenções cirúrgicas — em pleno auge na época — só eram benéficas quando o sujeito não conseguia aceitar sua anatomia real, que nunca correspondia ao gênero (ou *gender*) que ele sentia como seu. O transexualismo suscitou um imenso debate a partir dos anos 1970, entre as feministas e também no movimento homossexual. Em suma, já era possível considerar que a repartição dos polos masculino e feminino não era simples, dado que homens e mulheres podiam ter, de fato, a convicção de que seu gênero não correspondia de modo algum a seu sexo anatômico, e que, sobretudo graças aos progressos da medicina, eles poderiam enfim ter acesso à identidade de sua escolha ou, antes, àquela que correspondia à certeza absoluta imposta por sua organização subjetiva: o psiquismo assumia, assim, uma ascendência considerável sobre a realidade biológica, a ponto de parecer capaz de eliminá-la. Contudo, as operações revelaram-se desastrosas, precisamente porque a realidade biológica jamais poderia ser erradicada em prol de uma pura construção psíquica ou social.

Hoje, na França, antes de poder beneficiar-se de uma redesignação hormoniocirúrgica[12] o transexual deve passar por uma avaliação permanente durante dois anos; deve também passar por um balanço psiquiátrico provando que não é esquizofrênico nem sofre de transtorno da integridade corporal, ou seja, da vontade delirante de proceder à amputação de uma parte sã de seu corpo (perna, braço, pênis). Também durante dois anos, ele deve viver cotidianamente como uma pessoa do sexo oposto, enquanto a equipe médica supervisiona seus encontros com a família, sobretudo os filhos, que terão de enfrentar a "transição": ver sua mãe tornar-se homem ou seu pai, mulher. No final dessa prova, o paciente será autorizado a seguir um tratamento anti-hormonal: antiandrogênico para o homem, com depilação elétrica; progestativo para a mulher. Só então vem a intervenção cirúrgica: no homem, castração bilateral e criação de uma neovagina; na mulher, ablação dos ovários e do útero, acompanhada de faloplastia.[13]

Quando se sabe que o tratamento hormonal vai durar a vida inteira e que o transexual operado nunca mais irá experimentar, munido desses novos órgãos, o menor prazer sexual, é impossível não pensar que o gozo que ele sente ao obter um corpo assim inteiramente mutilado tem a mesma natureza que o gozo vivido pelos grandes místicos que ofereciam a Deus o suplício de suas carnes mortificadas. Esta é, pelo menos, a hipótese que sugeri.

O interesse suscitado no mundo inteiro pelo transexualismo e, de um modo geral, pela questão das metamorfoses da identidade sexual deu lugar posteriormente a uma revisão completa da representação do corpo nas sociedades ocidentais e a uma expansão sem precedentes das teorias e dos discursos sobre as diferenças entre o sexo (anatomia) e o gênero (construção identitária).

Porém, sobretudo, bem após os trabalhos de Stoller, e a favor do grande movimento de emancipação das minorias oprimidas, o termo "transexual" foi rejeitado em prol de "transgênero",[14] que permite que as pessoas atingidas por essa síndrome escapem das classificações da psiquiatria. Adotando essa denominação, os transexuais reivindicaram o direito a uma identidade de gênero sem obrigação de redesignação hormoniocirúrgica. E através da despsiquiatrização legítima de seu destino, formaram um movimento político identitário. Em consequência, reivindicaram que sua identidade fosse reconhecida no registro civil, mesmo que ela não coincidisse com a realidade de sua anatomia. No fundo, eles criticavam Robert Stoller e todos os promotores do transexualismo pela adoção de uma teoria essencialista: a do "corpo errado". Para ter acesso à cirurgia, era necessário evidentemente que o transexual tivesse tido, durante sua vida, o sentimento de sempre ter pertencido ao sexo "oposto". Já um sujeito que se define como transgênero pode perfeitamente evitar a classificação num compartimento ou no outro. Um trans é ao mesmo tempo — e quando ele decide — homem ou mulher, e, assim, sua "transição" assemelha-se mais a uma iniciação, a um "rito de passagem", que a uma designação consecutiva a um ato cirúrgico, mesmo que a transição num sentido ou no outro seja acompanhada de administração de hormônios, de cirurgia plástica, de travestimento.

Transidentidades

Assim, várias identidades podem coabitar de acordo com a maneira como se constrói conscientemente um universo mental ou corporal. Como bem mostra a extraordinária cultura drag dos anos 1990, herdeira da antiga tradição dos bailes em que, desde o fim do século XIX, se encontravam em locais retirados os banidos da norma: gays, lésbicas, travestis, negros e latinos. Livres doravante para existir, os transgêneros modernos exibem seu orgulho: de um lado, os transgêneros drag queen fabricam para si uma identidade voluntariamente feminina imitando os estereótipos de uma feminilidade exacerbada, enquanto os transgêneros drag king adotam uma identidade masculina igualmente estereotipada: os primeiros como uma rainha, os segundos como um rei. Cada um torna-se si-mesmo através de um travestimento, como o uso de barba e de meias para forjar a forma de um pênis, entre as mulheres; bandagem para forjar seios e dissimulação do pomo de Adão, entre os homens; e utilização, nos dois casos, de diversas técnicas de maquiagem exagerada.

Mas para que a mutação do transexualismo em identidade transgênero — ou "transidentidade" — se tornasse possível, era necessário ainda que ela estivesse ligada a outro evento: a despsiquiatrização da homossexualidade. Foi em 1973 que a American Psychiatric Association (APA) decidiu, depois de um turbulento debate, finalmente riscar a homossexualidade da lista das doenças mentais. Esse progresso na emancipação foi acompanhado, aliás, pelo abandono do termo "homossexualidade", inventado em 1869, junto com "heterossexualidade", em troca de uma denominação esvaziada de qualquer patologia:

os homossexuais homens e mulheres tornaram-se então gays e lésbicas, formando duas comunidades de combate. A escolha significava claramente que a homossexualidade não deveria mais ser pensada como "orientação sexual" — um homem ama um homem e uma mulher ama uma mulher —, mas como identidade: assim, alguém podia ser gay ou lésbica, diziam, sem nunca ter tido relação sexual com uma pessoa do mesmo sexo. Tese evidentemente discutível: nessa perspectiva, como é possível distinguir o praticante do não praticante, quando se sabe que a abstinência é uma escolha deliberada que não tem muito a ver com a identidade e que não é forçosamente uma "assexualidade"?[15] A mudança de paradigma permitia, contudo, que outras denominações também pudessem surgir, a partir não mais de uma escolha de objeto, mas de uma identidade. À nova comunidade dos gays e lésbicas acrescentaram-se os bissexuais, os transgêneros e os hermafroditas. E estes últimos foram rebatizados de "intersexuados", termo mais adaptado à nova condição que o antigo, que carregava no nome o traço da presença biológica de dois órgãos. Cada um deles abandonava a vergonha e a humilhação em troca do orgulho de si mesmo.

Vem daí a sigla LGBT, logo remanejada para LGBTQIA+ (queer, intersexuado, assexuado etc.), o todo formando uma comunidade de pequenas comunidades, cada qual reivindicando o fim de todas as discriminações baseadas na diferença dos sexos. Mas quais? A resposta é bastante simples. De fato, como o saber psiquiátrico não tinha mais nada a dizer, os LGBTQIA+ podiam, a justo título, reivindicar direitos: ao casamento, à procriação, à transmissão de seus bens, à condenação legal de seus perseguidores. Notemos de passagem que o par heterossexualidade/homossexualidade foi, no entanto, mantido por esse movimento, não mais para exprimir uma diferença, mas com o objetivo de estabelecer as bases de uma inversão de estigmas. Porque a homossexualidade fora pensada como "anomalia" em relação a uma "norma", era preciso afirmar doravante que essa pretensa norma não era mais que a expressão de uma rejeição daquilo que não entrava em seu quadro clínico. Daí a criação do termo "heteronormativo" para designar toda opressão ligada ao patriarcado, à dominação masculina, à prática sexual entre um homem e uma mulher ou ainda à forma dita "binária" da sexualidade, em contradição com uma forma dita "não binária". Assim também, a invenção da palavra "cisgênero" permitiu qualificar uma identidade sexual qualificada de "normativa".

"Cisgênero" transformou-se então num antônimo de "transgênero", termo que define as pessoas que não se reconhecem no corpo que lhes foi designado no nascimento, o que supõe, aliás, segundo elas, que a anatomia seria somente uma construção, e não uma realidade biológica, pois o sujeito teria o direito de reconhecer-se nela ou não. Em outras palavras, a invenção da terminologia funciona como uma declaração de guerra à realidade anatômica em prol de um imperativo "generificado".[16] E atualmente ela se impôs como uma nova norma, pois o adjetivo "generificado" substitui cada vez mais o adjetivo "sexuado" nos discursos cotidianos de jornalistas, políticos e até juristas. Pode-se dizer que mais uma vez o sexual, a sexualidade, o sexuado, em suma, tudo aquilo que é ligado ao sexo foi banido em favor de um puritanismo que não quer mais ouvir falar de sexualidade, sob pretexto de que a palavra remeteria a uma escandalosa biologia da dominação masculina, o que, no entanto, não é o caso.

Loucuras inquisitoriais

Nessa perspectiva, uma parte do movimento feminista vai acabar se mostrando hostil às liberdades fundamentais em matéria de costumes. É a esse feminismo que se associam em geral as adeptas da releitura moral — ou "politicamente correta"[17] — das obras de arte, o que leva inelutavelmente a operações de censura contra qualquer expressão considerada "sexualmente sugestiva" na arte ou na literatura. "Ouse o feminismo!" é o slogan adotado na França por essa corrente extremista[18] que pretende denunciar em qualquer lugar e em qualquer tempo os estereótipos "sexistas", "machistas" etc., mas também os espetáculos produzidos por autores considerados culpados de atentar contra a dignidade das mulheres, alguns deles até julgados por um tribunal e com suas penas cumpridas, outros cujos eventuais atos supostamente criminosos prescreveram, outros ainda cujas ignomínias são denunciadas publicamente com base em testemunhos comoventes e muitas vezes autênticos, mas que podem se revelar bastante frágeis no que diz respeito ao estabelecimento de provas.[19] Entre as campanhas mais recentes das feministas radicalizadas encontra-se a operação #WagonSans-Couillon, contra as violências sexuais nos transportes públicos, assim como as incitações sistemáticas e não críticas a denunciar o "carrasco" e também vários tipos de iniciativas em favor do uso do véu pelas mulheres muçulmanas, em tese "discriminadas" por uma República alegadamente "patriarco-heteronormativa", para não falar nas denúncias sem fundamento jurídico e nas diversas ameaças com o objetivo de impossibilitar a realização de conferências, colóquios ou espetáculos considerados "homofóbicos", "transfóbicos", "sexistas" etc.

É verdade que, em outubro de 2017, o movimento #MeToo, em grande atuação em todo o mundo, permitiu enfim que mulheres violentadas, torturadas, massacradas por diversas ditaduras deixassem de lado a vergonha e o silêncio, e que outras mulheres revelassem que, nos países democráticos, os estupros e os diversos assédios não eram devidamente considerados pela justiça ou pela opinião pública. O fato de predadores sombrios como Harvey Weinstein, Jeffrey Epstein e vários outros terem sido levados aos tribunais é uma bela vitória contra a barbárie. Mas isso não pode impedir a crítica aos desvios desse movimento,[20] pois a confissão pública não é um progresso em si. Uma explosão de raiva jamais deveria, por mais necessária que seja, transformar-se em modelo de luta contra desigualdades e maus-tratos. E, se ninguém pode negar as exigências de um direito baseado em provas e no respeito à intimidade, isso quer dizer também que os usuários das redes sociais não podem substituir os juízes para oferecer carrascos ou criminosos como pasto à opinião pública. Da mesma forma, isso não deve jamais levar ao favorecimento de atos de censura e de puritanismo.

No entanto, em novembro de 2017, os organizadores de uma exposição dedicada a Balthus, no Metropolitan Museum de Nova York, foram obrigados, sob pressão desse tipo de ameaça, a afixar sob certos quadros um aviso contra a perturbação causada pela representação de determinadas cenas sexuais. A famosa tela *Teresa sonhando* (1938) chegou a ser ameaçada de ser retirada após um protesto, porque mostra uma adolescente recostada numa cadeira, as mãos sobre a cabeça, a saia levantada revelando a parte interna da coxa e a calcinha de algodão branco: "Fiquei chocada ao ver um quadro retratando uma menina bem jovem numa posição sexualmente sugestiva", escreveu Mia Merill,[21] "pois se trata de um retrato que evoca uma menina-moça pré-púbere recostada numa cadeira com as pernas abertas e a roupa íntima à mostra".[22] Na mesma perspectiva, pedidos de censura a certos livros multiplicaram-se junto aos editores americanos.[23]

Enfim, um mês mais tarde, num artigo publicado no *Libération*, a historiadora Laure Murat, convidada a Los Angeles para uma mostra da cinemateca, contou que se dispôs, em nome de uma nova abordagem teórica — o "olhar generificado" —, a revisitar uma cena central do filme *Blow-up* (1966), de Michelangelo Antonioni, estampada no convite da mostra. Atormentada pelas acusações de estupro e de assédio contra o produtor americano Harvey Weinstein, ela acreditava ter identificado no filme a expressão de uma terrível misoginia do cineasta, abafada há décadas por uma crítica servil. Escreve Murat:

> Vê-se o fotógrafo, herói do filme, a cavalo sobre uma modelo deitada no chão, os braços abertos, numa pose de entrega. Um feixe de raios luminescentes irradia da teleobjetiva, que ele segura com a mão esquerda e aponta para o rosto de sua presa. A imagem, à qual certamente eu não prestaria muita atenção algum tempo atrás, saltou-me aos olhos. Era realmente necessário escolher essa representação caricatural da dominação masculina no meio das artes visuais, num momento em que Hollywood acaba de ser sacudida pelas consequências do caso Weinstein, que ocupa diariamente a manchete dos jornais?[24]

Segundo Laure Murat, com isso Antonioni teria se tornado cúmplice de uma cena de estupro, e o "esteticismo" serviria para mascarar sua profunda adesão a um sexismo "insuportável": o cineasta seria, portanto, por antecipação, uma espécie de Weinstein aristocrata e superdotado. Lendo o artigo, perguntamo-nos como uma professora notável, autora de livros apaixonantes, pôde se deixar levar, em nome de uma crítica pós-moderna (o famoso "olhar generificado"), por semelhante furor reducionista. Nada permite dizer, de fato, que estejamos lidando, no filme, com uma cena de estupro; da mesma forma, nada nos permite afirmar que o cineasta aprova as violências de seu personagem. Muito pelo contrário, toda a encenação é construída como o relato da errância de um fotógrafo à beira da loucura, encerrado no labirinto de uma perpétua ilusão de ótica.

Não se ganha nada com tal simplificação, exceto se afastar dos estudos de gênero ao pretender perseguir o mal no próprio coração da criação artística.

Derrocada da psiquiatria

O voto de 1973 em favor da despsiquiatrização da homossexualidade provocou um escândalo. Ele sugeria, com efeito, que a comunidade psiquiátrica americana, incapaz de definir "cientificamente" a homossexualidade, cedera de modo demagógico à pressão de um grupo identitário. Contudo, o abandono da caracterização como doença mental não foi somente a contrapartida de uma submissão das autoridades médicas ao poder de uma fração da opinião pública; ela foi consequência também da incúria que reinava na nosologia psiquiátrica. Considerados, como os judeus, uma raça degenerada, perseguidos há séculos, os homossexuais foram vistos pelo saber psiquiátrico do final do século XIX e ao longo de todo o século XX como perversos sexuais, o que é uma verdadeira aberração. Os herdeiros de Freud, divididos entre si, exibiram em sua maioria uma rara intolerância e, é preciso dizê-lo, uma profunda tolice ao erigir a figura do homossexual como "significante maior" de todas as perversões, o que redundou nos tratamentos mais grotescos visando a "transformá-los" em heterossexuais. Seja como for, a publicação do *Manual diagnóstico e estatístico de transtornos mentais* (DSM) destruiu o saber psiquiátrico clássico em prol de uma nomenclatura ridícula e igualmente abusiva.[25]

Entre 1952 e 1968, os dois primeiros DSM tiveram como eixo as categorias da psicanálise e da psiquiatria clássicas, ou seja, uma definição das afecções psíquicas que correspondia ao estudo da subjetividade humana: distinguia normas e patologias, neuroses, psicoses, depressões, perversões. É verdade que as classificações deixavam a desejar, mas possuíam certa coerência. No entanto, a partir dos anos 1970, ao contrário, sob a pressão dos laboratórios farmacêuticos e dos departamentos de neurociências, preocupados em instituir uma vasta ciência do cérebro que trataria tanto das doenças degenerativas quanto das neuroses leves, essa abordagem dita "dinâmica" foi contestada em proveito de uma descrição dos comportamentos baseada na multiplicação das tipologias identitárias. Em outras palavras, em vez de definir o sujeito humano segundo uma tríplice abordagem — social, biológica, psíquica —, a nova psiquiatria só considerava um componente, o comportamento, ou melhor, a "diferença comportamental" erigida em sistema e extensível ao infinito: sai a unidade subjetiva, entram as variações identitárias segundo cada comportamento.

É preciso, aliás, ligar essa transformação do saber psiquiátrico à epidemia de um transtorno identitário conhecido sob o nome de "personalidade múltipla", síndrome que se traduz pela coexistência, num mesmo sujeito, de várias personalidades separadas umas das outras, cada qual assumindo alternadamente o controle das maneiras de viver do indivíduo, em geral uma mulher.[26] Descritas como místicas, espíritas ou iluminadas, capazes de projetar-se no passado ou no futuro adotando a identidade de uma personagem histórica ou romanesca — Salambô, Sherazade ou Maria Antonieta —, essas pacientes foram designadas, sob a influência da psicanálise e da psiquiatria dinâmica, como histéricas ou psicóticas, tendo em geral sofrido abusos sexuais na infância. Em 1970, a noção parecia uma curiosidade de outra era. Porém em 1986, e mais ainda nos anos 1990, os psiquiatras americanos constataram uma proliferação da síndrome, a tal ponto que surgiram em todas as cidades dos Estados Unidos clínicas especializadas no tratamento da nova epidemia induzida, em grande parte, pelas diversas versões do DSM. Assim, os psiquiatras assistiram ao retorno, nessas pacientes, da imagem recalcada de um método classificatório que consistia em dissolver a subjetividade humana numa multidão de perfis, cada qual exigindo uma abordagem diferente. Com o passar do tempo, a epidemia desapareceu, à medida que essas mulheres transformavam sua patologia numa reivindicação identitária: a de vítimas da opressão masculina.

É ao psiquiatra Robert Leopold Spitzer que se deve essa classificação das doenças da alma. Personagem pitoresco, confiante nas virtudes da abordagem racional do ser humano, Spitzer formou-se no círculo do freudismo clássico que, nos anos 1940, dominava os estudos de psiquiatria. Mas voltou-se, em seguida, para as teses de Wilhelm Reich, que havia sido preso na penitenciária de Lewisburg, na Pensilvânia, por ter comercializado seus "acumuladores de orgônio", destinados ao tratamento da impotência sexual. Convencido de ser o artífice de uma nova revolução científica, Spitzer cercou-se de catorze comitês, cada um deles composto por uma multidão de especialistas. Entre 1970 e 1980, sua equipe realizou uma "varredura ateórica" do fenômeno psíquico, substituindo a terminologia clássica por um jargão digno dos médicos de Molière. Os conceitos da psiquiatria foram banidos em prol das noções de transtorno (*disorder*) e de disforia (mal-estar, sofrimento), permitindo que 292 doenças imaginárias entrassem no *Manual*: timidez, angústia de morte, medo de perder o emprego, síndrome traumática consecutiva a um ato de violência, sentimento de inferioridade ou de vazio etc. O DSM-4, publicado em 1994, contabiliza 410 dessas doenças, e as versões seguintes, mais ainda.

Foi nesse contexto que Spitzer enfrentou as associações de homossexuais e continuou a afirmar que, através de tratamentos adequados, era possível "convertê-los" à heterossexualidade. Durante anos ele dedicou-se a isso, mas foi obrigado, em 2012, a reconhecer seus erros: "Devo desculpas à comunidade gay por meu estudo que defendia a eficácia da terapia reparadora". Inventor sincero de uma perigosa utopia universalista, ele julgou que poderia construir um discurso sobre os transtornos mentais válido para todo o planeta, porém, em vez disso, fabricou um "monstro" que se tornou instrumento de um dos maiores erros da história da psiquiatria: um sistema orwelliano[27] que visava a desmontar a personalidade humana, cada sujeito podendo ser reduzido a uma minúscula etiqueta, segundo este ou aquele comportamento. Foi assim que o psiquiatra norte-americano Allen Frances, fervoroso partidário desse Grande Irmão classificatório, acabou declarando que este estava se tornando nocivo para o conjunto da sociedade: "O DSM-5", dirá ele em 2013,

> transforma o luto em transtorno depressivo maior, as cóleras em transtorno de desregulação dito de humor explosivo, as perdas de memória da idade avançada em transtorno neurocognitivo leve, o receio de adoecer em transtorno de sintomas somáticos, a gulodice em hiperfagia bulímica, e qualquer um que deseje obter um estimulante para uso recreativo ou para melhorar suas performances pode argumentar que sofre de transtorno de déficit de atenção.[28]

Todos os processos de desclassificação, seguidos pela anexação, pelo DSM, de transtornos que não dizem respeito à psiquiatria, permitiram que fossem transformadas em identidades múltiplas as orientações sexuais vistas outrora como patologias e que agora eram ejetadas de um saber médico que se tornou grotesco. Consequentemente, e graças às transformações políticas que assinalei no capítulo anterior, o gênero transformou-se num conceito maior, com o objetivo não somente de esvaziar a diferença entre os sexos (no sentido anatômico), mas também de redefinir todos os tipos de disposições sexuais, sociais e políticas. A espantosa expansão das nomenclaturas psiquiátricas teve como resposta uma vasta proliferação dos estudos identitários, sendo esta última o inverso da primeira.

O termo "transgênero" suplantou o termo "transexual", a questão da "fluidez" na designação da diferença entre os sexos não pode mais ser colocada do mesmo modo. Se é possível ser ao mesmo tempo homem e mulher, por podermos escolher livremente ser "generificado", fora de qualquer referência biológica e de maneira arbitrária, então é possível fazer desaparecer a própria ideia de escolha, expondo o corpo sob todas as suas formas, como se a ausência de referência à anatomia tivesse de ser contrabalançada por uma exibição estética que apaga a diferença sexual ao mesmo tempo que a reivindica.

Nova York, 1990: *Queer Nation*

Foi nessa onda que nasceu, em 1990, durante a Parada do Orgulho Gay de Nova York e de Chicago, o movimento *Queer Nation*, inspirado nas lutas do ramo novaiorquino da associação Act Up.[29] A palavra "queer" significa duvidoso, bizarro, torto, e serviu durante muito tempo para qualificar de modo ofensivo os homossexuais, sendo então reivindicada parodicamente pelas próprias vítimas, segundo o tão conhecido fenômeno da inversão dos estigmas. E fez furor porque permitiu que uma comunidade inteira abolisse as identidades baseadas numa diferença entre natureza e cultura, sexo e gênero, norma e anormalidade etc. Em outras palavras, serviu para embaralhar as diferenças ao esmagar com performances e radicalidade toda a bagagem da herança beauvoiriana. Com esse termo, emergia uma nova política identitária — ou pós-feminista —, baseada na adesão à ideia de que os "anormais", rejeitados pelos discursos dominantes, podiam se reunir numa comunidade única, uma "nação queer", composta por todos os representantes das sexualidades "minoritárias" — transgêneros, bissexuais, intersexuais etc. —, mas também por todas as vítimas de uma opressão "branca" e "heterossexuada": negros, pardos, chicanos, subalternos, migrantes, colonizados etc.

Muito politizado, o movimento queer inventou, assim, um discurso talentoso, emocionante, ardoroso, que não se contentava em reivindicar, como faziam os homossexuais, o casamento para todos e o acesso às diversas modalidades de procriação assistida. Por meio de "performances",[30] com frequência muito criativas, exprimia-se um grande desejo de igualdade. No fundo, longe de querer reintegrar-se à ordem familiar, os militantes queer reivindicavam, à moda de Jean Genet, o orgulho de ser "fora da norma": "veados místicos, fantasistas, clones, usuários de drogas, masturbadores, loucos, divas, caminhoneiros, homens lésbicos, mitômanos".

O movimento seguiu se desenvolvendo lado a lado com a valorização, nas sociedades ocidentais, da pornografia, das tatuagens, da cirurgia estética, dos disfarces sexuais e de práticas desviantes comunitárias, todas adversas ao puritanismo ostentado pelo feminismo "generificado" e pelo "antissexo". Contudo, ele aderia à ideia de que a "heteronormalidade" ainda era o inimigo a ser abatido. Por conseguinte, e sem nem perceber, reinventava uma nova norma.

Mais uma vez, um movimento político encontrava sua legitimação em múltiplos escritos oriundos do mundo acadêmico americano, uma experiência de pensamento que acabou se misturando com uma experiência de vida. Enquanto nas ruas os LGBTQ+ agitavam com desenvoltura a sua bandeira arco-íris de seis cores,[31] publicava-se uma multidão de ensaios a respeito da dissolução do binarismo sexo/gênero. Nasceu assim a *queer theory*, ou teoria queer,[32] buscando não somente apagar a ideia de uma sexuação anatômica, mas também tornar visíveis, através de performances eruditas, as margens da identidade gay, lésbica, branca, dominante, suscetível de escapar a qualquer definição clara. Em outras palavras, a afirmação de uma identidade fluida, ou, ainda, de uma ausência de identidade, transformou-se numa forma de dar vida a uma nova identidade.

A teoria queer conquistou um público inesperado nas melhores universidades norte-americanas,[33] no próprio interior dos estudos de gênero (*gender studies*), dando origem a uma infinidade de reflexões inovadoras sobre a identidade sexual, a tal ponto que se revelou incontornável em várias disciplinas: sociologia, psicanálise, psicologia, história, filosofia, biologia etc. Nessa perspectiva, o envolvimento autoral com o ensino era condição sine qua non de uma autêntica experiência teórica. Falar de si, trabalhar sobre si, contar sua vida mais íntima: este era o credo de uma transmissão do saber que englobava forçosamente uma espécie de autoanálise — talvez de autoficção —, de acordo com a própria definição como "generificado", "não generificado", "binário", "não binário", negro, branco, queer etc.

Assim como a despsiquiatrização de todas as orientações sexuais levou as pessoas antes agrupadas no grande catálogo das doenças mentais a expressarem a si mesmas fora das nomenclaturas impostas por um saber decadente, também os professores universitários passaram a considerar seu "gênero" ao anunciar sua experiência identitária. Escreve Anne-Claire Rebreyend:

> Enquanto a subjetividade é levada em conta e até reivindicada pelos pesquisadores e pesquisadoras de origem anglo-saxônica, seus homólogos franceses continuam a cercar-se de mil precauções

> para provar que permanecem completamente neutros e impermeáveis a tudo aquilo que poderia fazer a ligação entre sua vida pessoal e seu centro de interesse histórico.[34]

Entre essas várias abordagens (estudo de gênero e teoria queer), analisaremos a de Anne Fausto-Sterling e a de Judith Butler.

Bióloga renomada, Anne Fausto-Sterling não hesitou em declarar o quanto suas experiências sexuais eram fundamentais em suas pesquisas. Tendo passado parte de sua vida como heterossexual declarada, outra como homossexual afirmada e por fim encontrado nova identidade numa situação "de transição", ela sublinhou reiteradamente que, longe de ser um saber confiável e objetivo, "a ciência" está na realidade ancorada num contexto cultural preciso. E afirmou também a intenção de apagar da biologia todas as formas de binarismo, pois o sexo anatômico é, a seu ver, uma construção tão social quanto o gênero: "A sexualidade é um fato somático criado por um efeito cultural".[35] Ela propôs, portanto, renovar os estudos sobre o hermafroditismo substituindo o sistema de dois sexos por outro com cinco sexos: os homens, as mulheres, os "herms" (hermafroditas verdadeiros), os "merms" (pseudo-hermafroditas masculinos), os "ferms" (pseudo-hermafroditas femininos).

De que lógica científica deriva o discurso dessa bióloga consagrada? Se a existência de três variantes de hermafroditismo pode reforçar a esse ponto a tese da existência de uma disseminação da diferença dos sexos, isso significa que, por essa abordagem, a anomalia biológico-genética é inteiramente diluída em benefício de uma nova categorização. De fato, ao dissolver o binarismo, Fausto-Sterling faz desaparecer o hermafroditismo em prol de um novo campo, a "intersexualidade", na qual ela integra subcategorias que não têm mais nada a ver com uma anomalia biológico-genética. E, mais que isso, ela não hesitou em inflar as cifras para demonstrar que a intersexualidade é o eixo central para a compreensão da identidade sexual em geral.[36] Com essa hipótese, Fausto-Sterling quer provar que o "sexualmente fluido" (o queer) é não apenas uma simples construção social, mas também uma realidade biológica. Consequentemente, a sexualidade humana é, a seu ver, um continuum sem o menor fundamento binário. Como nos casos de transexualismo, os progressos da cirurgia tinham há muito tempo transformado a vida dos hermafroditas operados desde o nascimento, o que evitava, segundo se pensava, que eles tivessem de enfrentar um destino tenebroso.[37] Com sua hipótese de cinco sexos, Fausto-Sterling criticava John Money não pelo sofrimento que infligiu a David Reimer, mas por ter feito uma escolha binária: ou homem, ou mulher. É assim que ela pretendia apagar todas as fronteiras entre o gênero e o sexo, inventando uma nova representação da sexualidade humana baseada na infinita variedade de posturas identitárias.

Ao fazer isso, Anne Fausto-Sterling formulou um problema que os transexuais também tiveram que enfrentar: a obrigação de fazer o gênero coincidir com a anatomia. Mas, ao contrário dos transexuais, os hermafroditas nunca tiveram que escolher, pois a operação dita "benéfica" ocorreu no momento do nascimento, decidida pelos médicos em acordo com os pais. Nesse contexto, os debates sobre gênero e queer tiveram, portanto, o efeito de reconsiderar essa escolha não consentida. E tiveram como consequência uma luta terrível travada por um grande número de "intersexuados" que, ao chegar à idade adulta, rejeitavam o saber médico em nome de uma liberdade nova: a de portar orgulhosamente uma dupla anatomia e não de sofrer de uma patologia. Eles também se juntaram à bandeira arco-íris para contestar o princípio de uma cirurgia "heteronormativa".

Tornando-se sujeitos de pleno direito e, mais ainda, "empreendedores de si mesmos", os "desclassificados" tomavam, portanto, a palavra para afirmar sua revanche sobre um poder médico do qual haviam sido vítimas. A autoridade não era mais outorgada aos sábios encarregados de estudar "casos", mas a indivíduos que recusavam o estatuto que o saber médico e psiquiátrico lhes atribuía. Agora cabia a eles — e somente a eles — o direito de contar sua história, segundo o princípio da emoção, da "sensação" e da compaixão: sofro, logo existo.

E, assim, as categorias da ciência biológica foram literalmente pulverizadas em nome de um ideal de emancipação baseado numa compatibilidade identitária no mínimo discutível. "A intersexualidade é uma identidade", escreveu Vincent Guillot,

> uma cultura e não uma patologia ou um fato da natureza [...]. Nós, intersexuados, tentamos sair do discurso médico [...]. Representamos, efetivamente, muito mais gente do que os médicos anunciam: constituímos 10% da população, pois consideramos que qualquer pessoa que não corresponda aos padrões morfológicos do macho e da fêmea é, de facto, intersexuada.[38]

Tal foi a nova vulgata da intersexuação dos anos 1990-2010, que pretendia anexar todas as pessoas que não se reconheciam na diferença afirmada dos sexos — LGBTQI+ — e cujas situações nada tinham a ver, em geral, umas com as outras, exceto o fato de que todas se identificavam com um mesmo movimento identitário anti-heteronormativo, antipatriarcal etc.

Quanto à questão das intervenções precoces, ela parecia insolúvel. Alguns afirmavam que era a única maneira de a criança adquirir uma identidade estável; outros, ao contrário, equiparavam-na a uma mutilação, considerando que deveria ser proibida pelas leis de bioética, pelo menos até que o consentimento do sujeito pudesse ser requisitado.[39] Seja como for, é preciso compreender que a intersexuação congênita é antes uma tragédia que uma identidade, pois durante toda a sua vida esses seres humanos, operados ou não, continuarão a ser "de dois sexos" e sobretudo inférteis, e ainda mais infelizes se lhes tiverem escondido a verdade.[40]

Se os intersexuados recusavam a cirurgia a que haviam sido submetidos no nascimento, decidida por seus pais, os transgêneros reivindicavam o direito a "transições" desde a mais tenra idade. Sendo sabido que muitas crianças afirmam ser de um gênero que não corresponde à sua anatomia, os meninos vestindo-se de meninas e as meninas, de meninos — fenômeno banal —, é impossível não ficar horrorizado com a ideia de administrar-lhes bloqueadores de puberdade e outros hormônios nocivos mesmo que, na maioria dos casos, nada permita classificá-los de imediato na categoria dos transexuais, dos "disfóricos de gênero" ou de transgêneros antes que atinjam pelo menos a maioridade sexual, fixada por lei nos quinze anos. Ora, essa prática torna-se cada vez mais corriqueira, chegando a ser apresentada pela imprensa como uma grandiosa experiência necessária para o pleno desenvolvimento de crianças em sofrimento.

Foi assim que, em setembro de 2020, um menino de oito anos, de nacionalidade francesa, foi qualificado pelos pais como menina transgênero, porque ele afirmava que não tinha nascido no corpo que era o seu e que cometeria suicídio se fosse obrigado a viver segundo um modelo de masculinidade. Diante desse sofrimento espantoso, os pais decidiram, com o apoio da diretoria da Universidade de Aix-Marseille, registrá-lo na escola com novo prenome. Depois de várias perícias médicas, a criança foi declarada transgênero e sua identidade, modificada no registro civil. Iniciou-se então a administração dos hormônios necessários para sua transição. E a imprensa relatou "a emocionante história de Lilie, nascida no corpo de um menino",[41] apagando, assim, a anatomia em prol de uma construção generificada oriunda de um imaginário infantil que, como se sabe, é povoado de mitos, crenças, fantasias, em que os homens e as mulheres se camuflam em animais, dragões ou quimeras. De maneira geral, todas as histórias de crianças acometidas de "disforia de gênero" são apresentadas pelas mídias progressistas como magníficas aventuras em que pais heroicos enfrentam corajosamente uma opinião pública hostil.[42]

Contudo, não vemos como se pode afirmar — corretamente — que uma criança de menos de quinze anos nunca é parte consentidora numa relação sexual com um adulto[43] mas considerar, por outro lado, que ela seria suficientemente madura — ou seja, consentidora — para resolver por si mesma realizar tal "transição". E por que deveríamos proibir a cirurgia na primeira infância em intersexuais mas autorizá-la para uma criança não púbere que afirma desejar mudar de sexo? Eis as aberrações às quais a deriva identitária pode nos levar. Mas pode ser pior, quando se sabe que muitas crianças autistas, psicóticas ou borderline foram consideradas transgênero já aos dez anos, depois de terem sido encaminhadas pelos pais a clínicas especializadas.

Nessa linha, o Serviço de Desenvolvimento de Identidade de Gênero (Gids, na sigla em inglês), fundado em 1989 e situado no hospital de Charing Cross, como parte da prestigiosa Tavistock Clinic de Londres, conhecida por ter acolhido os maiores nomes da psiquiatria infantil — de John Bowlby a Donald Woods Winnicott —, foi denunciado por ter "acompanhado", desde 2011, a transição de crianças e pré-adolescentes que afirmavam ter nascido num corpo que não era o seu, mas depois mudaram de ideia. Num relatório escrito em 2018, David Bell constatava que o número de demandas de transição entre os menores de idade aumentou de modo vertiginoso (mais de 200%) entre 2010 e 2018, sob a influência de redes sociais — sobretudo o Transgender Heaven — que incentivavam adolescentes angustiados a reivindicar a transição para pôr fim a seus sofrimentos: "Ser transgênero é a solução para você parar de se sentir um merda". David Bell acusava os médicos de acelerar as transições sem considerar outros diagnósticos possíveis. E concluía que, nessas condições, não era possível dar nenhum consentimento fundamentado, o que lhe valeu uma acusação de transfobia. O diretor associado do serviço, Marcus Evans, membro do conselho da Tavistock Clinic, pediu demissão.

> O medo de ser acusado de transfobia imobiliza a capacidade de pensar de forma crítica. Não há nada de alarmante no fato de milhares de jovens, meninas e meninos, se sentirem desgostosos com o próprio corpo e quererem mudar. Não é um despropósito questionar se permitir que um pré-adolescente tome decisões que

modifiquem seu corpo não poderia, a longo prazo, ter graves consequências sobre sua saúde mental.[44]

Em dezembro de 2020, depois desse escândalo, a Alta Corte de Justiça do Reino Unido tomou finalmente a decisão sensata de proibir qualquer tratamento de transição em crianças de menos de dezesseis anos.[45]

É à filósofa Judith Butler que devemos a reflexão mais política sobre a questão queer.[46] Apoiando-se no pensamento francês dos anos 1970 — Michel Foucault, Jacques Lacan, Jacques Derrida —, ela preconizou, em 1990, um culto dos borderline,[47] ao afirmar que a diferença sexual era sempre fluida e que, por exemplo, a causa transexualista poderia ser uma forma de subverter a ordem estabelecida e recusar a norma biológica. Desde muito cedo, Butler sentia-se ela própria numa situação sem fronteiras e fora das normas, por causa de sua identidade de mulher judia criada no judaísmo mas radicalmente crítica à política do Estado de Israel. Para pensar a questão, ela desenvolveu a ideia, totalmente estranha aos autores nos quais se inspirava (Lacan, Derrida, Foucault etc.), de que os comportamentos sexuais marginais e "perturbados" — transgenerismo, travestismo, transexualidade etc. — nada mais seriam que formas de contestar a ordem dominante: familiarista, paternocêntrica, heteronormativa etc. Essa posição militante não era racional, e sim baseada num desejo de inverter a norma, o que lhe valeu a animosidade de boa parte das feministas francesas, que a acusaram de "diferencialista", censurando sua atitude crítica em relação à laicidade republicana e à proibição de signos religiosos na escola: Butler valorizava especialmente o porte do véu islâmico como signo de revolta identitária, negando o fato de que esta reivindicação pudesse ser, *em primeiro lugar*, o estereótipo de uma submissão da mulher a uma ordem religiosa obscurantista, virilista ou altamente paternocêntrica.[48] Da mesma forma, ela defendia mais um valor universal da diferença que um culto antiuniversalista da diferença: sem a menor preocupação com as milhares de mulheres que arriscam suas vidas recusando-se a usar algo que a seus olhos continua a ser um signo maior da opressão.

Nessa perspectiva, ela interessou-se então, na esteira de Michel Foucault, pela questão da "vida precária" ou "invivível", da "sobrevida", das minorias de qualquer gênero: palestinos, apátridas, imigrantes, explorados, desviantes. Daí o título de uma bela conferência — "Can one lead a good life in a bad life?" — ministrada em Frankfurt, em 11 de setembro de 2012, por ocasião da entrega do prêmio Adorno, com o qual nomes como Pierre Boulez, Jürgen Habermas e Jean-Luc Godard também já haviam sido agraciados. Desde o anúncio de sua ida a Frankfurt, Judith Butler foi alvo de um conluio grotesco por parte da comunidade judaica e do embaixador de Israel em Berlim. Chamada de "depravada" por ser adepta da teoria queer, de "antissemita inimiga de Israel" por sua defesa do povo palestino, foi criticada também por sustentar que o Hamas e o Hezbollah pertenciam à "esquerda mundial" e por ter participado das ações do movimento BDS (Boicote, Desinvestimento, Sanções) contra as instituições israelenses.[49]

Na realidade, seus detratores instrumentalizaram uma frase tirada de contexto, com a qual ela respondera à pergunta de um interlocutor sobre o caráter "anti-imperialista" das duas organizações; quanto ao BDS (movimento do qual eu, por meu lado, discordo completamente), ela o apoiou apenas no que dizia respeito às ações mirando a implantação de colônias nos territórios ocupados. Em seguida, Judith Butler foi injustamente arrastada na lama por conta de uma obra voltada à crítica do sionismo e na qual ela debatia longamente uma frase do filósofo Emmanuel Levinas;[50] aqui o insulto fez as vezes de argumento, e é justo disso que se trata ultimamente, nesta verdadeira guerra de identidades que atravessa as sociedades democráticas.

É evidente que as pessoas transgênero ou intersexuadas devem ter o direito, assim como todas as outras "minorias" ditas "sexuais", de não serem discriminadas, conforme sublinha o apelo de 2009 às Nações Unidas, que denuncia, a justo título, a classificação médica em vigor, que as qualifica de "mentalmente perturbadas".[51] No entanto, em se tratando da teoria queer e da política que ela põe em prática, é indispensável compreender bem a natureza de um movimento que visa a extirpar de um saber psiquiátrico inconsistente experiências diversas que têm por eixo o estatuto da sexualidade humana: gênero e sexo. Quanto a isso, a teoria queer e os *queer studies* colocam o problema da passagem de uma reflexão especulativa para uma prática política concreta. Pode-se, de fato, em nome da igualdade de condições, generalizar a ideia de que todo ser humano pode ser biologicamente macho e fêmea, o que significa fazer da intersexualidade (hermafroditismo) outra coisa que não uma anomalia de nascença e semelhante à transidentidade, que não o é? Pode-se, em nome dessa mesma igualdade, assimilar a bissexualidade psíquica, universalmente presente em cada sujeito, a uma identidade social ao mesmo tempo "generificada" e biologicamente definida, antes de se concluir pela existência jurídica de um "sexo neutro" ou de um "terceiro sexo"? Pode-se, enfim, deduzir dessas problemáticas uma política militante, dita "igualitária", das diferenças identitárias? Será preciso que novas regras jurídicas sejam inventadas, não somente para definir as fronteiras do sexo e do gênero, mas também para oferecer um quadro legal para as filiações e a reprodução da espécie humana oriundas dessas experiências de vida?

No fim do primeiro quarto do século XXI, já é possível, para pessoas em sofrimento identitário, recorrer a intervenções cirúrgicas oferecidas por diversas clínicas em que os discursos mais simplistas estão associados à tecnologia de mais alta performance: uma mistura de ideologia do bem-estar, tipo clubes de encontros, e de crenças delirantes na supremacia do corpo sobre a inteligência. Em Montreal, no coração do Centro Metropolitano de Cirurgia (CMC), joia da hospitalização privada de alto nível, fundado em 1973 e dotado das mais altas credenciais médicas do Canadá, são recebidas todas as pessoas que desejam efetuar sua "transição". Aumento mamário, raspagem do pomo de Adão, mastectomia, vaginoplastia, faloplastia, feminização ou masculinização facial, hormonioterapia, venda de objetos saídos diretamente de um catálogo médico que parece ter sido revisto e corrigido por Richard von Krafft-Ebing[52] — fetiches, vibradores, aparelhos para comprimir os órgãos sexuais, tatuagens etc. —, tudo isso acompanhado por múltiplas terapias: eis o protocolo iniciático ao qual são voluntariamente submetidas, com várias opções possíveis, as pessoas transgênero à espera de uma identidade satisfatória ou reversível.

Os "disfóricos de gênero" têm às vezes que esperar vários meses antes de entregar seus corpos e suas almas às mãos peritas de cirurgiões especializados em reconstituição de glandes a partir de pele retirada do escroto, fabricação de uretras que permitem urinar de pé. ("No início, eu não conseguia realizar [sic], não estava habituado. As primeiras vezes que me vi no espelho, era como se aquilo não me pertencesse. Muitas vezes, ouvimos as pessoas trans dizerem: 'Queria acordar transicionado'. Não! É preciso assimilar, digerir, processar tudo.")[53]

Quanto à questão das "famílias transgênero", ela se coloca atualmente em termos jurídicos: uma mulher transgênero poderá um dia ser reconhecida legalmente, por adoção, como mãe de sua filha de seis anos, tendo sido, desde o nascimento desta, seu pai biológico? Um exemplo: em 2004, Raymond casou-se com Nicole, que teve uma menina. Com o passar dos anos, descontente com sua anatomia, Raymond deu início à transição para tornar-se civilmente uma mulher, com o nome de Julie, sem no entanto modificar seus órgãos genitais. Com a concordância de Nicole, ele quer ser a mãe de sua filha. E, mais que isso, ele concebeu um segundo filho (Victor), conforme lhe proporciona sua anatomia masculina. Assim, ele é ao mesmo tempo o pai biológico e a mãe social do menino, esposa e marido de Nicole e potencialmente mãe adotiva da primeira filha. "Homens grávidos", escreve Serge Hefez,

> homens ou mulheres que efetuam uma transição depois de terem posto filhos no mundo e se tornam "mulheres pais" ou "homens mães", mulheres que procriam com seu próprio esperma... A perturbação que abala nossas sociedades não se refere mais apenas às questões de gênero e de identidade, mas atravessa também as noções fundamentais de concepção e de filiação.[54]

É assunto o bastante para perturbar o espírito dos que se opõem a qualquer transformação nas modalidades de procriação, atualmente convencidos de que o planeta será um dia povoado por pessoas transgênero concebidas nos campi norte-americanos.

Disseminar o gênero humano

Na realidade, não há nenhuma solução para essas contradições. Mas é preciso estar bem consciente de que o apocalipse da transidentidade nunca terá lugar. Por essas razões, aliás, o movimento queer é condenado a um excesso identitário, não somente porque não cessa de valorizar a vivência de vítima, mas também porque só pode agir promovendo uma espécie de catecismo apoiado na avalanche de neologismos que já mencionei (heteronormativo, generificado, cisgênero, agênero, *gay or straight* etc.). Em suma, ele acabará reinventando as classificações da psiquiatria. Atribuir tal prevalência do gênero sobre o sexo, a ponto de dissolver a diferença anatômica, e depois voltar a ela num passe de mágica (a intersexualidade) leva à multiplicação ao infinito das identidades, ao passo que a abordagem da especificidade humana deve repousar na constatação da existência universal das três grandes determinações que a moldam — o biológico (corpo, anatomia, sexo), o social (construção cultural, religiosa, organização familiar) e o psíquico (representação subjetiva, gênero, orientação sexual) —, ficando estabelecido que só existe uma espécie humana, quaisquer que sejam as diferenças internas a ela.

Entre as derivas constatadas, ao lado daquela que consiste em declarar "transgênero" crianças pré-púberes e a de querer ser o pai e a mãe dos próprios filhos, há a vontade de aplicar neles a *queer theory on education*, desde o nascimento. A esse respeito, nada é mais ridículo do que tentar esconder das crianças o seu sexo anatômico, como fazem certos pais LGBTQI+ que, julgando lutar contra os estereótipos, explicam a seus rebentos que, no tempo certo, eles poderão escolher seu "gênero"; "qual a importância", dizem eles, "de saberem o que há entre as pernas?". E do que inventar um novo vocabulário "neutro" a fim de implementar uma "revolução pedagógica" baseada na afirmação do sexo neutro. É difícil não ficar perplexo diante da notícia de que, em 2018, o estado de Nova York concedeu aos pais a permissão de substituir por quatro estrelas a menção ao sexo na certidão de nascimento de seus filhos: que artimanha da história tornou possível invalidar décadas de luta progressista para não tratar as crianças como imbecis enchendo suas cabeças de sandices?[55] Decerto estamos nos preparando para explicar-lhes que os bebês nascem num pé de repolho, uns com macacão rosa, outros com saiote azul...

É também nessa perspectiva que a noção de "espécie humana" foi sub-repticiamente desmontada com a aparição dos *disability studies*, novo campo da retórica identitária, nascido nos anos 1980 para lidar com a deficiência. Em virtude do novo paradigma, em princípio muito generoso, seria urgente não só estudar e ocupar-se de todas as pessoas afetadas por alguma deficiência (*disability*) — surdez, cegueira, trissomia, nanismo, esquizofrenia, autismo etc. —, mas também teorizar a deficiência como identidade, a fim, pensam eles, de poder lutar contra a "sub-representação das pessoas com deficiência nas empresas e nas universidades", como ocorreu com todas as minorias discriminadas.[56]

Mostra disso é a grande pesquisa do psicólogo americano Andrew Solomon dedicada à questão da "biodiversidade humana": *Longe da árvore: Pais, filhos e a busca da identidade.*[57] Entre 1994 e 2012, Solomon reuniu os testemunhos de cerca de quatrocentas famílias em busca de sua identidade "vertical" (inata) e "horizontal" (adquirida), que, segundo ele, estão "longe da árvore", ou seja, da árvore genealógica.

O autor organiza também, nesse best-seller improvável, uma lista à moda de Georges Perec de histórias de vida e de sofrimentos. Define várias categorias de seres humanos, cuja convivência ele observa como faria um tratador de animais saído diretamente de um zoológico de vidro: surdos, anões, trissômicos, autistas, esquizofrênicos, prodígios, transgênero, negros, latinos etc. Aos quais se juntam os polideficientes: hidrocéfalos, paralisados cerebrais, cegos etc.

Solomon descreve minuciosamente a existência cotidiana das crianças e de seus pais. Contudo, quem lê o estudo — que deu origem a um documentário de grande sucesso — logo percebe que o autor coloca no mesmo plano orientação sexual (queer, transexualidade), patologias genéticas (trissomia do 21, acondroplasia etc.), situações sociais (crianças inquietas), cor da pele, doenças mentais e por fim deficiências mais graves. Solomon responde à objeção afirmando que toda diferença nada mais é que uma "identidade socialmente construída e subjetivamente vivida como discriminação".

É bem verdade que o trabalho de pesquisa realizado por Solomon é interessante, mas, no correr das páginas, sentimos um claro mal-estar quando o autor explica como os pais dessas crianças são felizes por poder criá-las de modo que elas melhor evitem os preconceitos oriundos da sociedade dominante. Mas logo se descobre o significado de seu combate. A propósito da trissomia, ele condena o recurso ao aborto e ataca os 93% de mulheres que fazem essa escolha após a amniocentese, argumentando que o feto já é um ser humano. Além disso, ele preconiza indiretamente a cirurgia de redesignação em crianças transgênero não púberes, a fim de dotá-las de uma identidade feliz. Com relação aos surdos, Salomon deplora a utilização precoce dos implantes cocleares porque a linguagem dos sinais, característica da identidade surda vista como uma variante da espécie humana, ficaria ameaçada. Acrescentemos que ele classifica na categoria dos "anões" (acondroplasia) todas as pessoas de baixa estatura, como se fossem parte da mesma comunidade, rebatizada de "identitária" ou "diversitária"...

Mas não se deixem enganar! O autor não é um obscurantista religioso, e sim um progressista que usa como justificativa o seu engajamento militante em favor de uma nova humanidade. Como qualquer pesquisador identitário moderno, Solomon inclui nas pesquisas os seus próprios sofrimentos, seus próprios erros, sua "personalidade borderline", a meio caminho entre a autoanálise e a confissão cristã. Disléxico, filho de um pai judeu e de uma mãe tomada pelo ódio de si judaico, maltratado na infância, homossexual envergonhado, depois feliz, conseguiu ter acesso à paternidade graças às maravilhas da barriga de aluguel. Convencido, no momento do parto, de que seu rebento seria deficiente, ele acabou aceitando que ele fosse "normal" [sic]: "Cheguei a pensar, às vezes, que os pais heroicos desse livro eram loucos, submetendo-se a toda uma vida com seus filhos esquisitos [...]. Fiquei surpreso ao descobrir que minhas pesquisas construíram uma plataforma para mim e que eu estava prestes a juntar-me a eles no mesmo barco".[58] Assim, mais uma vez, uma abordagem generosa da condição humana desmorona sob a pena de um pesquisador, para responder a um ideal contrário à emancipação, sobretudo no que diz respeito ao aborto ou à utilização dos progressos da medicina no tratamento da surdez ou do nanismo. Nunca será demais repetir que o mundo maravilhoso da felicidade identitária parece um pesadelo.

Por fim — e como seria de esperar —, as manifestações do feminismo identitário confirmam que hoje, por todo lado, as mulheres lésbicas mais radicalizadas denunciam os homens gays, considerados tão culpados de dominação masculina quanto os "machos dominantes heterossexuais". Consequentemente elas reivindicam um separatismo ao fim do qual os homens seriam, *enquanto homens*, excluídos da comunidade humana.

Assim, na França, Alice Coffin, jornalista e ecologista eleita para o Conselho de Paris em 2020, causou assombro ao denunciar outro eleito, Christophe Girad, assessor de cultura da Prefeitura de Paris, acusando-o de cumplicidade com certos adeptos de práticas pedófilas, argumento utilizado regularmente pela extrema direita contra os homossexuais. Fazendo, na contracorrente, a apologia de um pretenso "espírito lésbico", ela acabou por transformar os homens em inimigos da humanidade e por pretender "eliminá-los", sobretudo os "homens brancos":

> Todas precisamos de "couraças" de mulheres, de *shield-maiden* [...], nome dado às místicas guerreiras vikings; de esquadrões e de brigadas para nos defender. Não basta nos ajudarmos umas às outras, é preciso, por nossa vez, eliminá-los. Eliminá-los de nossos

> espíritos, de nossas imagens, de nossas representações. Não leio mais livros de homens, não vejo mais seus filmes, não ouço mais suas músicas [...]. As produções dos homens são o prolongamento de um sistema de dominação. Elas *são* o sistema. A arte é uma extensão do imaginário masculino. Eles já infestaram meu espírito. Eu me preservo evitando-os. [...] Seria para mim um prazer atirar nos homens brancos, senhores, sangradores e seus malfeitos [...]. Quem, entre o homem e a humanidade, sucumbirá primeiro?[59]

Nesse caso, que alvoroçou a imprensa, Coffin repete sob a forma de farsa, e da maneira mais séria possível, a história de uma tragédia. Num panfleto célebre da literatura de vanguarda, o *Scum Manifesto*,[60] lançado nos Estados Unidos em 1967, Valerie Solanas, lésbica furiosa, violada por seu pai, vítima de maus-tratos diversos, tornou-se célebre ao convocar a humanidade inteira a eliminar o dinheiro dos homens, o patriarcado dos pais e a totalidade dos órgãos genitais masculinos. As mulheres, dizia ela, não precisam mais dos homens para procriar, chegou a hora de pegar o facão e os emascular. Como o homem é uma fêmea incompleta, acrescentava ela, um "aborto ambulante, congenitamente deformado", esse "Midas que transforma em merda tudo o que toca" pode muito bem ser exterminado.

O grande gesto de apelo ao assassinato, que atacava a psicanálise, o sexismo, a dominação masculina, heterossexual e homossexual, foi seguido por uma passagem ao ato. Depois de encontrar Andy Warhol, estrela da pop art, para tentar convencê-lo a produzir uma peça de teatro pornográfica escrita por ela, Valerie Solanas tentou assassiná-lo com vários tiros de revólver, entregando-se depois à polícia. Atingido no pulmão, baço, estômago e fígado, o artista escapou por pouco, mas não prestou queixa. Quando saiu da prisão, declarada esquizofrênica, Solanas continuou a perseguir seu ídolo detestado e a garantir a promoção de seu manifesto e de suas fantasias contra o pênis em qualquer gênero. Celebrada por várias feministas, especialmente por Virginie Despentes, ela foi redescoberta na França em 1998, quando da reedição de seu manifesto, com posfácio de Michel Houellebecq: "De minha parte", disse ele, "sempre considerei as feministas como amáveis babacas". E prosseguiu afirmando que as diferenças entre o homem e a mulher são de ordem genética, e que o raciocínio de Solanas estava, portanto, em conformidade com as mais nobres aspirações do projeto ocidental: estabelecer um controle tecnológico absoluto sobre a natureza.

Ao ler essas linhas chega-se à conclusão de que, 23 anos depois, estão dadas as condições para que a reedição de *Le Génie lesbien* [O gênio lésbico], de Alice Coffin, ganhe um prefácio de Michel Houellebecq, que, pelo gosto das antífrases, poderia fazer de conta que apoia o projeto da nova eleita da República: substituir o homem pela mulher, os gays pelas lésbicas, estas pelos queers e, por fim, a liberdade pela submissão.

Não sou nem branco nem mulher nem homem, mas meio libanês

O mundo identitário não é povoado apenas por histórias pungentes ou dramáticas. Muitas vezes surgem elementos cômicos dignos do melhor teatro de bulevar. Foi assim que, em 2016, uma verdadeira guerra de secessão desenrolou-se nos Estados

Unidos em consequência das medidas antidiscriminatórias implementadas por Barack Obama: tratava-se de autorizar as pessoas transgênero a utilizar os banheiros e vestiários conforme o sexo de sua conveniência.[61] Protestando contra a decisão, onze estados americanos — na maior parte sulistas e conservadores — recusaram-se a obedecê-la. A Carolina do Norte votou uma lei obrigando as pessoas transgênero a utilizar os banheiros que correspondiam a seu sexo de nascimento. Os queixosos dos onze estados acusaram a administração central de querer transformar os locais de lazer em gigantescos espaços de experimentação social.

Não houve, na França, nenhuma guerra dos banheiros, mas em 2018, por ocasião da Parada do Orgulho, o administrador da Inter-LGBT, Arnaud Gauthier-Fawas, sentiu-se ofendido quando foi apresentado como *homem* pelo jornalista Daniel Schneidermann, no programa televisivo *Arrêt sur Images*, e replicou com toda a seriedade do mundo: "Não, senhor, não sei o que o fez dizer que sou um homem, pois não sou um homem. Se já começamos assim, estamos malparados". Este homem, reivindicando uma "identidade ofendida", usava barba e sua voz, assim como sua musculatura, não dava a impressão de que fosse outra coisa senão um representante do sexo masculino. "Não podemos confundir identidade de gênero e expressão de gênero", acrescentou ele. "Sou não binário, logo, não sou nem masculino, nem feminino". Schneidermann não caiu na gargalhada, ao contrário, apresentou suas desculpas. E foi então que outro convidado deplorou que as pessoas presentes no palco fossem brancas. Dessa vez o apresentador começou a rir, afirmando que, sem dúvida, seu interlocutor estava querendo dizer que não era branco. "Não, não sou", disse ele, "sou meio libanês".[62]

Ao contrário da anedota libanesa que relatei no começo deste livro, esta última é de dar frio na espinha: uma afirmação desse tipo anula de fato a própria ideia de sujeito no sentido do "Eu sou eu, isso é tudo!", como se o fato de se declarar "libanês" significasse que não se poderia ser nem branco nem do sexo masculino.

Ao final deste capítulo já é possível perceber como uma concepção realmente inovadora dos estudos sobre a sexualidade — distinguindo gênero e sexo — foi, dentro de algumas décadas, transformada em seu contrário e deu início a um movimento de regressão normalizadora. Tudo começa com a invenção de novos conceitos e, em seguida, com a criação de um vocabulário adequado. Uma vez solidamente estabelecidos, os conceitos e as palavras transformam-se num catecismo que, no momento desejado, acaba por justificar passagens ao ato ou intervenções na realidade. Assim, passa-se, sem nem perceber, da civilização à barbárie, do trágico ao cômico, da inteligência à tolice, da vida ao nada e de uma crítica legítima das normalidades sociais à recondução de um sistema totalizante.

3. Desconstruir a raça

Paris, 1952: A raça não existe

Em 1952, por demanda da Unesco,[1] Claude Lévi-Strauss redigiu um texto programático, *Raça e história*, no qual fazia uma reflexão impressionante sobre a noção de raça. Não se tratava somente de lutar contra o preconceito racial, mas de denunciar, nos anos seguintes à Segunda Guerra Mundial, as monstruosidades perpetradas pelas nações europeias com a afirmação de uma pretensa desigualdade entre as raças. Ele tinha como alvo não apenas o nazismo, que levara os europeus a destruir seus semelhantes, mas também o colonialismo, que transformara em dogma a ideia da inferioridade dos povos não ocidentais. Na mesma época, Hannah Arendt sublinhava que o antissemitismo era a matriz do racismo: servira de caução teórica para a conquista colonial, o que teve como efeito difundir o antissemitismo no seio dos impérios coloniais. Nos territórios colonizados, os judeus eram frequentemente acusados de todo tipo de conspiração. Bastou, por exemplo, que os britânicos retomassem o Egito dos franceses para que os judeus fossem acusados de organizar todos os conflitos. Nasceu assim, fora da Europa, a tese de um conspiracionismo internacional atribuído ao "imperialismo dos Rothschild".[2] Como se pode ver, estabeleceu-se, portanto, desde o fim do século XIX, um vínculo profundo entre essas três entidades: antissemitismo, racismo, colonialismo.

A esse respeito, é preciso utilizar com prudência a dupla sionismo/antissionismo. Em sua origem, o sionismo foi um movimento emancipador forjado por judeus que pretendiam fundar na Palestina um Estado capaz de integrar não judeus em seu seio. Quanto ao antissionismo — na condição de movimento de oposição política e ideológica ao sionismo —, ele mobilizava, na época, numerosos judeus oriundos da diáspora, como Sigmund Freud e vários outros, que se opunham à conquista de uma terra prometida.[3] Assim, o antissionismo era completamente estranho a todo e qualquer antissemitismo. Quanto ao antissionismo contemporâneo, ele reúne movimentos diversos, alguns francamente antissemitas e outros hostis à política israelense, quiçá à própria existência do Estado de Israel. Acusar todo antissionimo de antissemitismo é, portanto, um abuso de linguagem, ainda mais porque o termo é utilizado muitas vezes de modo retrospectivo: é com essa designação abusiva, por exemplo, que Freud foi tratado de "antissemita", não apenas pela extrema direita israelense mas também por antifreudianos radicais que pretendiam apoiar o sionismo. O rastro dessa distorção do termo pode ser encontrado numa estranhíssima *Anthologie des propos contre les Juifs, le judaïsme et le sionisme* [Antologia das declarações contra os judeus, o judaísmo e o sionismo], publicada em 2007 por Paul-Éric Blanrue, antifreudiano notório, defensor dos negacionistas e do islamismo iraniano. Ele pretendia desmascarar os verdadeiros antissemitas, cujos nomes a história dita "oficial" teria dissimulado: os próprios judeus e seus aliados. Ao lado dos nomes de Goebbels e de Hitler, e sem fazer alusão ao extermínio —

nem mesmo sob a rubrica "Wannsee", que trata da "Solução Final" —, Blanrue organizou a lista dos verdadeiros antissemitas: Moisés, Isaías, Spinoza, Lévi-Strauss, Clemenceau, Freud, Einstein, Stefan Zweig, Zola, Proust, Pierre Assouline etc. Sob o pretexto do apoio ao sionismo, o autor redigiu então um panfleto sensacionalista que não passava de uma apologia disfarçada do antissemitismo.[4] O judeu é identificado como alguém que tem o mundo inteiro contra ele mesmo (contra si), mas sobretudo como alguém que é, ele próprio, o artífice do ódio que devota a si mesmo. Esta é, segundo Blanrue, a identidade judaica do judeu: si-mesmo como um judeu, ou seja, como um antissemita.

Em seu texto de 1952, Lévi-Strauss começa por constatar que as raças não passam de cores de pele e que as diferenças entre elas não poderiam ir além de um problema de pigmentação. A essas diferenças quase inexistentes ele opõe diferenças verdadeiras — as que distinguem as culturas —, infinitas e de grande riqueza. Por fim, em conformidade com sua elaboração das *Estruturas elementares do parentesco*,[5] ele refuta a ideia de que haveria "estágios" pelos quais a humanidade evoluiria de uma era dita "primitiva" até uma era que seria sinônimo de "civilização". Nessa perspectiva, afirma ele, é impossível associar uma noção biológica de evolução — extraída de Darwin — com a organização das culturas e das sociedades que definem a humanidade, pois todas as sociedades caracterizam-se pela passagem da natureza à cultura, conforme demonstram a proibição do incesto, a adoção de alimentos cozidos e as diferentes expressões religiosas e artísticas que caracterizam a humanidade e não existem entre animais. E, assim, Lévi-Strauss enuncia o que seria o credo do estruturalismo:[6] "Duas culturas elaboradas por homens pertencentes à mesma raça podem diferir tanto ou mais quanto duas culturas oriundas de grupos racialmente distantes".[7]

Se as raças não existem, a ideia de pretensa inferioridade de uma em relação a outra seria, por outro lado, uma construção universal, própria de todas as organizações sociais. Os seres humanos têm por hábito, assim que formam um grupo ou comunidade, rejeitar a alteridade em nome de sua própria superioridade cultural: "Nas Grandes Antilhas", escreve Lévi-Strauss,

> alguns anos após a descoberta da América, enquanto os espanhóis enviavam comissões de pesquisa para investigar se os indígenas possuíam ou não uma alma, estes últimos dedicavam-se a afogar os brancos prisioneiros para verificar, através de uma observação prolongada, se seus cadáveres estavam ou não sujeitos a putrefação.[8]

Se as raças não existem e se as diferenças são culturais, e nunca "naturais", como explicar que certas culturas se tornem dominantes? Lévi-Strauss responde à questão com algo que, hoje, parece uma evidência. As sociedades evoluem em "diagonal", mas algumas delas desenvolveram um potencial tecnológico baseado no pensamento científico — as sociedades ditas "ocidentais" —, que permitiu que dominassem as outras e sobrevivessem melhor, superando o estado de natureza. Por isso essas sociedades, que se tornaram colonizadoras, devem doravante proteger as outras sob pena de, à força da dominação, destruírem a humanidade aniquilando-se a si mesmas. E é nessa perspectiva que Lévi-Strauss propõe uma tese, à qual permanecerá fiel ao longo de toda a sua vida: toda forma de ocidentalização integral do mundo, sob efeito do progresso vertiginoso da ciência, não poderá resultar senão num desastre para a humanidade inteira. Ele rejeita também, e com justeza, a uniformização do mundo, preconizando o respeito a cada cultura, sendo o relativismo cultural a única maneira de exprimir o universalismo do gênero humano.

"De perto e de longe": esta é a lei da própria humanidade. Se todo o mundo se parece, a humanidade dissolve-se no nada; se cada um deixa de respeitar a alteridade do outro afirmando sua diferença identitária, a humanidade mergulha no ódio perpétuo ao outro. As sociedades não devem, portanto, nem se dissolver num modelo único (a globalização), nem se fechar em fronteiras carcerárias (o nacionalismo): "Nem muito perto, nem muito longe". A uniformização do mundo produz sempre a guerra e o comunitarismo.

Como se pode compreender, Lévi-Strauss não se contenta, com essas afirmações, em abolir a ideia de raça; ele faz do combate contra o racismo, o colonialismo e o nacionalismo o princípio mesmo de um modo de civilização planetária, baseada tanto no respeito às diferenças (relativismo) quanto no universalismo do gênero humano. Inscreve-se assim na longa linhagem dos anticolonialistas franceses: de Clemenceau a Sartre, passando por André Breton e os surrealistas. Mas, ao contrário de seus predecessores, ele tenta dar ao seu engajamento um fundamento estrutural e antropológico, e não apenas moral ou político. Exilado da França em 1940, por pertencer à "raça judia", Lévi-Strauss tornou-se etnólogo ao entrar em contato com povos autóctones, seus caros indígenas do continente brasileiro: nambikwaras, kadiweus, bororos, tupis, mundés. E irá narrar esse grande périplo melancólico num livro célebre, publicado em 1955: *Tristes trópicos*.

Sua intervenção na Unesco lhe valerá uma intensa polêmica com Roger Caillois, ex-aluno da École Normale Superieure (ENS) de Paris, vindo do movimento surrealista e do Collège de Sociologie, que vai criticar Lévi-Strauss por uma "ilusão ao avesso", um rancor contra sua própria cultura. Antirracista convicto, Caillois considera, no entanto, que o Ocidente possui uma cultura superior às outras por sua capacidade de pensar as demais e elaborar um saber sobre as civilizações. No fundo, ele opõe a seu antagonista o fato de que apenas o pensamento ocidental foi capaz de inventar a antropologia, a racionalidade e, claro, a ciência. Tanto em Lévi-Strauss quanto em Caillois a questão da raça é dissolvida, portanto, em prol de um debate sobre a capacidade das sociedades de produzirem um saber sobre elas mesmas e sobre as outras.[9] A controvérsia opunha não um progressista a um reacionário, mas um evolucionista a um estruturalista, que questionava a própria ideia de progresso linear.

Desde 1952 Lévi-Strauss tinha consciência de que, fosse como fosse, a noção de raça devia ser banida dos estudos antropológicos, culturais, sociais, filosóficos. Em outras palavras, as teorias que se desenvolveram a partir do final do século XVIII sobre a pretensa inferioridade biológica de certos povos não tinha nenhum fundamento, a seus olhos, posto que estava demonstrado que somente as diferenças culturais importavam. Da mesma forma, o "racismo científico", que inscrevia a hierarquia racial na biologia, foi desqualificado a partir dos anos 1950.[10] Mas nem por isso, claro, o racismo vai desaparecer nas diferentes sociedades humanas. Nos países democráticos, ele será reprimido pela lei, remetendo certos discursos ao inferno da condenação judiciária, quiçá da loucura. Quanto à palavra "raça", ela acabará sendo suprimida pela Constituição francesa, embora continue a ser reivindicada pelos *critical studies on race*.

Nos anos 1950, outra mutação surge no horizonte, atualizando a antiga oposição entre "bárbaros" e "civilizados". É ela que serve de justificativa para a inferiorização, ao apoiar-se na ideia de que as diferenças culturais são menos importantes que aquelas ligadas ao grau de civilização: certas sociedades seriam superiores às outras graças à sua capacidade científica ou racional de pensar o mundo. Daí a oposição entre cultura e civilização. A esse respeito, a controvérsia entre Lévi-Strauss e Caillois é emblemática do debate. Um chama de "dominação" o que o outro denomina "superioridade". O fato de que é preciso abolir toda ideia de superioridade de uma cultura sobre a outra é evidente, diz Lévi-Strauss, mas isso não significa que a racionalidade científica deva desaparecer diante da simples constatação das diferenças culturais. Prova disso é que todos os povos desejam derrubar os regimes de dominação que os oprimem sem ter de, com isso, renunciar aos benefícios dos progressos científicos e tecnológicos inventados pelas sociedades ocidentais ditas "dominantes".

E, nessa perspectiva, Claude Lévi-Straus oferece, evidentemente, uma forma de compreender as culturas bem mais inovadora que aquela de seu antagonista. Ele funde, num mesmo crisol, o projeto do respeito absoluto ao relativismo cultural e o projeto de pensar o mundo de modo racional: ele não renuncia, portanto, a estabelecer as bases de uma possível resolução dos antagonismos, na medida em que convoca as sociedades dominantes, senhoras do saber científico, a proteger as culturas antigas, em vez de devastá-las. O *universal* do pensamento científico não é, portanto, separável da *diferença cultural*.

Em sua origem, a palavra "raça" era utilizada fosse para designar uma linhagem familiar nobiliária (a "raça" dos atridas, dos labdácidas ou dos descendentes de Abraão), fosse, a partir de meados do século XVIII, para definir uma pretensa subcategoria da espécie humana, calcada na descrição do mundo animal: "A raça dos negros", dizia Voltaire, "é uma espécie de homem diferente da nossa, como a raça dos spaniels e dos galgos" — o que não o impedia, em nome da mesma teoria, de julgar severamente os costumes de seu país e de denunciar a colonização:

> É preciso convir sobretudo que os povos do Canadá e os cafres, que nos agrada chamar de selvagens, são infinitamente superiores aos nossos. O huroniano, o algonquino, o *illinois*, o cafre, o hotentote possuem a arte de fabricar, eles mesmos, tudo aquilo de que necessitam [...]. As tribos da América e da África são livres, e nossos selvagens não têm sequer a ideia da liberdade.[11]

Colonialismo e anticolonialismo

Mas, a partir de meados do século XIX, com o desenvolvimento da antropologia física, num contexto de darwinismo, evolucionismo e de pretensas classificações científicas dos povos e das culturas, a palavra "raça" conheceu grande sucesso, o que permitiu estabelecer tipologias baseadas não somente em critérios morfológicos (a cor da pele), mas em hierarquias, sendo certas "raças" consideradas superiores a outras em função do estado da civilização em questão. Os povos foram, então, classificados segundo uma escala de valores: fisiológicos, psicológicos etc. Daí as distinções totalmente arbitrárias entre "arianos" e "semitas", entre asiáticos, negros, ameríndios, indígenas e, no topo da hierarquia, os brancos oriundos das sociedades ocidentais: os europeus do norte e do sul e, de modo geral, os ocidentais. As teses racialistas, de sinistra memória, estiveram na origem do extermínio dos judeus (ditos "semitas") pelos nazistas, que se designavam oriundos da "raça superior" dos arianos.[12]

Em seguida, depois da abolição da escravatura na Europa e do outro lado do Atlântico, as categorias ditas científicas foram amplamente utilizadas para justificar a conquista colonial praticada pelos Estados europeus. Tanto que o colonialismo, como doutrina e ideologia que legitima essa vasta apropriação territorial, foi desde o início o vetor das teses racialistas. Isso origina um grande paradoxo, pois é em nome da Declaração dos Direitos do Homem e do Cidadão (1789) e, portanto, de um ideal republicano que Ernest Renan, Jules Ferry e muitos outros tornaram-se apóstolos de uma segregação mortífera baseada na "missão civilizadora da França": "Assim como as conquistas entre raças iguais devem ser reprovadas, também a regeneração das raças inferiores ou abastardas pelas raças superiores está na ordem providencial da humanidade". E ainda: "As raças superiores têm um direito em relação às raças inferiores, pois há aí um dever para elas. Elas têm o dever de civilizar as raças inferiores".[13]

Foi durante o combate contra tais princípios que se afirmou na França um movimento contrário ao que justificou a conquista: o anticolonialismo. De Georges Clemenceau a Jean-Paul Sartre, passando por Claude Lévi-Strauss, Maurice Blanchot, Jacques Derrida, Pierre Bourdieu e vários outros mais, grande número de intelectuais e políticos foram os melhores propagandistas da luta contra o antissemitismo, o racismo e o colonialismo. Em 1885, opondo-se à conquista colonial, Clemenceau dirigiu palavras muito duras a Jules Ferry: "A conquista é o abuso puro e simples da força que a civilização científica aplica sobre as civilizações rudimentares para se apropriar do homem, torturá-lo, extrair toda a força que existe nele em proveito do suposto civilizador. Isso não é o direito, é a negação do direito".[14] Sartre, signatário do Manifesto dos 121 pelo direito à insubmissão na Guerra da Argélia (1960), teve uma tirada magistral em seu prefácio a *Os condenados da terra*:

> Fanon fala em voz alta. Nós, europeus, podemos ouvi-lo: a prova é que vocês estão com o livro nas mãos. Ele não teme que as potências coloniais tirem proveito de sua sinceridade? Não. Ele não teme nada. Nossa conduta está caduca: pode, eventualmente, retardar a emancipação, mas não poderá detê-la. E não adianta imaginar que poderemos ajustar nossos métodos; o neocolonialismo, esse sonho preguiçoso das metrópoles, é uma ideia vã.[15]

Artífice da abolição de escravatura, Victor Schœlcher[16] não se opôs à aventura colonial nos continentes não europeus.[17] E tampouco Victor Hugo. Discursando em 18 de maio de 1879, em presença de — e em homenagem a — Victor Schœlcher, Hugo justificou liricamente a conquista colonial na África, convencido de que ela levaria ao homem negro as luzes da civilização europeia: "O Mediterrâneo é um lago de civilização;

decerto não é por acaso que o Mediterrâneo tem numa de suas margens o velho universo e na outra o universo ignorado, ou seja, de um lado, toda a civilização, do outro, toda a barbárie". Ele afirma, ademais, que a África não tem história:

> Que terra, essa África! A Ásia tem sua história; a África não tem história. Uma espécie de lenda vasta e obscura a envolve, Roma tocou-a, para suprimi-la [...]. No século XIX, o branco fez do negro um homem; no século XX, a Europa fará da África um mundo. Refazer uma nova África, tornar a velha África dócil à civilização, este é o problema. A Europa há de resolvê-lo.[18]

Victor Hugo jamais aceitará a tese da superioridade de uma raça sobre outra. Nada é, portanto, mais absurdo do que, como se faz hoje em certos sites,[19] chamá-lo de racista. Aliás, em seu primeiro romance, *Bug-Jargal*, escrito aos dezesseis anos e revisto em 1826, ele narra a revolta dos escravos de Santo Domingos, em 23 de agosto de 1791, no curso da qual os negros reivindicaram direitos iguais aos dos cidadãos brancos. Na véspera do acontecimento, um grande sacerdote, Boukman, proferiu encantamentos vodus, bebendo sangue de um porco degolado e exortando suas tropas à expulsão os homens brancos.[20] Em alguns dias, sob a liderança de Georges Biassou, os rebeldes queimaram plantações, massacraram cerca de mil colonos e retiraram-se para as florestas...

Quando resolve privilegiar esse primeiro episódio da revolta dos negros de Santo Domingos, Hugo faz uma feroz acusação contra a escravidão.[21] Estranha narrativa, na verdade, que não deixa de lembrar seus romances posteriores: *O homem que ri*, *O corcunda de Nôtre-Dame* ou *Noventa e três*. Em *Bug-Jargal*, texto romântico, Hugo coloca em cena dois inimigos irreconciliáveis, ambos arrastados pela tragédia da história: um escravo sublime (Bug-Jargal), liberto de suas correntes e feito chefe da revolta dos seus, e um aristocrata escravista (Léopold d'Auvernay), o narrador, às voltas com seus ferimentos, acompanhado por um cão capenga e cuja noiva (Marie) é amada pelo ex-escravo. O primeiro, cavalheiresco e ligado aos ideais da monarquia francesa, é apresentado por Hugo como a própria encarnação da nobreza do Antigo Regime: "Um negro como há poucos brancos". Sua "raça africana" de guerreiro faz com que ele seja capaz de alcançar o que há de mais alto na ordem da civilização. E ele passa seu tempo condenando as violências exercidas por suas próprias tropas contra os senhores escravistas, os quais, aliás, são destituídos de seu pertencimento à nobreza.

E assim, no meio do relato, os rebeldes hugonianos parecem *chouans*:* partilham com eles o culto do trono e o amor das florestas. Quando Marie é capturada pelos revoltosos, D'Auvernay parte atrás dela e é salvo por Bug, que o leva até a noiva, antes de se entregar aos brancos, que o conduzirão ao pelotão de fuzilamento. No meio desse campo de batalha, Hugo introduz a figura do mulato anão Habibrah, bufão de Biassou, a quem ele prodigaliza tiradas shakespearianas: "Pensas então que, por ser mulato, anão e disforme, não sou homem?". Desnecessário dizer que esse surpreendente romance foi recebido por alguns como uma apologia da "negrofilia", e por outros como um panfleto "negrofóbico".[22]

---

* Contrarrevolucionários monarquistas na Bretanha, no período da Revolução Francesa. A designação foi retirada do codinome (Jean Chouan) de seu líder, Jean Cottereau. (N. T.)

Escritor do povo, da miséria e dos anormais, Hugo não era nem Ferry, nem Clemenceau, nem Lévi-Strauss, nem Sartre, nem Fanon. Mas não se deixava enganar quanto à imperfeição da abolição, pois em 19 de maio de 1848, escreveu:

> A proclamação da abolição da escravatura foi feita em Guadalupe, com solenidade. O capitão de mar e guerra Layrle, governador da colônia, leu o decreto da Assembleia do alto de um estrado erguido no meio da praça pública, cercado por uma imensa multidão. Havia o mais belo sol do mundo. No momento em que o governador proclamou a igualdade da raça branca, da raça mulata e da raça negra, havia no palanque apenas três homens, representando, por assim dizer, as três raças: um branco, o governador; um mulato, que carregava seu guarda-sol; e um negro, que segurava seu chapéu.[23]

Depois da Segunda Guerra Mundial, a descolonização dos antigos territórios ocupados anunciava-se como evento inelutável para todos os países imperiais. Assim, o termo "colonialismo", corolário de "racismo", começou a ser combatido, não somente pelos povos ocidentais que se opunham à opressão colonial, mas também pelos povos colonizados que aspiravam à emancipação. Em sua luta, estes últimos remetiam-se tanto às Luzes, quanto à Declaração dos Direitos do Homem e do Cidadão. Logo, todas as teorias racialistas foram contestadas tanto pelos povos em revolta contra a dominação colonial quanto pelos representantes das ciências humanas formados nas melhores universidades europeias e norte-americanas, que abandonaram progressivamente as antigas classificações baseadas na noção dita "natural" de raça: "Foi na época da desnaturalização da ciência do homem, por volta de 1950, que a antropologia e a etnologia abandonaram o paradigma racialista sob a influência da vontade política da comunidade internacional".[24] A denominação "ciências humanas" substituiu a antiga "ciência humana", enquanto as disciplinas aí envolvidas — antropologia, sociologia etc. — converteram-se à ideia de que somente a cultura permite distinguir as sociedades. Em consequência, as teorias racialistas deveriam ser banidas de todos os estudos científicos.

Foi nesse contexto que a contribuição de Lévi-Strauss em favor da liquidação da noção de raça foi recebida como um apelo poderoso ao anticolonialismo, especialmente porque o processo de descolonização já tinha começado quase no mundo inteiro: no continente asiático, tanto na Índia, quanto na Indochina, no continente africano e nos países do Magreb.

Negro sou

Admirável poeta e militante político, Aimé Césaire forjou, por volta de 1934, com seu amigo Léopold Sédar Senghor, o conceito de negritude. O primeiro era natural das Antilhas, o segundo do Senegal, ambos cursaram brilhantemente o liceu Louis-le-Grand e eram a encarnação daquilo que a escola republicana francesa produzia de melhor. Eles tiveram destinos singulares: Césaire, militante comunista até 1956, será eleito prefeito de Fort-de-France, enquanto Senghor será ministro de um governo gaullista, mais tarde primeiro presidente do Senegal independente, de 1960 a 1980, e, três anos depois, eleito para a Academia Francesa. Juntos, participaram da criação, em

1947, da revista *Présence Africaine*, fundada por Alioune Diop, de uma editora com o mesmo nome e, por fim, do I Congresso dos Escritores e Artistas Negros, que teve lugar em Paris, na Sorbonne, em 1956.

Para Césaire e Senghor, a negritude não remetia, em caso algum, a uma designação identitária. Além disso, o emprego da palavra *nègre* [negro] — em vez de *noir* [preto] — era uma forma de inverter os estigmas, enobrecendo um termo oriundo do discurso racista:

> Como a palavra "negro" definia, sem que fosse necessário dizer mais nada, o ser preto aos olhos dos brancos, os pretos trataram de roubá-la dos brancos para contestar seu sentido [...]. A palavra "negro" despertava vergonha; pois bem, recuperamos a palavra "negro".[25]

Quanto à revista, ela estava aberta a todos os escritores anticolonialistas, a começar por Sartre, André Breton e os surrealistas. Para Senghor, a negritude definia-se de modo positivo, como o conjunto dos valores culturais, econômicos, políticos, artísticos dos povos da África, das minorias negras da América, da Ásia, da Europa e da Oceania, fossem ou não de "sangue misto". A própria ideia de existência de uma "raça pura" estava excluída da noção de negritude. Senghor valorizava a noção de que era preciso assimilar-se à civilização universal para evitar ser assimilado à força a uma cultura dominante. E era pela língua francesa — portanto, a do colonizador — que a negritude poderia se tornar uma cultura negra dotada de suas particularidades e de sua "mestiçagem" própria. Os ocidentais, diria ele, em suma, assim como o homem negro, trazem sua cultura para a partilha, participando de um universalismo. Daí a afirmação marcante: "A emoção é negra, assim como a razão é helênica".[26]

Quanto a Césaire, ele via na negritude um ato de negação, e não de afirmação: rejeição de uma imagem abjeta do negro — à moda Banania* — fabricada pela colonização, recusa da assimilação que transformava o negro numa espécie de criado do branco e, por fim, repúdio absoluto de qualquer forma de racismo antibranco. Em suma, a negritude — enunciada inicialmente em língua francesa — visava, segundo ele, a fazer emergir uma cultura comum a todos os povos vítimas de segregação em razão da cor de sua pele, fossem eles descendentes do tráfico negreiro ou herdeiros negros dos impérios coloniais. A negritude, segundo Césaire, definia-se, assim, como um grito de dor e de revolta que brotou dos porões escuros de um navio negreiro. Mas ela não deveria, em caso algum, separar-se da cultura universal, nem renunciar ao latim, ao grego, a Shakespeare, aos românticos etc. É por isso que ele recusava a ideia de uma cultura mestiça própria dos antilhanos ou do mundo caribenho; o que não significa que ele desprezava os mestiços, mas, ao contrário, que os incluía na grande história cultural da negritude.

Para ele, a cultura mestiça era primeiramente de ascendência africana, na medida em que nenhuma cultura pode ser resultado de uma justaposição de traços culturais. Nesse sentido, o conceito cesariano de negritude não tem nenhuma

---

* Famosa marca francesa de achocolatado cuja publicidade usava a figura estereotipada e pejorativa de um homem negro e o slogan "*Y'a bon Banania*" ("É bom, Banania"), num pretenso crioulo igualmente estereotipado e pejorativo. (N. T.)

pertinência antropológica e não propõe nenhuma perspectiva ontológica. Longe de designar uma cor de pele, ele remete à necessidade de uma revolta impulsionada por uma língua fundamental: a dos "negros literários" — ou negros de linguagem — que tinham acesso a essa parte da universalidade humana da qual eles foram privados pela escravidão, pelo racismo, pela segregação, pela colonização.[27] A negritude tem, portanto, uma dimensão memorial: ela está ligada a um relato das origens.

Por seu lado, Sartre, redator em 1948 de um longo prefácio à *Antologia da nova poesia negra e malgaxe*, não só apoiava o combate em favor da negritude como afirmava também que a poesia negra de língua francesa era a única de sua época que podia se dizer revolucionária.[28] Ele evocava um "momento explosivo", a densidade das palavras assemelhando-se a um jato de pedras expelido por um vulcão, dirigido contra a Europa e a colonização.

Longe de qualquer compaixão, Sartre comparava a experiência vivida da colonização àquela, existencial, do período da Ocupação, lembrando que é no próprio cerne da maior humilhação e diante da crueldade do inimigo que se concebe o que pode ser a liberdade: "Estávamos à beira do conhecimento mais profundo que o homem pode ter dele mesmo. Pois o segredo de um homem não é seu complexo de Édipo ou de inferioridade, é exatamente o limite de sua liberdade, é seu poder de resistência aos suplícios e à morte".[29]

Sartre comparava o destino do negro ao de Orfeu, buscando a mulher amada nas profundezas dos infernos, e a negritude a um grande poema órfico: "A negritude", escrevia ele, "é esse tantã distante nas ruas noturnas de Dakar, são os gritos vodus saídos de um porão haitiano, [...] mas é também esse poema de Césaire, balbuciante, sangrento, cheio de muco, que se retorce na poeira como um verme cortado". Recusava a noção de raça afirmando que ela não passava de uma cor de pele, da qual o negro não escaparia nunca, ao contrário do judeu, tão humilhado, no entanto, quanto ele:

> Por ser oprimido em sua raça e por causa dela, é antes de tudo de sua raça que ele precisa tomar consciência [...]. Ora, aqui não há escapatória, nem truques, nem uma "zona de passagem" com os quais ele possa contar: um judeu, branco entre os brancos, pode negar ser judeu e declarar-se homem entre os homens. O negro não pode negar que é negro ou reclamar para si essa abstrata humanidade incolor: ele é preto. Assim, ele é forçado à autenticidade: insultado, submetido, reergue-se, recolhe a palavra "negro" que lhe atiraram como uma pedra, afirma-se como preto diante do branco, com altivez.[30]

Por fim, Sartre considerava a negritude um momento dialético, que recusava a hipótese da superioridade do branco e conduzia para a sociedade sem raças. E acrescentava que a unidade final reunindo todos os oprimidos no mesmo combate seria precedida, nas colônias, por "algo que eu chamaria de momento da separação ou da negação: esse racismo antirracista é o único caminho que pode levar à abolição das diferenças de raça".[31]

Em seu célebre *Discurso sobre o colonialismo* (1950 e 1955), Césaire, por sua vez, ataca violentamente a barbárie colonial apoiando Lévi-Strauss contra Caillois e retomando a ideia de que o nazismo — teoria da superioridade da pretensa "raça ariana" — não fez mais que repetir, contra os europeus, o crime que estes cometeram contra os colonizados, os julgados racialmente inferiores:

> Sim, valeria a pena estudar clinicamente, nos detalhes, os procedimentos de Hitler e do hitlerismo e revelar a esse burguês do século XX, tão distinto, tão humanista, tão cristão, que ele traz em si um Hitler que se ignora, que Hitler vive nele, que Hitler é o seu demônio, que, se ele o insulta, é por falta de lógica, e que, no fundo, o que ele não perdoa em Hitler não é o crime em si, o crime contra o homem, não é a humilhação do homem em si, é o crime contra o homem branco, é a humilhação do homem branco, é ter aplicado na Europa os procedimentos colonialistas que só se aplicavam, até aqui, aos árabes da Argélia, aos coolies da Índia e aos negros da África.[32]

E Césaire afirma ainda que nenhuma potência ocidental conseguiu resolver os dois grandes problemas que sua própria existência originou: "O problema do proletariado e o problema colonial".

Assim, ao inscrever a história do extermínio dos judeus na história da dominação colonial, ela mesma oriunda do escravismo, Césaire, como Lévi-Strauss, dotava de conteúdo lógico e histórico o longo processo do colonialismo. E, assim, fazia do anticolonialismo uma luta tão importante quanto a que era travada contra o antissemitismo. Mas não considerava o colonialismo um empreendimento genocida semelhante ao do nazismo: os crimes perpetrados pelo colonialismo não visavam a exterminar as populações consideradas inferiores, mas a explorá-las, reprimindo violentamente qualquer tentativa de insurreição. Não houve no colonialismo um projeto concertado de extermínio, nem um projeto genocida levado conscientemente a termo.

Conforme sublinhou Pierre Vidal-Naquet, anticolonialista de primeira hora,

> assimilar, mais ou menos, o sistema colonial a uma antecipação do III-Reich [...] é um procedimento ideológico fraudulento [...]. Do contrário, se os massacres coloniais anunciaram o nazismo, não vemos por que eles não teriam sido, por sua vez, anunciados pela revolta de Espártaco ou pelo massacre da Noite de São Bartolomeu.[33]

Césaire jamais defendeu essas derivas pela simples razão de que o combate que ele travava com os anticolonialistas buscava antes de tudo desfazer a ideia da pretensa inferioridade dos povos colonizados, afirmando sempre que foi em nome das próprias teorias racialistas que o crime colonial e o genocídio dos judeus da Europa foram perpetrados: as vítimas tinham em comum, portanto, uma só história memorial.

Esse discurso fortaleceu-se tanto que, em março de 1946, eleito deputado, o jovem Césaire propôs a lei da departamentalização das quatro "antigas colônias — Guadalupe, Guiana, Martinica, Reunião —, etapa fundamental do processo de desmantelamento do império colonial francês, cuja sentença de morte foi assinada por Charles de Gaulle, presidente do Comitê Francês de Libertação Nacional, em seu famoso discurso de Brazzaville, em 30 de janeiro de 1944; como a Europa estava em vias de se libertar do jugo do nazismo, era tempo de libertá-la, e à França, do fardo do colonialismo:

> Não há no mundo uma população, um homem, que hoje não levante a cabeça, olhe para além deste dia e se interrogue sobre seu destino. Entre as potências imperiais, nenhuma delas mais que a França é capaz de ouvir este apelo. Nenhuma sente a necessidade de inspirar-se mais profundamente nas lições dos acontecimentos a fim de atrair para os caminhos dos novos tempos os 60 milhões de homens ligados à sorte destes 42 milhões de crianças. Nenhuma potência, como eu dizia, mais que a própria França.[34]

Contudo, o fato de que De Gaulle tenha percebido então que o colonialismo um dia seria vencido não resolvia a questão essencial: privada do império colonial, que lhe serviu de apoio para vencer o nazismo, a França não teria condições de conservar, no mundo de amanhã, seu status de grande potência econômica, cultural e política.

A partir de 1945, em todo caso, as potências ocidentais não vencerão mais nenhuma guerra colonial. Se a perda de certas colônias não acarretava necessariamente a perda de outras, o desejo de conservá-las levou, de maneira geral, seja a uma transferência de poder — como no caso da Grã-Bretanha, que, depois de conceder a independência à Índia, não parou enquanto não viu crescer sua influência no Oriente Médio —, seja a uma insistência que de nada serviria. Assim, depois de ter sido vencida militarmente na Indochina, em Dien Bien Phu, em maio de 1954, a França resolveu conservar a Argélia ao preço de uma guerra inútil que durou oito anos. Foi obrigada igualmente a separar-se de todas as suas colônias africanas e, em seguida, a centrar sua política na construção da Europa, enquanto os Estados Unidos assumiam as antigas políticas imperiais, afundando-se na Coreia e depois no Vietnã, sem jamais conseguir dar cabo dos regimes comunistas, que desmoronaram sozinhos a partir dos anos 1980.[35]

Césaire sabia que a departamentalização não acabaria com a dominação colonial, e que não bastaria desfazer o estatuto colonial para reconhecer a "alteridade cultural" dos antigos colonizados, pois esta não teria sentido segundo o princípio da assimilação tão caro ao universalismo republicano. Ele pensava, a justo título, que ela servia bem mais aos interesses de um neocolonialismo francês[36] que aos propósitos dos ex-colonizados. Césaire pretendia envolver estes últimos na bandeira da negritude: "Negro sou, negro permanecerei", dirá ele, acrescentando que se via como um "negro fundamental".[37] Mas ele estava consciente de que a negritude seria apenas temporária, que ela estava ligada ao fato de que "os negros", povo vencido e humilhado, deviam entrar agora, de pleno direito, nas fileiras das nações ditas "civilizadas". Afinal, ele sabia que, posteriormente, a autonomia seria a única via capaz de dar aos ex-colonizados o reconhecimento de suas tradições culturais. A autonomia desaguaria por fim na luta em prol da independência. Era o que Césaire pensava, mas isso não impedia que ele defendesse a departamentalização. Em 1975, criticando o despovoamento da Martinica em decorrência da necessidade de mão de obra na França metropolitana e, portanto, em contrapartida, da chegada de um número significativo de novos colonos, ele dirá: "Temo tanto a recolonização insidiosa quanto o genocídio traiçoeiro".[38] A frase seria criticada inúmeras vezes por um pretenso "racismo". A crítica é contestável, embora a formulação seja inábil: Césaire tentava chamar atenção para os males de um neocolonialismo que ameaçava despovoar a Martinica de sua população martinicana.

Em 1948, quando da celebração do Centenário da Abolição da Escravatura em território francês, Césaire prestou uma vibrante homenagem a Victor Schœlcher, sublinhando que o decreto de 1848 permitiu a integração do "negro" na espécie humana.[39] Até essa data o negro era, de fato, assimilado a uma besta de carga, a um bem móvel, a um não sujeito.[40] Mas isso não era suficiente, acrescentava Césaire, insistindo no fato de que não se podia esquecer a luta travada pelos escravos contra sua própria servidão. Um modo de lembrar que a abolição não foi simplesmente concedida por um iluminista devotado à República, mas conquistada também pelas vítimas da escravidão.[41]

Em seu *Discurso sobre o colonialismo*, Césaire muda de tom para denunciar vigorosamente as destruições cometidas por todos os colonizadores: o aniquilamento das civilizações astecas e incas, a erradicação das economias tradicionais, o massacre das "nações negras", a degradação dos rituais e das culturas dos etíopes, dos bantos e dos malgaxes etc. Era hora de combater e apoiar os povos reunidos na grande conferência de Bandung, na Indonésia, em 1955. Foi nessa ocasião que o "Terceiro Mundo"[42] fez sua entrada na cena política internacional, tendo como programa a condenação do imperialismo, do apartheid e do colonialismo sob todas as formas. E acrescentando uma crítica severa à política colonial de Israel, que privava os palestinos de sua terra de origem.

Escrever para a Argélia

Muito diferente de Césaire, de quem foi aluno no liceu Schœlcher, Frantz Fanon, psiquiatra de origem martinicana, foi, também ele, um dos grandes artesãos do engajamento anticolonialista. Nascido em 1925 em Fort-de-France, de mãe alsaciana e pai funcionário da administração colonial, ele era, portanto, filho de um casal de "sangue misto", marcado, dizia ele, pelo fato de ser o mais escuro dos oito filhos da família. Hostil à política do marechal Pétain, Fanon juntou-se às Forças Francesas Livres da região caribenha. Aos dezenove anos integrou o Exército da França Livre e descobriu que o racismo estava presente no seio da França resistente e antinazista. Por um curioso acaso, enviado à Argélia, foi condecorado com a Cruz de Guerra pelo general Raoul Salan, comandante em chefe do VI Regimento de Atiradores senegaleses.

Em 1947, Fanon começou seus estudos de psiquiatria, escrevendo pouco depois um livro magistral, *Pele negra, máscaras brancas*,[43] que se tornaria um clássico não somente do anticolonialismo como também da história da abordagem psicanalítica acerca das relações entre colonizador e colonizado. No livro, ele mobiliza ao mesmo tempo a dialética hegeliana, a fenomenologia sartriana e a teoria lacaniana do estádio do espelho para analisar a situação do colonizado, e sublinha que o negro não tinha acesso à luta por seu reconhecimento, a qual pressupõe já se ser branco. E, portanto, ele observa que o negro quer ser branco, daí sua alienação, e que o antilhano, mestiço, se quer mais branco que o negro e, portanto, mais próximo do branco, que o despreza e do qual ele tenta se aproximar. Porém, mais que isso, diz ele, o negro tem dificuldade para alcançar uma identidade, ou seja, um reconhecimento de si, pois o Outro seria para ele uma instância branca.[44] Fanon afirma também que haveria uma especificidade — ou alucinação especular — que faria com que o negro não soubesse de que cor é; entre os antilhanos, por exemplo, diante da questão "De que cor você é?", obtinha-se a resposta: "Sou sem cor". O que remetia, por simetria, à evidência do discurso racista: "Mamãe, olhe um negro, que medo!", diz uma menina cruzando com um negro na rua.[45] Fanon esboçava assim o retrato do colonizado não em termos psicológicos ou comportamentais, mas a fim de destacar a história de um devir: o do colonizado habitado pelo ódio de si. E ele deduzia que o homem negro só poderia se emancipar de sua alienação através de uma revolta que o levasse a alcançar uma consciência de si, única forma de escapar de toda designação identitária baseada na raça. Esse era o novo humanismo preconizado por Fanon: a reintegração dos povos colonizados no humanismo universal, um humanismo que consideraria as diferenças, humanizando o humano em todas as suas variantes. Em consequência, o negro não precisaria mais usar a máscara branca para camuflar uma identidade que jamais seria a sua.

A obra de Fanon era também uma resposta cortante ao livro de Octave Mannoni, *Psychologie de la colonisation* [Psicologia da colonização],[46] publicado em 1950, e que se apresentava como uma interpretação psicanalítica da situação colonial, a primeira do gênero.[47] Nascido em Lamotte-Beuvron em 1899, Mannoni era filho do diretor de uma colônia penitenciária. Depois de estudar letras, tornou-se um autêntico representante da República imperial, ocupando o cargo de funcionário primeiro em Reunião, depois em Antananarivo. Anticolonialista de primeira hora, ele ficou dezoito anos em Madagascar, de 1931 a 1949, levando uma vida dupla: administrador colonial de dia, poeta, escritor e anticolonialista à noite. Quando voltou à França, em novembro de 1945, decidiu-se pela psicanálise, recebendo sua formação no divã de Jacques Lacan. Três anos depois, casou-se com uma jovem psicanalisa belga, aluna de Françoise Dolto. Com o nome de Maud Mannoni, ela será uma das grandes figuras da escola psicanalítica francesa, próxima dos antipsiquiatras ingleses, mas também ardorosa militante da causa anticolonialista, signatária do Manifesto dos 121.

Em seu livro, Octave Mannoni buscou inspiração em três personagens de *A tempestade*, de Shakespeare — Próspero, o senhor; Ariel, o servo; Caliban, o selvagem disforme — para tentar diferenciar a personalidade malgaxe da personalidade colonial europeia. De acordo com ele, a primeira seria caracterizada por um complexo de dependência e uma atitude de submissão em relação a um sistema religioso hierárquico, no qual os mortos reunidos numa instância moral — um superego — determinariam a conduta dos vivos. A segunda, ao contrário, seria marcada pelo individualismo e pela emancipação em relação aos costumes e religiões. Assim, a colonização teria estabelecido laços entre esses dois sistemas de pensamento, impossíveis de se reunir, mas teve como efeito criar um mal-estar entre os malgaxes: eles veriam no colonizador branco um equivalente do ancestral morto ao qual eles pediam proteção e serenidade. Mannoni afirmava que o europeu branco tirou partido desse complexo para deduzir dele a tese da inferioridade do negro. Vem daí a sentença: "O negro é o medo que o branco tem de si mesmo". Para Mannoni, o complexo de dependência era resultante de um complexo de Édipo especificamente malgaxe: a criança malgaxe, não podendo se revoltar contra o pai, pois o poder é encarnado pelo ancestral morto, teria ocupado já de início a posição de submissão reclamada por um colonizador preocupado em impor sua vontade de potência.

Com esses argumentos, *Psychologie de la colonisation* — que não devia nada à insurreição dos malgaxes (1947) contra a opressão colonial[48] — não poderia deixar de ferir os partidários da luta anticolonial, de um lado pelo psicologismo, que dava a entender que a situação colonial dependia de uma estrutura preestabelecida, de outro, por reduzir a uma teatralidade perversa a luta de morte entre o carrasco e a vítima. Césaire já tinha arrasado a obra impiedosamente, chamando Mannoni de psicologozinho que encontrou na psicanálise os meios para justificar o colonialismo às custas de argumentos batidos. E Fanon, na época melhor leitor da obra lacaniana que aquele que frequentava o divã do mestre, reduziu-o a cinzas, reprovando um edipianismo incompatível com a análise da subjetividade do colonizado.

Na verdade, os dois ataques eram injustos e excessivamente virulentos. Apesar do apoio recebido de Francis Jeanson, Mannoni, colaborador da revista *Temps Modernes*, ficou mortificado com as críticas, a ponto de renegar seu livro e de ver a si mesmo, efetivamente, como o colonialista que nunca foi. No decorrer dos anos e das reedições, a obra transformou-se num clássico no mundo anglófono justamente porque, sob efeito de seu psicologismo, acabou lida como uma contribuição à política das identidades — sendo mesmo adotada pelos adeptos dos estudos pós-coloniais e decoloniais.[49]

Quando eu comecei minha análise com Octave Mannoni, em janeiro de 1972, seis anos após meu retorno da Argélia, falei-lhe espontaneamente desse livro impossível de se encontrar, de cuja existência tomei conhecimento através da leitura do livro de Fanon. Ele se recusou a me emprestar um exemplar. Tinha uma opinião negativa sobre a obra e subscrevia com infinito gozo o ataque de Fanon. Fez, então, alusão a um texto autocrítico redigido em 1966, "The Decolonization of Myself" ["A descolonização do eu"], no qual, já lacaniano, ele rejeitava sua posição anterior de "psicólogo da colonização". E disse que não devia a "decolonização de si mesmo" à sua análise, mas ao trauma consecutivo à leitura do livro de Fanon. Acrescentou, em seguida, que ser "branco entre os negros é como ser analista entre os brancos".[50] Mannoni nunca se recuperou dessa experiência que o privou de sua dupla identidade: ser ao mesmo tempo administrador colonial e anticolonialista. No entanto, foi através de uma abordagem dialética do texto de Fanon que ele conseguiu "decolonizar-se" da psicologia. Quanto a Fanon, sabe-se hoje que o livro de Mannoni permitiu que ele elaborasse uma "contrapsicologia" que o levaria a uma nova abordagem psiquiátrica dos transtornos identitários próprios da colonização. Os dois textos reúnem-se, portanto, sob uma mesma estrela.

Em 1952, após a publicação de *Pele negra, máscaras brancas*, Fanon viveu a aventura da psicoterapia institucional em sua estada no hospital de Saint-Alban, junto a François Tosquelles. Foi nesse local que ele se tornou mítico, que elaborou, sob a Ocupação nazista, uma nova terapêutica da loucura visando a transformar as relações entre os médicos e os alienados no sentido de conferir maior autonomia à vida comunitária. Em Saint-Alban encontraram-se, fortuitamente, militantes comunistas ou anarquistas, membros da Resistência, loucos, intelectuais de ocasião que sonhavam, todos eles, com o reencontro com a liberdade. Fortalecido por essa experiência maior, Fanon colocou em prática uma reforma radical da instituição asilar quando foi nomeado, em 1953, médico chefe do hospital psiquiátrico de Blida, na Argélia.

Ele elabora, então, os princípios de uma terapia social baseada naquilo que enunciara em *Pele negra, máscaras brancas*, fundada na abordagem orgânica e psíquica do doente. Uma forma de se opor radicalmente à psiquiatria colonial segregacionista e racialista, que via os "indígenas" como seres pulsionais, primitivos e infantis, desprovidos de toda humanidade e incapazes de alcançar a mínima racionalidade.

Grande organizador da instituição psiquiátrica na Argélia, Antoine Porot assim evocava as características do indígena "norte-africano e muçulmano": "Sem emotividade, crédulo e sugestionável ao extremo, teimosia tenaz, puerilismo mental menor que o espírito curioso da criança ocidental, facilidade para acidentes e reações pitiáticas";[51] ou ainda: "Os indígenas formam um bloco informe de primitivos profundamente ignorantes e crédulos, em sua maioria [...]. Fanfarrão, mentiroso, ladrão e vadio, o norte-africano muçulmano define-se como um débil histérico, sujeito, ainda por cima, a impulsos homicidas imprevisíveis".[52]

Depois do início da guerra, Fanon alistou-se resolutamente nas fileiras da Frente de Libertação Nacional (FLN) argelina. Ele deixou o hospital de Blida e, sob nome falso, criou o Centre Psychiatrique de Jour do hospital Charles-Nicolle, em Túnis. Em seguida, sempre perseguido pela polícia francesa e vítima de tentativas de assassinato, conheceu Sartre, que apoiava todos os movimentos anticolonialistas e assinara, em setembro de 1960, junto com Pierre Vidal-Naquet e muitos outros, o Manifesto dos 121, sobre o direito à insubmissão na Guerra da Argélia. Pensado e redigido por Dionys Mascolo e Maurice Blanchot, o manifesto preconizava abertamente a desobediência civil e até a aliança com a FLN contra o Exército francês, além de denunciar o militarismo e o uso da tortura. Todos os signatários sabiam do risco que corriam, sobretudo os professores universitários, que podiam ser demitidos de seus postos de um dia para outro. Entre as vítimas da tortura figuravam dois militantes comunistas: Henri Alleg e Maurice Audin. Nascido em Londres com o nome de Harry Salem, de pais judeus russo-poloneses, Alleg fora diretor do jornal *Alger Républicain* e era jornalista do *L'Humanité* quando, em 1957, foi preso e torturado pelos paraquedistas franceses.[53] Ele militou a vida inteira pelo reconhecimento oficial do uso dessas práticas pelo Estado francês, ao lado de Gisèle Halimi, Madeleine Rebérioux, Laurent Schwartz e Germaine Tillion. Quanto a Audin, que era matemático, morreu assassinado durante a Batalha da Argélia, e só em 2018 se estabeleceu a responsabilidade do Exército nesse crime.

Foi em 1961 que Fanon publicou *Os condenados da terra*.[54] A guerra chegava ao fim, e a violência colonial desencadeava-se na Argélia. Retomando a tese de *Pele negra, máscaras brancas*, ele sublinhava o quanto o universo do colonizado não era mais conciliável com o do colonizador, e conclamava o conjunto do continente africano a travar um combate implacável em favor da independência. Sem deixar de dar seu apoio à luta armada, Fanon recusava os atos terroristas e desesperados, que considerava menos eficazes que uma ação militar baseada na rebelião das classes camponesas. Aliás, apesar da admiração que sentia por Césaire, não partilhava suas posições sobre a negritude, que via como uma "corrente cultural" que não permitia que os colonizados se emancipassem politicamente.

Fanon, ao contrário, achava que, para facilitar o acesso à independência, os povos deviam constituir-se em nações baseadas nas tradições ancestrais ou até, no caso da Argélia, na arabização e no islã:

> O exemplo do mundo árabe também poderia ser proposto [...]. O colonialismo empregou nessas regiões os mesmos esforços para inculcar no espírito dos indígenas a ideia de que sua história anterior à colonização era uma história dominada pela barbárie. A luta de libertação nacional foi acompanhada por um fenômeno cultural conhecido pelo nome de despertar do islã. A paixão com que os autores árabes contemporâneos relembraram a seu povo as grandes páginas da história árabe é uma resposta às mentiras do ocupante.[55]

Fanon estava claramente do lado de Ho Chi Minh e Che Guevara, e em nenhum momento apoiou qualquer "revolução islamista". Prova disso, aliás, é a carta escrita na véspera de sua morte ao amigo Ali Shariati, estudioso do islamismo e sociólogo, democrata convicto:

> O mundo do islã lutou contra o Ocidente e contra o colonialismo. Esses dois antigos inimigos causaram graves ferimentos em seu corpo e em sua alma [...]. Desejo que seus intelectuais autênticos possam explorar os imensos recursos culturais e sociais escondidos no fundo das sociedades e dos espíritos muçulmanos, na perspectiva da emancipação e para a fundação de outra humanidade [...], e insuflar esse espírito no corpo esgotado do Oriente muçulmano. [...] No entanto, creio que reanimar o espírito sectário e religioso entravaria a necessária unificação — já tão difícil de obter —, afastando ainda mais esta nação ainda inexistente, que é, no máximo, uma "nação em devir".

E acrescentava que o retorno ao islã "seria como um fechamento em si mesmo e uma despersonalização".[56] Essa é a crítica mais aguda que se pode fazer da própria noção de identidade regressiva.

Treze anos depois de ter definido a negritude na tradição hegeliana, evocando a suntuosa estética da poesia de Césaire, Sartre redigiu, a pedido de Fanon,[57] o prefácio de *Os condenados da terra*, um dos requisitórios mais violentos de toda a história do anticolonialismo. No texto, ele conclama o mundo dos "condenados" à insurreição armada e denuncia os crimes cometidos pelos Estados europeus em nome da civilização:

> Dado que os outros se fazem homens contra nós, conclui-se que nós somos os inimigos do gênero humano; a elite revela sua verdadeira natureza: uma gangue. Nossos caros valores perdem suas asas; olhando-os de perto, não se encontra nenhum que não esteja manchado de sangue. Se precisam de um exemplo, lembrem-se dessas grandes palavras: como é generosa a França. Generosos, nós? E Setif? E esses oito anos de guerra feroz que custaram a vida a mais de um milhão de argelinos? E a *gégène*?[58]*

Por fim, ele escreveu esta frase, que nunca lhe será perdoada: "Abater um europeu é matar dois coelhos de uma cajadada só, suprimir ao mesmo tempo um opressor e um oprimido: restam um homem morto e um homem livre; o sobrevivente sente, pela primeira vez, um solo *nacional* sob a planta de seus

* *Gégène* é gíria militar francesa que designa um gerador elétrico portátil para alimentar radiotelefones de campanha, utilizado como método de tortura durante a Guerra da Argélia, para aplicar eletrochoques. (N. T.)

pés".[59] Frantz Fanon mal teve tempo de ler o texto, que ia bem além de suas próprias posições: ele se dirigia aos colonizados em vias de libertar-se do jugo dos colonizadores, enquanto Sartre acertava contas com o colonialismo europeu. Acometido por uma leucemia, Fanon morreu em Washington, em dezembro de 1961, aos 36 anos. Nesse meio-tempo, em 17 de outubro, sob as ordens do prefeito Maurice Papon, a polícia parisiense reprimiu a ferro e fogo a manifestação pacífica de argelinos organizada pela FLN.[60]

Considerado uma das grandes obras da historiografia anticolonialista, o livro, como a maioria dos textos de Fanon, caiu no esquecimento durante cerca de trinta anos, tanto na Argélia quanto na França. Foi preciso esperar a renovação dos estudos sobre o colonialismo e a decolonização para se redescobrir até que ponto Fanon pensou a estrutura da situação colonial. Fui testemunha desse esquecimento quando, em 1966, jovem professora de francês no Licée Technique de Boumerdès, onde se formavam futuros engenheiros especializados em hidrocarburetos, resolvi incluir *Os condenados da terra* no programa de minha cadeira: pude constatar então que, efetivamente, meus alunos argelinos não conheciam sequer o nome do autor desse grande livro. Tudo menos evocar o passado! A guerra, tão pesada em sua memória, não era para eles mais que uma sucessão de massacres, e eles desejavam dedicar-se agora aos clássicos da literatura francesa — certamente não à poesia de Césaire ou às imprecações de Sartre contra a colonização. Fanon não fazia parte de seu patrimônio memorial, assim como, aliás, a obra de Kateb Yacine,[61] o mais talentoso dos escritores argelinos.

Em 1966, Kateb Yacine declarou que a língua francesa "era o butim de guerra dos argelinos". E tanto o era que ele recusava o termo "francofonia": "Usar a língua francesa", dizia ele, "não significa ser agente de uma potência estrangeira, e escrevo em francês para dizer aos franceses que não sou francês". E foi nessa língua do colonizador — a de Césaire — que ele redigiu *Nedjma*, antes mesmo do início da Guerra de Independência.[62] O romance conta a história de quatro rapazes apaixonados por Nedjma, filha de um argelino e de uma francesa. Mas, através dessa figura feminina transformada em quimera, o autor põe em cena a epopeia do povo argelino em busca de uma identidade própria. Trata-se, igualmente, de uma espécie de autobiografia fundadora de uma nação futura, a Argélia, que não podia mais ser francesa. No curso de uma narrativa desconstruída, Yacine mistura fragmentos romanescos emprestados tanto da tradição literária árabe quanto do Nouveau Roman ou de William Faulkner.

Seja como for, o que unia todos esses combatentes da descolonização — Césaire, Senghor, Fanon e muitos outros mais — era uma mesma referência à França de 1789 e à Resistência antinazista. Todos tinham a preocupação de apoiar-se nos artífices do antirracismo e do anticolonialismo franceses, sem excluir os brancos de seus combates. Nenhum deles se colocava em cena como muitos "identitários" instalados numa "raça" ou numa "etnia", nenhum pensava que o racismo era uma questão exclusiva dos negros, nem o antissemitismo uma questão exclusiva dos judeus. Nesse sentido, eles tinham consciência de que o racismo é um fenômeno tão universal quanto a aspiração à liberdade. E a universalidade supõe sempre a existência de um racismo e de um antissemitismo generalizados: dos negros contra os brancos, dos brancos contra os negros, dos dois contra os "mulatos", dos judeus contra outros judeus, dos antissemitas contra os judeus ou contra "certos judeus"[63] etc. Fanon recordava sempre a frase de um de seus professores, que ele adotou para si: "Quando ouvirem falar mal dos judeus, prestem atenção: estão falando de vocês".[64]

A esse respeito, aliás, notemos que Césaire foi o primeiro martinicano a restituir aos judeus um lugar de destaque em sua gênese da cultura antilhana. Instalados na Martinica como colonos desde o século XVII, os membros da comunidade judaica da ilha não foram obrigados a viver em guetos. Comerciavam cacau e índigo e possuíam escravos. Os mais ricos frequentavam os *bekés*, os mais pobres misturavam-se aos mestiços. Todos foram vítimas do antijudaísmo e depois do antissemitismo das autoridades francesas, de 1940 a 1943, quando foram aplicadas as leis de Vichy: eles foram denunciados, perseguidos, expulsos antes de serem reabilitados quando da Liberação. Depois da independência da Argélia, muitos judeus sefarditas emigraram para as Antilhas — sobretudo para a Martinica — em busca de trabalho no pequeno comércio: bijuterias, aparelhos domésticos. Em seguida, o conflito Israel-Palestina teve como consequência reavivar o antissemitismo dos martinicanos favoráveis ao povo palestino, perseguido pelos israelenses, e atiçar o racismo da comunidade judaica contra os antilhanos.[65]

Césaire jamais separou a luta contra o racismo e o colonialismo do combate contra o antissemitismo. Em seu poema épico *Diário de um retorno ao país natal*, ele prestava homenagem a todas as vítimas de todas as perseguições: "O homem-fome, o homem-insulto, o homem-tortura, que se pode a qualquer momento agarrar, espancar, matar — perfeitamente matar — sem ter que prestar contas a ninguém, sem ter que pedir desculpas a ninguém: um homem-judeu, um homem-pogrom, um cachorro, um pobretão". Em 1956, celebrando a memória do abade Grégoire, abolicionista de primeira hora, destacou que este passara "do gueto judeu à choupana do escravo". Quarenta anos mais tarde, Césaire acrescentou: "O negro é também o judeu, o estrangeiro, o ameríndio, o analfabeto, o intocável, aquele que é diferente, aquele que por sua existência é ameaçado, excluído, marginalizado, sacrificado".[66] Enfim, apesar de seu apoio indefectível à causa palestina e de sua crítica feroz à política israelense, ele, assim como Fanon, nunca cedeu às sereias do antissemitismo.

Em 1968, a viúva de Fanon não parecia preocupada com a importância fundamental do vínculo que unia o combate contra o racismo e o colonialismo à luta contra o antissemitismo. Discordando do apoio dado por Sartre ao Estado de Israel por ocasião da Guerra dos Seis Dias, e sobretudo de sua recusa de identificá-lo ao "campo imperialista", ela exigiu que Maspero suprimisse o prefácio de *Os condenados da terra*. Mortificado, o editor, muito ligado à causa palestina, mas sobretudo à liberdade de expressão, encontrou uma solução engenhosa, inserindo em cada exemplar um magnífico cartaz dobrado, apresentando o texto de Sartre sob a forma de poster, com o título: "'Frantz Fanon, filho da violência', por Jean-Paul Sartre". Mais tarde, o prefácio foi reintegrado definitivamente ao livro.[67] Triunfo da verdade sobre a estreiteza de espírito.

Como não pensar aqui em André Schwarz-Bart, militante da Resistência, judeu e sionista, torturado pelos nazistas e cuja família foi exterminada nos campos da morte? Autor de um livro admirável, *O último dos justos*,[68] no qual retraçava mil anos de uma longa linhagem de justos, os Lévy, desde a Idade Média até Auschwitz, ele foi, todavia, vaiado pela crítica francesa, sobretudo pelos escritores judeus, que o consideravam "crístico", quiçá plagiário. Agraciado com o prêmio Goucourt em 1959, Schwarz-Bart conheceu um sucesso mundial com esse livro. Com a mulher, Simone, escritora de Guadalupe, engajou-se na luta anticolonial, associando-se ao destino dos negros como àquele dos judeus.

Juntos, instalados em Pointe-à-Pitre, eles elaboraram um programa sobre a memória da escravidão e, em 1972, André Schwarz-Bart publicou uma narrativa magnífica, *La Mulâtresse Solitude* [A mulata Solitude],[69] que não obteve sucesso. Tratava-se, no entanto, de um texto que poderia figurar na coleção Vidas Paralelas, iniciada por Foucault alguns anos mais tarde: "Foi horrível, estúpido, injusto", dirá Simone Schwarz-Bart em 2020,

> alguns antilhanos julgaram que um homem branco não poderia escrever sobre os negros! Intelectuais próximos dos independentistas não suportaram que o grande livro de resistência à escravidão fosse escrito por um judeu, e eu, eu me senti traída pelos meus [...]. A heroína de sua história é reivindicada por toda Guadalupe [...]. O judeuzinho André Schwarz-Bart faz parte definitivamente do patrimônio antilhano.[70]

Apoiado em importante documentação, o romance inspira-se na vida de uma jovem mestiça, Solitude, e de sua mãe, Bayangumay, nascida na África Ocidental por volta de 1750 e arrancada de sua família vinte anos depois, por negreiros que a levaram para Guadalupe a fim de ser vendida aos colonos. Estuprada no final do trajeto, Bayangumay deu à luz uma filha,

Rosalie, que mais tarde ganhou o nome de Solitude. Dona de um charme estranho, a jovem escrava com um olho de cada cor, apelidada de "Duas Almas", serviu de "*cocotte*" (boneca viva) para as filhas dos senhores brancos, enquanto sua mãe a abandonava para reunir-se aos negros marrons.[71] Com o passar dos anos, odiando sua condição, ela transforma-se numa "morta-viva", reduzida à animalidade.

A abolição da escravatura, decretada pela Convenção em fevereiro de 1794 e estendida a todas as colônias, mergulhou Guadalupe numa guerra contra os ingleses que haviam reconquistado a ilha. Em maio de 1795, as tropas da Convenção desembarcaram, integrando negros livres em suas fileiras. Contudo, após a derrota dos ingleses, os negros foram obrigados a retornar às fazendas. No meio desse período agitado, Solitude encontrou o amor e esteve entre os últimos rebeldes massacrados pelos franceses quando a escravidão foi restabelecida, em 1802. Grávida, ela foi executada no dia seguinte ao parto.

Oscilando entre um estado de melancolia que a traz de volta a seu destino e um estado de exaltação que a impulsiona para a liberdade, Solitude evolui, sob a pluma de Schwarz-Bart, entre derrota e fúria, num cenário rousseauniano, sempre em busca de uma identidade não encontrável. E o autor termina seu livro com o suplício dos negros fugidos "tal como fantasmas errantes entre as ruínas humilhadas do gueto de Varsóvia". Assim, *La Mulâtresse Solitude* homenageava tanto a memória do último dos justos quanto a heroica mulata que ele tirou do esquecimento, essa mulher cuja estátua em breve será erguida no jardim parisiense que ganhou seu nome. Ali estava, outrora, a estátua do general Dumas, o "conde-negro", mulato e herói da Revolução Francesa, pai do escritor, cujas cinzas repousam no Panthéon. Destruída pelos nazistas em 1942, a estátua foi substituída por um monumento que representa os grilhões partidos dos escravos. Não seria hora de pensar em reabilitá-la, em vez de insistir em derrubar a de Schœlcher ou em perder tempo ou credibilidade acusando Victor Hugo de racismo?[72]

Identidades mestiças

Césaire encorajou vivamente Schwarz-Bart a associar memória judaica e memória negra. Mas ele viveu o suficiente para ser confrontado com uma crítica, vinda dos seus, da negritude e das posições políticas por ele assumidas. Em fevereiro de 1987, na I Conferência Hemisférica dos Povos Negros da Diáspora, organizada pela Universidade Internacional da Flórida, em Miami, teve de se explicar diante de uma plateia de pesquisadores que, ao mesmo tempo que lhe prestavam homenagem, reivindicavam um discurso pós-colonial mais claramente identitário. É verdade que Césaire foi um precursor dessa postura, pois denunciou desde sempre a brutalidade com que o colonialismo destruía as antigas civilizações em nome de uma "missão civilizatória". No entanto, ele nunca reivindicou, como fazia a nova geração saída dos campi americanos, que a ideia de uma designação identitária racial ou étnica pudesse ser uma resposta à barbárie imperialista. Ora, no encontro, o debate girou em torno da questão da "etnicidade" (*ethnicity*), termo que começava a se impor em todos os estudos sobre a colonialidade (*postcolonial studies*), em relação, aliás, com os estudos de gênero (*gender studies*). Embora saudasse a vivacidade de tais abordagens, Césaire recusou a palavra *ethnicity*, acolhendo *identity*. Mas afirmou sempre a necessidade de manter seu significado universal: a identidade, dizia ele, é o núcleo próprio da singularidade humana, do homem imerso numa cultura, e não numa raça. Homenagem, sem mencioná-lo, a Claude Lévi-Strauss. A palavra não pode nos tirar de nosso caminho, pois a negritude, afirmava ele, nada tem a ver com uma ordem biológica ou étnica.[73]

No entanto, o verdadeiro desmonte da obra e da pessoa de Césaire não foi feito pelos pesquisadores americanos, mas por seus compatriotas antilhanos que no entanto lhe deviam tudo, principalmente Raphaël Confiant, que em 1993 lançou uma verdadeira diatribe apresentada como elogio: *Aimé Césaire: Une traversée paradoxale du siècle* [Aimé Césaire: Uma viagem paradoxal ao longo do século].[74] Usando um conjunto bastante sumário de conceitos psicanalíticos, Confiant pretendia exumar "o inconsciente cesairiano". A seu ver, o poeta teria recalcado a identidade de "mulato", querendo ser mais negro do que era. Daí a invenção, sublinha Confiant, do conceito de negritude baseado na ideia de que a "pretidão" seria um signo de pureza étnica superior ao estatuto de mestiço. Ao mesmo tempo, Confiant afirmava que Césaire teria preferido a língua na qual fora educado por seu pai — o francês — à língua de sua mãe, analfabeta, que falava apenas crioulo.[75] Em suma, Césaire seria culpado, com a invenção da negritude, por ter se colocado como herdeiro da língua e da cultura dos colonizadores: Victor Hugo, Rimbaud, os surrealistas etc. Ele teria, portanto, inferiorizado sua verdadeira língua materna, o crioulo, para integrar-se melhor à sociedade colonial. E esta é a razão pela qual ele teria tentado manter as Antilhas no seio do império francês, em vez de combater a favor dos independentistas...

Determinado a ir ainda mais longe na análise edipiana da identidade antilhana e crioula, Confiant assumiu-se como "filho do pai", reconhecendo ainda ser seu assassino simbólico. Por ocasião dessa extravagante confissão, Confiant afirmou que, ao mesmo tempo que recalcava a crioulidade materna, Césaire teria, na época de seu encontro com a África negra, mergulhado numa espécie de simbiose materna, libertando-se das "cadeias formais" da poesia dita "europeia": "Pode-se utilizar impunemente uma língua, no caso o francês, que, atendo-nos às próprias teorias psicanalíticas, carrega em si o inconsciente coletivo do povo que a criou? Numa palavra, o Orfeu negro pode dialogar em francês com sua Eurídice africana?".[76] Nunca será demais afirmar o quanto é inapropriado utilizar esse tipo de psicologização da questão colonial — devemos, aliás, a Fanon a recusa desse princípio, ao opor-se a Mannoni.

Na realidade, por trás do jargão freudo-junguiano escondia-se uma querela identitária bem mais complexa. É ao grande poeta Édouard Glissant, nascido quinze anos depois de Césaire e signatário do Manifesto dos 121, que se deve a noção de "antilhanidade".[77]

Preocupado em sair da grande epopeia cesairiana da negritude sem ter que matar nem Césaire, nem Sartre, nem seu pai, nem sua mãe, Glissant julgava que a cultura antilhana não devia se reportar à identidade negra e que a negritude não poderia ter a pretensão de englobá-la. Em suma, sua crítica era de que o conceito eliminava a própria ideia de identidade plural. E considerava que o mundo insular do Caribe, com seus arquipélagos, seu recorte geográfico e sua mestiçagem generalizada, demandava uma abolição pura e simples da própria noção de designação identitária.

Inspirando-se em Gilles Deleuze para tentar transformar o "monolitismo" da negritude numa visão desenraizada da identidade subjetiva, ele guardava distância da filosofia de Sartre, apoiando-se numa nova geração de filósofos críticos. A identidade, dizia ele, só poderia ser "rizomática" e ancorada numa pluralidade, numa alteridade, numa mistura permanentes. À negritude de Césaire, considerada unívoca, ontológica, paternocêntrica demais, ele opunha, portanto, a condição antilhana, ilustração de um "todo-mundo". O "Nós-somos-antilhamos-outros-que-nós-mesmos" deveria, então, suceder ao "Eu-sou-negro" vivido como grito de uma revolta que obrigava os "não-negros-não-brancos" a identificar-se a uma só cor:

> Enquanto não aceitarmos a ideia, não apenas em seu conceito, mas através do imaginário das humanidades, de que a totalidade-mundo é um rizoma no qual todos precisam de todos, é evidente que haverá culturas ameaçadas. Quero dizer que não é pela força nem pelo conceito que protegeremos essas culturas, mas pelo imaginário da totalidade-mundo, ou seja, pela necessidade vivida desse fato: todas as culturas precisam de todas as culturas.[78]

A antilhanidade, segundo Glissant abria caminho para a constituição de uma nova história memorial, que não seria mais escrita explicitamente por colonizadores, missionários, escravistas ou mesmo pelos anticolonialistas — Clemenceau, Lévi-Strauss, Sartre, Césaire etc. —, mas pelas próprias vítimas, que voltavam a ser visíveis: os ausentes da história. Contudo, para que esse enfoque fosse possível, ainda era preciso reconstituir uma historiografia adequada. O recurso à antilhanidade desaguava também na invenção de uma nova maneira de escrever que desse conta da vasta mestiçagem antilhana em que se misturavam ameríndios sobreviventes, descendentes dos africanos, imigrantes vindos de Síria, Índia, Japão, Líbano e dos países latino-americanos, sem contar os *bekés*: um verdadeiro patchwork identitário. Apenas uma comunidade continuou afastada desse projeto de crioulidade: a dos judeus martinicanos.

Assim como o conceito de negritude foi forjado com base numa inversão dos estigmas, permitindo que os colonizados se apropriassem da língua dos colonizadores — e, mais ainda, da língua fundamental da poesia —, também a antilhanidade se fazia acompanhar da tentativa de regeneração de uma língua crioula que não fosse oriunda nem da negritude, nem da branquitude, nem da indigenidade.

Daí a reivindicação identitária proposta em 1989 no *Éloge de la créolité* [Elogio à crioulidade] por Patrick Chamoiseau, Raphaël Confiant e Jean Barnabé: "Nem europeus, nem africanos, nem asiáticos, nós nos proclamamos crioulos. Essa será para nós uma atitude interior, ou melhor: uma vigilância, ou melhor ainda, uma espécie de envelope mental no meio do qual será construído o nosso mundo em plena consciência do mundo".[79] É claro que se pode ver nesse projeto de crioulização, publicado no mesmo ano em que se celebrava o Bicentenário da Revolução, uma forma de liquidação da antiga aventura da negritude, considerada pelos herdeiros de Césaire como uma espécie de velharia paternalista, ligada à política de departamentalização que não permitia que se cortasse o cordão umbilical que ligava as ilhas à metrópole.

Mas é possível considerar igualmente que o culto do rizoma, do caos desconstruído ao infinito, remetesse ainda à busca de um identitarismo da errância, bem mais perigoso que aquele que se pretendia combater: supunha a abolição de toda identidade em prol de uma identidade sem nome — uma identidade da identidade, análoga ao queer. Ao se buscar encorajar demais a crioulização do mundo, corre-se o risco de prejudicar a necessária diversidade das culturas: o famoso "Nem muito perto, nem muito longe" tão bem conceitualizado por Claude Lévi-Strauss.

Eu diria, com tranquilidade, que não existe antídoto para as neuroses identitárias. A única solução para essas neuroses indefinidamente desconstruídas seria a renúncia ao apagamento das diferenças, assim como à revalorização arbitrária de uma ordem virilista e unificada já agonizante. Ora, não foi o que aconteceu.

Testemunha disso é a espantosa declaração de Raphaël Confiant, em 2005, ligando a colonização à Revolução de 1789:

> Ao cortar a cabeça de seu rei e abolir definitivamente o sistema monárquico, proclamando a Declaração Universal dos Direitos do Homem e do Cidadão e assumindo diante do mundo inteiro os ideais de liberdade e igualdade entre todos os homens, os franceses puxaram o tapete de qualquer reivindicação de ruptura com a metrópole entre os súditos das "Ilhas da América" e da Guiana.

E ainda acrescentou que Césaire era o digno sucessor de Toussaint Louverture, por ter preferido a departamentalização à independência. Por fim, acusou a Revolução Francesa e seus ideais universais e democráticos de estarem na origem da incapacidade dos antilhanos de pensar a própria realidade.[80]

Em outras palavras, Confiant atribuía o fracasso do movimento independentista não somente a Césaire e à negritude, mas também ao universalismo republicano, que, cortando a cabeça do rei, não permitiu que os antilhanos saíssem de sua relação de enfeudamento com o colonizador. Ele recusava-se também a ver que fora em nome desses ideais de liberdade e de igualdade que os anticolonialistas conduziram suas lutas contra a política colonial, que ele também reivindicava. Seria preciso reinstaurar a monarquia na França para pôr fim a essa neurose? Na realidade, após uma progressão espetacular, o movimento independentista não conseguiu se impor nos departamentos de além-mar, onde reinavam a miséria, o racismo e as desigualdades.

Desnecessário mencionar que, com tais julgamentos, Confiant desconsiderou os debates que se desenvolveram na França a respeito da abolição da escravatura, antes mesmo da reunião dos Estados Gerais de 1789. Ele negligenciou deliberadamente o papel desempenhado pelos generais brancos, negros e mestiços que deram sua contribuição, em especial o papel do general Alexandre Dumas e de Toussaint Louverture. Esqueceu a criação, em 1788, por Jacques-Pierre Brissot, da Sociedade dos Amigos dos Negros, que preconizava a interdição imediata do tráfico negreiro, exigindo a abolição da escravatura, assim como as declarações do duque de La Rochefoucault-Liancourt, que pretendia estender aos escravos o princípio da igualdade diante da lei. Confiant zombava dos debates de 1789 e das declarações de Mirabeau, que reivindicava a constituição, em Santo Domingos, de uma Assembleia soberana, anunciando que um dia as colônias seriam Estados independentes: "Contra qualquer justiça, as pessoas de cor foram excluídas das eleições, pois os negros são escravos e não são homens nas colônias", escreveu Bailly em suas *Memórias*. "Mas Maître Garat não dissimula que essa grande operação de justiça e de humanidade, o fim da escravidão, a *moção do século*, deve ser longamente preparada antes de se efetivar".[81] Na realidade, Confiant recusou a Revolução Francesa da mesma forma que rejeitou Césaire, querendo ser mais monarquista que a monarquia francesa escravista. Em outras palavras, ele insultou o conjunto do movimento anticolonialista francês.

Depois de querer cortar a cabeça de Césaire e de proclamar os méritos do Antigo Regime, Raphaël Confiant resolveu apoiar, em 2006, o humorista Dieudonné M'Bala M'Bala, que, depois de ter combatido o racismo e ser parceiro de Élie Semoun, se aproximou da Frente Nacional e dos negacionistas. Em janeiro de 2005, Dieudonné ainda qualificou de "pornografia memorial" a celebração do sexagésimo aniversário da liberação dos campos de extermínio nazistas e, em junho do mesmo ano, foi à Martinica para assistir a um espetáculo durante o qual foi agredido por quatro membros da Ligue de Défense Juive.[82] Ao recebê-lo, Aimé Césaire fez questão de lembrar que "nossas especificidades alimentam o universal, e não o particularismo e o comunitarismo".[83] Em seguida, em novembro de 2006, Dieudonné exibiu-se na festa Bleu-Blanc-Rouge* ao lado de Jean-Marie Le Pen, sublinhando que Le Pen, como ele, era vítima de uma demonização extrema. Sempre obcecado pela questão da identidade mestiça, Confiant justificou o encontro argumentando que Dieudonné era vítima do racismo sem ser apoiado pelos judeus, e que era desculpável

* Encontro anual de simpatizantes e membros do partido da Frente Nacional, da extrema direita francesa, fundado por Jean-Marie Le Pen em 1972. *Bleu, blanc, rouge* (azul, branco, vermelho) são as cores da bandeira da França. (N. T.)

que se aproximasse de Le Pen, pois suportava um sofrimento duplo: "O primeiro ligado à sua pessoa, a seu ser mestiço (pai africano, mãe branca); o outro ligado a essas pessoas que ele está proibido de nomear [...] e que neste texto designarei com o vocábulo Inomináveis". E, claro, para não nomear os judeus, Confiant remetia-se a Fanon e a Césaire. E acrescentava:

> Quando um euro-americano vem me dar aula de democracia, tolerância e direitos, tenho duas reações: primeiro, fico admirado com tamanha cara de pau. Depois de ter exterminado os ameríndios, escravizado os negros, carbonizado os Inomináveis, "gegenizado" os argelinos, "napalmizado" os vietnamitas e assim por diante, eles ainda vêm posar de modelos de virtude! É de tirar o chapéu. Em compensação, quando um Inominável, depois de tudo que sofreu no Ocidente, me vem com esse mesmo discurso, fazendo pose de civilizado e de ocidental, aí eu só tenho uma reação. Como Dieudonné, fico fulo da vida.[84]

Essa intervenção valeu-lhe uma bela réplica de Jacky Dahomay:[85]

> O erro imperdoável de Raphaël Confiant é querer reduzir todo ser humano a uma identidade substancializada por ele, algo que Sartre chamou, ao pensar a questão judaica, de *coisificação* do outro. Ele não compreende que a história do povo judeu integra o Ocidente, assim como boa parte da história das Antilhas, aliás. Nesse sentido, Confiant não é menos *ocidental* que Finkielkraut, nem que fosse apenas por suas teorias da nação, muito *alemãs*, elaboradas no Ocidente. Ele não consegue compreender que não existe um ser judeu, imutável e eterno, e tampouco um *ser mar-*

> *tinicano.* Que há judeus críticos à política de Israel, judeus que lutaram contra o colonialismo e o racismo, assim como franceses brancos também.[86]

Não saberíamos mostrar melhor o quanto as classificações identitárias levam ao impasse, presas como estão entre psicologia das raças e interpretações tribais.

Quanto aos escritores da crioulidade, por mais ricas que tenham sido suas obras na busca do idioma inencontrável, é preciso constatar que, para lhe dar a amplitude que ela merecia, eles optaram pela língua francesa. E é, portanto, em língua francesa que um romance magnífico como *Texaco*[87] será lido, a justo título, como uma das grandes narrativas fundadoras do sofrimento antilhano, uma obra memorial. Por seu lado, Césaire sempre verá a crioulidade como um departamento da negritude e, provavelmente, não está de todo equivocado, pois os próprios crioulitários forjaram o neologismo da "mulatitude", como se fosse necessário fazer concorrência à sonoridade suntuosa da epopeia negra, que começou a se fazer ouvir no entreguerras.

Resumindo, diríamos que Glissant defendia uma identidade arquipelizada (antilhanidade), enquanto seus herdeiros reivindicam uma insularidade — a cada um o seu "crioulo" —, ou seja, uma designação identitária ainda mais restrita.[88]

4. Pós-colonialidades

"Sartre ainda está vivo?"

Entre a época cesairiana e sartriana da negritude e seu questionamento por parte de um projeto de antilhanidade, e depois de crioulização do mundo, um novo passo foi dado na luta anticolonialista. Os impérios coloniais desmoronaram; as batalhas independentistas, as guerras coloniais, os movimentos de autonomização ou de departamentalização triunfaram no mundo inteiro: Índia, Argélia, África, Madagascar, Vietnã, Antilhas, Guianas etc. O que levou o historiador Daniel Rivet, em 1992, a conclamar uma renovação da história da colonização, declarando que o tempo das colônias e as provas da decolonização haviam sido superados e que agora era preciso pensar o passado de outro modo:

> Saímos, enfim, da dialética de celebração e condenação do fato colonial, que distorceu tão longa e profundamente a escrita de sua história [...]. Nosso passado colonial afastou-se o suficiente para que possamos, enfim, estabelecer com ele uma relação livre do complexo de arrogância ou do reflexo de culpabilidade.[1]

Sem dúvida era ao mesmo tempo um diagnóstico justo e um voto piedoso, pois, se o período das lutas anticoloniais e independentistas tinha efetivamente chegado ao fim, outras problemáticas surgiam no coração dos antigos impérios, e outros atores entravam em cena: aqueles que tentavam acossar o espírito de colonialidade — consciente ou inconsciente[2] — onde quer que ele estivesse presente, ou seja, no interior mesmo das democracias, e onde quer que se praticasse o apartheid, política violentamente repressiva que consistia em separar os brancos, os negros, os mestiços: a luta travada por Nelson Mandela na África do Sul era a encarnação desse grande combate em favor da liberdade.

Uma nova era abria-se, portanto, com os chamados estudos "pós-coloniais", levados a explorar uma outra realidade: a dos países ocidentais confrontados com uma imigração vinda das antigas colônias e, portanto, com um suposto *colonialismo interno* às suas próprias instituições e vivido como tal por aqueles que se sentiam vitimados por ele.[3] Claro que essas novas abordagens dispensaram a palavra "*nègre*", enobrecida por Césaire depois de ter sido arrancada da infâmia dos tráficos negreiros. Ela voltou ao porão, para ser usada apenas como injúria racista.[4] Por outro lado, ao excluir os judeus da nova situação anticolonialista, os defensores da nova abordagem rompiam com o pacto que durante tantos anos uniu a luta contra o antissemitismo à luta contra o racismo, não somente nas Antilhas mas também na França.[5] O separatismo das identidades afirmava-se à medida que aumentavam as reivindicações próprias da pós-colonialidade.

Nesse contexto, deve-se a Jacques Derrida o revigoramento da contestação da deriva identitária da crioulidade. Por ocasião de um colóquio organizado em 1992 por Édouard Glissant e David Wills, em Baton Rouge, na Universidade do Estado da Louisiana, ele proferiu uma conferência magistral, "O monolinguismo do outro", na qual reivindicava o direito de apropriar-se da língua francesa como sua única língua materna, justamente porque não era a sua: "Só tenho uma língua, e não é a minha [...]. Sou monolíngue. O meu monolinguismo perdura e eu o chamo de minha morada".[6]* Num voo lírico, ele definia-se como judeu franco-magrebino, afirmando que a língua francesa não pertencia nem ao Estado francês nem aos franceses, mas antes a todos aqueles que falam francês. E evocava seu status de judeu argelino exilado na França em 1949, aluno do liceu Louis-le-Grand, da École Normale Supérieure de Paris e catedrático de filosofia, que se torna francês e é obrigado em seguida a voltar àquele país que ele amava para prestar serviço militar ao lado dos colonialistas. Nada a ver com a trajetória de Sartre ou de Césaire.

Nascido em El-Biar, em 1930, Derrida fora privado da cidadania francesa durante o regime de Vichy, que abolira, em 1940, o decreto Crémieux.[7] Ele tornara-se também um sujeito com "transtorno de identidade" e privado de seus direitos. Não conhecia o ladino[8] e, como judeu privilegiado pelo decreto, pertencera ao campo dos colonizadores. A comunidade judaica da Argélia foi três vezes "dissociada": da língua e da cultura arábico-berberes, da língua e da cultura francesas e, por fim, da memória judaica. Mas, como sujeito destituído por Vichy, Derrida viu-se no "outro campo", o dos colonizados: pior ainda, sem campo algum, pois ele não era mais nada, nem mesmo um indígena. Sua única pátria era seu monolinguismo, sua língua francesa, a única através da qual ele pôde existir.[9]

---

* No original há nessa frase um jogo de palavras entre o verbo "perdurar" (*demeurer*, em francês) e o substantivo "morada" (*demeure*, também). (N. T.)

Ao fazê-lo, Derrida contribuía, portanto, para desconstruir qualquer forma de identitarismo pela qual o sujeito pudesse reivindicar uma língua como propriedade sua. Ele criticava implicitamente a própria ideia de querer ligar uma identidade a uma língua "arquipelágica" (o crioulo). E recusava também o princípio segundo o qual uma língua seria propriedade de um povo. Nada de "nacionalismo linguístico": uma língua, dizia ele, é a assinatura daquele que a inventa, sem ser, no entanto, sua propriedade. E chega mesmo a afirmar que a língua como "língua do outro" impõe sua lei e diz respeito à cultura, e não à natureza. Toda cultura é, portanto, "originariamente colonial [...]. Toda cultura institui-se pela imposição unilateral de alguma 'política' da língua".[10] Consequentemente, a identidade cultural não remete jamais a qualquer pertencimento.[11]

Derrida não abordava a questão do colonialismo da mesma forma que Lévi-Strauss, Césaire e Fanon, e não concebia nem por um instante que uma reivindicação "crioulitária" pudesse contribuir para uma crítica do colonialismo. Assim como também não apoiava nenhuma designação identitária. Como Albert Camus, ele imaginou que um dia a Argélia poderia se tornar ao mesmo tempo francesa e muçulmana, judia e argelina, anticolonialista. Gostaria que ela pudesse, assim, salvar a França de sua epopeia imperial, o que valerá a ele, aliás, muitas críticas. Derrida sonhava desde sempre com uma universalidade baseada na reconciliação das comunidades. E reconheceu, sem ser nem filosófica nem politicamente sartriano, a sua dívida para com Sartre: sempre que podia, celebrava Sartre, seu pensamento, sua imagem, seu personagem, inescapável na luta anticolonialista.[12]

Em 1986, junto com outros escritores — Susan Sontag, Kateb Yacine, Maurice Blanchot —, Derrida prestou uma vibrante homenagem a Nelson Mandela, sublinhando o quanto ele "atraía a admiração", não somente por sua capacidade de jamais ceder à adversidade, mas também por sua paixão política e pela arte de não separar seu engajamento em prol dos direitos do engajamento em prol da cultura e da história. Era evidente que ele via em Mandela a figura soberana que sonhara para a Argélia, esse país tão caro a seu coração: Mandela foi um homem que soube virar o modelo inglês de democracia contra os adeptos do apartheid. O que Césaire alcançou com a negritude, Mandela realizava na escala de seu país: "Em todos os sentidos desse termo, Mandela é, portanto, um homem da lei", dizia Derrida. "Ele sempre apelou para o direito, mesmo quando, aparentemente, precisou opor-se a essa ou àquela legalidade específica, e mesmo quando certos juízes fizeram dele, num dado momento, um fora da lei".[13]

Em abril de 1993, um ano depois de ter desconstruído a ideia de crioulidade, Derrida mudou de registro, por ocasião de uma conferência na Universidade da Califórnia, num colóquio dedicado ao marxismo, sobretudo ao seu declínio e ao fim do comunismo real. E era no apartheid, mais uma vez, que ele pensava ao dedicar sua conferência a um militante comunista da África do Sul, Chris Hani, então recentemente assassinado por um imigrante polonês de extrema direita, Janusz Walus, a serviço de Clive Derby-Lewis, membro do Partido Nacional Africâner. Em *Espectros de Marx*, um de seus mais belos livros,[14] Derrida mobilizava a obra freudiana, especialmente o conceito de recalque, para mostrar que a sociedade ocidental vivia tão assombrada pela "espectralidade" de Marx que não cessava de anunciar sua morte e o fim do comunismo.

A conferência teve lugar logo depois do sucesso internacional obtido pelas teses do filósofo e economista americano Francis Fukuyama, que, desde 1989, anunciava que a universalização da democracia liberal do Ocidente seria, doravante, fato estabelecido como formato mais consumado de qualquer governo humano. Em suma, Fukuyama tomava para si o ensinamento hegeliano de Alexandre Kojève sobre o fim da história. Mas não demorou para que ele também fosse criticado pelo emprego que fazia do conceito de historicidade. No entanto, foi sobretudo seu mestre, Samuel Huntington, que opôs à perspectiva de Fukuyama uma outra visão do futuro. No mundo pós-comunista, dizia ele, não haveria nenhum "fim da história", mas antes um choque (*clash*) de civilizações, ou seja, de várias civilizações entre si: ocidental, eslavo-ortodoxa, hindu, africana, islâmica, japonesa, confuciana. Longe de apelar para a guerra (*war*), ele sublinhava, ao contrário, que, para evitá-la, o mundo ocidental precisaria tomar consciência de que a modernidade das civilizações não passava forçosamente por sua "ocidentalização", mas pelo reconhecimento recíproco de sua necessária diversidade.[15] A expressão "choque de civilizações" ainda faria grande sucesso, não pelos argumentos de Huntington, mas para colocar em cena uma organização binária do mundo: ocidentalismo contra islamismo.

Foi nesse contexto, mas numa perspectiva totalmente diversa, que Derrida interveio, ele também, nesta tripla questão: o fim da história é concebível? Como pensar o imprevisível? O que é a Europa? *Espectros de Marx* também propunha uma reflexão sobre a nova ordem do mundo após a queda dos regimes comunistas, sobre a perspectiva de uma possível revolução futura que brotaria dessa nova ordem, para compreender o que trazia consigo uma época que não conseguia pensar seu futuro. Derrida associava àquele ato de terror — o assassinato de Chris Hani — três grandes "cenas" da cultura ocidental: aquela em que Hamlet se confronta com o espectro do pai, que volta inesperadamente para pedir vingança e confiar ao filho a missão de salvar o mundo da desonra; a da publicação do *Manifesto do Partido Comunista*, o qual contém a famosa frase de Marx e Engels: "Um espectro ronda a Europa: o espectro do comunismo"; e, por fim, a cena da nova ordem mundial baseada na onipotência da mercadoria, uma ordem "em fase maníaca", incapaz de fazer o luto daquilo que pretendia ter matado. É claro que, com essa afirmação, Derrida prestava homenagem a Paul Valéry, que em 1919 dedicou-se a uma vasta reflexão sobre o futuro da Europa após a Primeira Guerra Mundial. Segundo Valéry, o homem europeu, qual Hamlet, tomara consciência de que toda civilização, mesmo a europeia, era mortal, e de que, portanto, seria preciso doravante fazer face aos espectros que ameaçavam destruí-la. O imperativo do europeu era o mesmo do herói de Shakespeare: diante da crise dos valores, cabia salvar o espírito ou correr o risco de ver a Europa mergulhar numa barbárie maior: assim, Hamlet oscila entre dois abismos, o da ordem e o da desordem.[16]

Em 1999, chegado de um mundo europeu em crise, Derrida encontrou Nelson Mandela, o não europeu mais perfeitamente ocidentalizado, então já com mais de oitenta anos. Ele ficou impressionado com aquele homem sábio e entusiasmado, que foi capaz, durante os anos de prisão, de instituir uma espécie de universidade permanente destinada a instruir os militantes. Mandela perguntou-lhe se Sartre ainda estava vivo.[17]

Foi por meio de uma confrontação com o apartheid e através de uma reflexão sobre a língua, o discurso, os espectros e os fantasmas que Derrida recuperou a chama da luta anticolonialista, numa época em que o colonialismo fora vencido politicamente sem com isso desaparecer como ideologia. E foi nesse momento que, no sul da África, lhe trouxeram de volta o nome de Sartre, um nome sacralizado, que encarnava a própria história do anticolonialismo. Ele ainda estava vivo? Era um espectro? Quem poderia sucedê-lo?

Descartes, macho branco colonialista

Assim como a abolição, pela ciência, da noção de raça não acabou com o racismo e o antissemitismo, o fim da epopeia colonial também não significou a erradicação do espírito do colonialismo. Nesse sentido, Derrida alimentava as teses dos defensores dos estudos pós-coloniais, pois para ele tratava-se de evidenciar a existência de um novo espírito colonial. E, para isso, resolveu passar do estruturalismo clássico para o pós-estruturalismo, descentralizando suas figuras simbólicas: a lei, o significante, a origem, o pertencimento identitário.

Inventado em 1967, o termo "desconstrução", muito mal compreendido por um bom número de comentadores, remetia, em sua primeira definição, a um trabalho de crítica e descentralização: um trabalho do pensamento inconsciente ("isso se desconstrói") que consistia em desfazer, sem jamais destruir, um sistema de pensamento hegemônico. Compreende-se então por que a palavra fará tanto sucesso nos diversos *studies* das universidades americanas. Em todos os casos em questão, tratava-se de criticar, decolonizar, desalienar, questionar as identidades fixas e o primado de uma opressão: dos homens sobre as mulheres, do sexo sobre o gênero, dos dominantes sobre os dominados, dos brancos sobre os negros etc. A conceitualidade visava a reconstruir as ciências humanas e sociais levando em conta o invisível: os sem voz, as minorias, os excluídos, os anormais etc. Esse movimento de renovação era, no fundo, idêntico àquele que vira a "ciência humana" nascer dos escombros da pretensa "ciência da raça".

Já lembramos que a nova "política das identidades" (*identity politics*) se impôs no além-Atlântico através do multiculturalismo, efetuando uma síntese entre gênero, sexo, raça, etnicidade e subjetividade. Esta última consistia em privilegiar o pertencimento à comunidade em detrimento da promoção da luta em prol da igualdade cidadã universal — daí uma progressiva deriva identitária. Contudo, no início, o projeto era magnífico. Ele emanava, de fato, de um coletivo de mulheres negras, herdeiras de Rosa Parks, do Movimento pelos Direitos Civis e do Black Power, que desejavam se juntar, na condição de feministas, ao conjunto dos outros movimentos de libertação das minorias oprimidas.[18]

Foi nesse novo quadro identitário que se produziu uma junção entre o pós-estruturalismo, a pós-colonialidade, os estudos de gênero, a teoria queer e o conjunto das lutas travadas por todas as minorias contra uma ordem ancestral dita "patriarcal" ou "ocidentalocentrada". Uma convergência — ou uma interseccionalidade[19] — tornava-se possível, quiçá desejável, e capaz de reunir no mesmo combate os excluídos da "normalidade sexual" e os condenados da colonialidade. Os novos *studies* davam sequência a todos os outros que, como vimos, se desenvolveram nos setores de ponta das universidades americanas: os *African American studies*, *Latino/Hispanic/Chicano studies*, *Asian American studies*, *Native American studies* etc.

Foi a partir dessa realidade que o termo "pós-colonialidade"[20] começou a se impor, nos anos 1980-90, no coração dos campi do mundo anglófono, sob a forma de *postcolonial studies*, com a chegada de estudantes oriundos dos antigos impérios, como Índia e Paquistão, que vinham se formar nas melhores universidades norte-americanas, australianas e britânicas. Estigmatizados em razão de sua origem, eles trataram de enfrentar brilhantemente os vestígios de uma dominação da qual ainda se sentiam vítimas, ao mesmo tempo que se tornavam seus melhores representantes. "É, de fato, notável", escreveu Thomas Brisson,

> que não tenham sido os indivíduos mais enraizados em suas tradições de origem que produziram os questionamentos mais radicais, porém os intelectuais ocidentalizados, que passaram pelas escolas e pelas línguas europeias, muitas vezes instalados nas universidades da Europa ou da América do Norte [...]. Desenha-se assim um paradoxo, apontando que, num contexto de descentramento do mundo, foram os intelectuais instalados no coração mesmo do Ocidente que produziram as críticas mais acerbas a ele.[21]

É claro que o multiculturalismo que caracteriza a sociedade norte-americana, baseada no princípio do *melting pot*, prestava-se perfeitamente ao desenvolvimento dessas abordagens — que, aliás, no início foram de grande riqueza, ao contrário do que certos polemistas franceses, de esquerda e de direita, não param de afirmar, convencidos da superioridade de seu modelo.[22]

De fato, sabemos que a lógica etnorracial sempre teve uma importância fundamental nesse país cuja história se confunde com um longo processo de colonizações múltiplas e onde a abolição da escravatura só foi alcançada graças a uma guerra civil mortífera, cuja memória está sempre presente na literatura, na política e no cinema hollywoodiano.[23]

Prova disso é o fato de que a população americana é recenseada oficialmente a partir de cinco grupos distintos: os americanos autóctones (*Native Americans*), os euro-americanos (*European Americans*), os afro-americanos (*African Americans*), os asiático-americanos (*Asian Americans*) e os latino-americanos (*Latin Americans*). Nessa perspectiva, não espanta que a noção de pertencimento étnico tenha se mantido presente em todas as estatísticas norte-americanas, da mesma forma que o pertencimento religioso.

E foi certamente essa hiperetnização — ou hiperseparatismo — que levou às derivas identitárias. É importante notar que ela encoraja tanto o racismo quanto o antirracismo, pois alimenta ao mesmo tempo os interesses dos adeptos da segregação e do supremacismo (da raça branca) e as reivindicações de discriminação positiva (*affirmative action* e *political correctness*), segundo as quais é preciso corrigir as desigualdades étnicas (evidenciadas por essas classificações) com políticas de compensação, de arrependimento ou de reparação das ofensas passadas. Por isso, não admira que as lutas travadas pelas minorias sexuais (LGBTQ+) tenham ido ao encontro daquelas das minorias étnicas.[24]

Os chamados estudos pós-coloniais clássicos sempre tiveram como propósito revelar as dinâmicas que ocorreram *depois* do período colonial. Já os estudos pós-coloniais em si propunham desconstruir os restos da ideologia colonialista própria dos Estados outrora colonizadores, para impor-lhes uma nova representação da subjetividade daqueles que eles consideram ainda e sempre "colonizados". Esses estudos não buscavam, portanto, encontrar a existência de identidades recalcadas para reatualizá-las, mas sim descrever as identidades múltiplas, individuais ou coletivas, que se constroem e se desfazem em prol de outras identidades sempre híbridas. Resulta daí uma enorme sensação de vertigem: como descrever e analisar o que é definido como um fluido permanente, que escapa ontologicamente a qualquer análise racional? Como captar as metamorfoses de um camaleão? Os estudos pós-coloniais repousam num anti-historicismo que faz com que o objeto estudado vá se diluindo na mesma medida em que se acredita captá-lo.

Mas, se os estudos pós-coloniais se limitavam ao mundo anglófono, outra corrente, chamada "decolonial", ocupou seu lugar no mundo latino-americano. Ela pretendia criticar a modernidade dita ocidental, seus costumes e seus modos de vida, assim como o seu sistema econômico dito neoliberal e visto como um novo colonialismo.[25] Desfazer a centralidade do Ocidente sob todas as suas formas, e portanto da Europa, na medida em que ela seria a matriz original do ocidentalismo, era o programa crítico proposto pelos adeptos desse movimento de pensamento, alguns dos quais designavam como "epistemicídio" a pretensa eliminação pelo Ocidente de qualquer outra forma de conhecimento que não a sua. Outros preferiam atacar René Descartes, transformado, sob sua pena, no fundador de uma "mistificação", pois o "eu" de "Penso, logo sou" seria certamente o eu de um "homem branco" colonialista.[26]

As duas correntes — pós-colonial e decolonial — afirmam inspirar-se tanto na desconstrução derridiana quanto nas teses de Michel Foucault sobre as minorias, nas de Deleuze e Guattari sobre as realidades rizomáticas, nas de Frantz Fanon sobre o racismo, ou, ainda, nas de Edward Said sobre a alteridade orientalista, embora esses autores jamais tenham sido adeptos da mais mínima deriva identitária.[27] Todos remetiam-se ao pensamento freudiano ou pós-freudiano de maneira positiva ou negativa. Foi assim que teorias sofisticadas, elaboradas no seio das maiores universidades do mundo ocidental, acabaram por alimentar movimentos políticos identitários e insurrecionais (pós-marxistas e pós-comunistas).

Certa vez perguntei a Jacques Derrida o que ele pensava das derivas que se remetiam à sua obra. Ele respondeu que não lhe cabia servir de polícia dos textos de quem se inspirava em seu pensamento. Ao contrário de Lacan, ele sabia que nenhum pensador consegue controlar as leituras interpretativas suscitadas por sua obra. Ele afirma também, e com razão, que para ser fiel a uma herança é preciso antes ser infiel a ela.

Flaubert e Kuchuk Hanem

Foi também no contato com a obra e o ensino de Edward Said que os pós-coloniais e os decoloniais puderam efetuar suas reconversões identitárias. Nascido na Palestina, em 1935, durante o Mandato Britânico, Said era, como Derrida, um sujeito no exílio, mas sem poder se ligar ao monolinguismo. De família burguesa, foi criado por uma mãe nascida em Nazaré, mas que se tornara libanesa, e por um pai palestino-americano.

Durante toda a infância, Said falou três línguas — francês, inglês e árabe —, mas nunca soube de onde vinha o inglês de sua mãe, nem qual era a sua própria nacionalidade. Não ignorava, porém, que seu prenome fora escolhido em homenagem ao príncipe de Gales, conhecido por sua elegância no vestir: "Guardei pela vida inteira essa incerteza em relação às minhas numerosas identidades [...] e uma lembrança precisa da vontade desesperada de que fôssemos todos árabes ou todos europeus e americanos ou todos cristãos ortodoxos ou todos muçulmanos ou todos egípcios".[28] E como responder a esta interpelação: "Você é americano. Como é que nasceu em Jerusalém? Você é, de fato, árabe, mas que tipo de árabe? Protestante?".[29] Na realidade, Said já vivia no Cairo, embora até 1947 seus pais voltassem regularmente à Palestina. Na escola, convivia com alunos armênios, judeus, coptas, mas sobretudo com crianças inglesas, filhas de professores e diplomatas. Em seguida, prosseguiu seus estudos no Victoria College, onde sofreu humilhações por parte de um supervisor sinistro que se tornaria célebre no cinema na pele de Omar Sharif.

Dois anos depois da criação do Estado de Israel, vivida pelos palestinos como o desaparecimento de seu país e de sua identidade, Said foi mandado pelos pais para os Estados Unidos, onde, após concluir brilhantes estudos em Harvard, tornou-se professor de literatura comparada, defendendo uma tese sobre Joseph Conrad.[30] A escolha não foi anódina. Nascido polonês no Império Russo, capitão de longo curso e aventureiro de oceanos distantes, falando várias línguas, antes de se tornar escritor Conrad viveu o tempo todo em busca de uma impossível identidade. Escreveu seus romances na língua de seu país de adoção, a Grã-Bretanha. Antes mesmo de lançar *Lord Jim*, protótipo moderno da autobiografia desconstruída, que anunciava uma revolução na narrativa subjetiva, ele publicara uma longa novela, *Coração das trevas*,[31] cujo personagem principal, Kurtz, encarnava em si toda a violência do mundo colonial. Traficante de marfim imerso na selvageria da bacia do Congo, melancólico e agonizante, Kurtz reina sobre um grupo de autóctones e executa seus inimigos, conservando suas cabeças fincadas nas estacas que cercam a casa. Nos dois livros, Conrad introduz um duplo do personagem Charles Marlow, o narrador.

Estudando um dos autores mais subversivos da literatura do final do século XIX e começo do XX, Said inventou uma leitura, não desconstrutiva mas em "contraponto" ou "contrapontística", como iria teorizar mais tarde. Grande melômano, ele tomou o termo emprestado de uma técnica na qual as melodias se sobrepõem sem que nenhuma delas seja dominante. Falava também do princípio segundo o qual a grandeza de uma obra supõe que ela possa ser interpretada de maneira infinita segundo o contexto e a época. Seja o teatro de Shakespeare, a arte romanesca dos clássicos ou a literatura da modernidade — de Proust a Joyce —, todos esses textos têm em comum o fato de engendrarem uma complexidade que suscita tantas leituras polifônicas quantos forem os leitores cujas identidades divergem.

Toda leitura remete, portanto, a uma posição subjetiva. A partir dessa perspectiva, Said fazia de Conrad um vagabundo genial que, tendo se tornado escritor numa língua estranha à sua, jamais conseguiu se desvencilhar de um sentimento de alienação em relação a seu país de adoção, a ponto de viver permanentemente entre dois mundos. E deduzia disso que o personagem de Kurtz, assombrado por suas próprias trevas e suas pulsões mortíferas, mostrava-se incapaz de imaginar uma outra África que não a da colonização. De fato, Kurtz não percebe a presença de um mundo que, entretanto, lhe resiste. Legítimo representante de um sistema imperial que lhe causa horror, ele atravessa, portanto, um sonho cujas figuras estão destinadas a desaparecer.[32]

Em 1967, com a Guerra dos Seis Dias, Said — já professor assistente na prestigiosa Universidade Columbia[33] e há muito cidadão americano — teve a revelação da importância de sua identidade árabe. Viajou então para a Jordânia a fim de encontrar amigos envolvidos na luta pela causa palestina. Em seguida, tornou-se membro do Conselho Nacional Palestino, apoiando o princípio da criação de um Estado binacional e militando com seu amigo Daniel Barenboim em prol de uma aproximação entre jovens músicos palestinos e israelenses. No fundo, como Derrida, ele desejava a união de todas as comunidades em um só Estado: a separação entre os povos, dizia ele, não é solução para nenhum dos problemas que os dividem.

A reviravolta esteve na origem da publicação de seu livro maior, *Orientalismo*, marcado pelos princípios de leitura já elaborados em sua abordagem da obra de Conrad. Publicado em inglês em 1978, *Orientalismo*[34] é uma obra-prima de erudição, e, ao lê-lo, compreende-se por que tamanha repercussão. Traduzido em quarenta línguas e reeditado inúmeras vezes, tornou-se em poucos anos a bíblia dos estudos pós-coloniais, lida muitas vezes no sentido contrário àquele que enunciava. Mas, afinal, foi o próprio Said quem teorizou a ideia da leitura polifônica. Passando em revista toda a aventura ocidental do orientalismo — movimento literário e artístico —, Said afirmava que o Oriente, no sentido genérico do termo, mais que no geográfico, era uma espécie de construção fictícia através da qual o discurso ocidental tentava delimitar uma alteridade que lhe escapava.[35] O orientalismo como movimento testemunhava, a seus olhos, o devaneio coletivo da Europa a respeito do Oriente, uma fantasia que caucionava uma relação de desigualdade identitária entre o viajante ocidental e as populações visitadas.

Enquanto os diferentes *studies* referem-se essencialmente ao outro interno ao si-mesmo (homossexual, anormal, queer, branco, negro, mestiço etc.), Said analisava o discurso que uma sociedade fazia sobre outra sociedade: o *outro externo* e, no caso, o oriental. Entre os orientais, ele escolheu o homem do Oriente Próximo e Médio, árabe e muçulmano; e, entre os discursos vindos do exterior, privilegiava os que tinham origem em dois impérios coloniais — a França e a Grã-Bretanha —, aos quais acrescentava o imperialismo americano, que os sucedeu após o desmantelamento do colonialismo:

> Uma vasta teia de interesses agora liga todas as regiões do antigo mundo colonial aos Estados Unidos, assim como uma proliferação de subespecialidades acadêmicas divide (e ainda assim conecta) todas as antigas disciplinas filológicas baseadas na Europa, como o orientalismo. O especialista de áreas culturais [...] reivindica uma perícia regional que é posta a serviço do governo ou dos negócios, ou de ambos.[36]

Said tomou como objeto de estudo também o orientalismo dos séculos XIX e XX, e referia-se com esse termo a uma disciplina e um estilo de pensamento baseados na hipótese de que existiria um Oriente oposto a um Ocidente, um dominado e o outro dominador. O Oriente teria sido, então, "orientalizado" pelo discurso ocidental para que ocidentais e orientais pudessem garantir para si uma "identidade", uns perante os outros, mesmo que ela fosse falsificada ou ilusória. O perigo ligado a essa abordagem era, sem dúvida, fazer do movimento orientalista um simples auxiliar do colonialismo.

Mas o livro ia bem além do projeto inicial, e não se contentava em destruir o essencialismo do olhar ocidental sobre o Oriente. Sob a pena de Said, eram analisados, em três partes, todos os grandes textos dedicados à "questão do Oriente", de Silvestre de Sacy a Louis Massignon, passando por T. E. Lawrence, Chateaubriand, Baudelaire, Hugo, sem mencionar o episódio da incursão ao Egito realizada por Napoleão Bonaparte (1798-1801).

Na última parte da obra, consagrada à criação do Estado de Israel e depois à entrada em cena do imperialismo americano, Said observa que o árabe havia substituído o judeu nas representações ocidentais do Oriente, na última fase do orientalismo. O árabe era concebido, assim, como uma sombra que segue o judeu, dizia ele em substância, acrescentando que um e outro eram classificados como "semitas". E, para mostrar a semelhança entre o ódio ao árabe e o ódio ao judeu, ele citava uma carta de Chaïm Weizman, de 1918, sublinhando que suas afirmações poderiam muito bem ser aplicadas aos judeus pelos antissemitas. Na realidade, Weizman retomava a vulgata clássica segundo a qual o árabe seria um espertalhão, traiçoeiro e arrogante.[37]

Entre as páginas mais discutíveis, destacamos aquelas que Said dedica a Gustave Flaubert, à sua obra "oriental" e sobretudo a seu encontro com Kuchuk Hanem, a célebre dançarina exilada em Esneh, às margens do Nilo. Era para lá que o governo egípcio deportava as prostitutas para transformá-las em atrações turísticas. Fascinado pelos bordéis, Flaubert, na época com vinte anos, estava em busca de sensações carnais novas. Assim, fez da suntuosa cortesã que ele amava a encarnação da feminilidade oriental, pois ela seria a essência mais acabada da potência sexual da mulher em geral. Não uma alteridade dominada, mas antes a soberania conquistadora:

> Bugre imperial, peituda, carnuda, com narinas fendidas, olhos desmesurados, joelhos magníficos [...]. Chupei-a com raiva, seu corpo molhado de suor [...]. Contemplando dormir essa bela criatura [...], pensava em minhas noites de bordel em Paris [...]. Nós nos dissemos muitas coisas ternas, abraçamo-nos no final de um jeito triste e amoroso.[38]

Fino conhecedor da obra flaubertiana, Said sublinhava corretamente que o autor se inspirara na viagem ao Oriente e no périplo pela Tunísia, mais tarde, para criar os personagens de Salomé e de Salammbô. No entanto, ele não hesitou em fazer da famosa cena com Kuchuk Hanem o protótipo não somente da relação de força entre Oriente e Ocidente, mas também da dominação masculina do colonizador sobre a mulher oriental:

> Ela nunca falava de si mesma, nunca representou suas emoções, sua presença, sua história. *Ele* falava por ela e a representou. Ele era estrangeiro, relativamente rico, do sexo masculino, e esses eram fatos históricos de dominação que lhe permitiram não apenas possuir fisicamente Kuchuk Hanem, mas falar por ela e contar a seus leitores de que maneira ela era "tipicamente oriental". O

> meu argumento é que a situação de força de Flaubert em relação a Kuchuk Hanem não era um caso isolado. Ela representa justamente o padrão aos relatos de força entre o Leste e o Oeste, e o discurso sobre o Oriente que esse padrão tornou possível.[39]

É evidente que Said se equivocava, se não sobre o protótipo, pelo menos sobre Flaubert. Longe de ser o representante de qualquer colonialismo, o autor de *Salammbô*, certamente fascinado pelo Oriente, jamais viu o oriental como um bárbaro que era preciso submeter às benesses da civilização das Luzes. Revoltado contra a sociedade burguesa, ele não se cansava de denunciar sua hipocrisia, seus preconceitos, sua tolice, sua moral. Ele não amava nem a monarquia nem a democracia de massas, que levava à uniformização do pensamento, só se sentia atraído pelos esplendores do mundo antigo — e, portanto, do Oriente — porque via nele uma estética da violência conforme à sua visão de uma arte literária que precisava se afastar do romantismo. Perseguido na justiça por "ofensa à moral pública", Flaubert fez de Emma Bovary uma mulher rebelde, preferindo o suicídio à mediocridade. E apoiou vigorosamente a causa da literatura contra os censores e os poderes institucionais.[40]

Flaubert jamais defendeu uma nação, uma cultura ou uma religião contra outra, jamais aderiu à menor das epopeias coloniais. Além disso, ao longo de seus diversos périplos orientais, ele sempre se distanciou do modo como a Europa representava o otomano, o oriental ou o árabe,[41] a ponto de afirmar que ele não era mais moderno que antigo, não mais chinês que francês. E detestava também qualquer fixação numa terra, seja ela pintada de vermelho, negro ou azul. "Sou irmão em

Deus de tudo o que vive", dizia ele, "da girafa e do crocodilo como do homem, e concidadão de tudo que habita o grande hotel do Universo".

Ao que tudo indica, Said era, ele mesmo, um produto genuíno da configuração orientalista que descrevia. Era também um orientalista tão talentoso quanto os autores cuja obra ele estudava. E é por isso que seu livro, muito marcado pela leitura dos textos de Flaubert, Conrad, Freud, Foucault e muitos outros, assemelha-se à autoanálise de um homem "ocidentalizado" e depois "orientalizado", sempre dividido entre um discurso qualificado como "colonial" e um outro discurso mudo, incapaz, a seus olhos, de inventar um novo orientalismo para além daquele fabricado pelo Ocidente, ou seja, por ele mesmo. Said nunca definiu o que seria um Oriente reinventado pelos próprios orientais.[42]

Teerã, 1979: Um sonho de cruzada

A situação atribuída a Flaubert, essa "relação de poder entre aquele que fala e aquela que não fala", será absorvida pelos herdeiros de Said, que farão dela o ponto de partida de um novo avanço dos estudos pós-coloniais, depois decoloniais. O protótipo flaubertiano da dominação "colonial-patriarcal-masculina" será, assim, a ponta de lança de um combate totalmente simplificado: os dominantes de um lado, masculinizados, os dominados do outro, feminilizados ou ainda "subalternizados". Tudo enriquecido por uma proliferação de neologismos qualificando subcategorias humanas — generificado, não generificado, étnicos, híbridos — declinados conforme a diferença dos sexos e a construção social ou colonial: bigênero, agênero, cisgênero, gay, bissexual, transgênero, intersexuado, heteronormatizado, heteropatriarcal, árabe, lésbico, racizado, interseccionalizado, subalterno etc. Na mesma perspectiva, utiliza-se o neologismo "racizar", que na origem servia para definir uma atitude discriminatória baseada em critérios raciais. Porém, em seguida, num processo de deriva, o adjetivo "racizado" acabará por designar positivamente um clã preocupado em não se misturar com uma população branca. A ideia era de que a separação permitiria que as vítimas emudecidas se exprimissem sem temer que um Flaubert viesse a falar em seu lugar.

O emprego desse termo abria caminho para um questionamento inaceitável da ideia de indivisibilidade da República: na França, de fato, é proibido classificar as pessoas em função de sua origem e da cor de sua pele. Ninguém tem direito, por exemplo, de escolher ser tratado por um médico negro e não por um branco, por uma mulher e não por um homem, e vice-versa. Permanecer no "entre-si" a fim de proteger-se da agressão racista: essa seria, portanto, a espiral infernal de toda busca identitária que não pode deixar de desembocar num fechamento vitimista. Já sublinhei a que ponto essas denominações assemelhavam-se às do famoso DSM, o grande manual das classificações psiquiátricas pós-modernas, mais próximo de uma lista tipo Georges Perec que de um trabalho científico.[43]

E como os *studies* multiplicavam-se, foi preciso estender o campo dos estudos identitários. Entre eles, os *postcolonial Middle Ages*, divididos em várias tendências, e que preconizavam a "decolonização" da Idade Média, que seria tratada pelos historiadores medievalistas ocidentais como uma alteridade inferior, da mesma forma que um "continente negro" submetido ao imperialismo europeu.[44] A eles juntavam-se os *porn studies*, ou estudos feministas alternativos sobre a pornografia transformada em prática libertadora, quiçá generificada, da sexualidade das mulheres separada de qualquer forma de opressão masculina. Na mesma perspectiva, desenvolveram-se os *critical race studies*, ou estudos críticos sobre a raça, que retomaram a noção de raça para equipará-la à noção de classe. Assim, para os sociólogos especialistas desse campo identitário, a raça transforma-se num conceito que designa uma relação de poder afastada de qualquer ideia de raças (no plural): ou seja, um fechamento num passado sem presente nem futuro.[45]

Simetricamente, os *whiteness studies*, ou estudos de branquitude, largamente inspirados na psicanálise pós-freudiana, desenvolveram-se nas universidades americanas a partir dos anos 1990. Enquanto o termo "brancura" remetia a uma simples propriedade cromática, branquitude (ou branquidade) convidava à reflexão sobre a maneira como um sujeito dito "branco" podia ser percebido como branco e investir-se de um poder de dominação de acordo com uma ideologia racialista sempre presente nas sociedades pós-coloniais. Isso quer dizer que esses estudos estigmatizarão os brancos "como brancos", julgados culpados de utilizar um pretenso "privilégio branco" a fim de melhor reprimir sua subjetividade *forçosamente* racista. Portanto, o estudo da branquitude terá por objetivo fazer com que cada branco admita seu racismo inconsciente,[46] obrigando-o a designar o negro por sua negritude em vez de ignorar sua cor em nome de uma pseudoigualdade dita universalista, enquanto os estudos críticos da raça farão reaparecer, não importa o que se diga, o bom e velho "catálogo banania".

A noção de "raça" assim reconceitualizada voltará, portanto, aos *corpora* discursivos de inspiração antirracista. Os artífices desses estudos terão como ponto comum, no cerne dos departamentos de ciências sociais e humanas, travar uma luta contra um "inimigo íntimo", isto é, contra uma disposição de espírito inconsciente que faria com que o dominado interiorizasse os estereótipos do dominante: ele seria presa de um demônio interior chamado Europa ou Ocidente. E terão como objetivo combater tanto o ódio de si resultante da interiorização quanto os estragos causados pelos resquícios da época colonial no psiquismo inconsciente dos dominantes.[47]

Para explorar as várias facetas dessa nova configuração, eles recorrem a uma retórica proteiforme que, sob a capa de uma modernidade herdada dos "mestres" (Derrida, Said, Foucault, Fanon etc.), vai levá-los à fabricação de um vocabulário do "entre-si" e da confissão profética, uma espécie de "falar obscuro" ou de "jargão profético",[48] que permite que cada um apresente sua "posicionalidade" subjetiva: raça, origem, gênero, vivência vitimista, genealogia, orientação sexual etc. O "falar obscuro" terá como característica exprimir proposições tão tortuosas que dizem tudo e seu contrário, e que, portanto, nenhum estudo crítico poderá jamais refutar. É uma forma de tornar impossível o debate fora das panelinhas. Posso tranquilamente dizer que a obscuridade que marca esse falar é inversamente proporcional à profundidade e à pertinência do pensamento.

Acrescentemos à lista dos *studies* as designações identitárias religiosas, que se tornarão muitos mais fortes um ano depois da publicação do livro de Said, quando um islã político e radical irrompe na cena mundial com a pretensão de substituir a antiga dominação imperial por um novo universalismo: "Sua primeira investida", escreveu Robert Gildea, "foi a Revolução Iraniana de 1979, e a segunda foi a guerra travada pela União Soviética no Afeganistão entre 1979 e 1989".[49]

Os grandes países democráticos acreditaram que a queda do comunismo teria como consequência não somente o triunfo dos direitos dos homens nos antigos impérios coloniais, mas também a vitória das Luzes sobre o obscurantismo religioso e, portanto, da democracia liberal, como Francis Fukuyama apressou-se em profetizar. Mas eis que o islamismo político, declinação identitária do islã,[50] veio reanimar um ideal antiocidental entre os povos outrora colonizados: um verdadeiro messianismo que (por que não?) prometia tornar-se o "grande decolonizador" do planeta inteiro.

Enviado especial do *Corriere della Sera* a Teerã, Michel Foucault encontrou-se com alguns revoltosos que só falavam de "governo islâmico", de ódio ao Ocidente, prontos a morrer pelo Profeta. Ele questionou-se sobre o significado que deveria dar a esse acontecimento, ao surgimento em pleno século XX de uma rebelião espiritual de potência inesperada, comparável à que inspirou as Cruzadas no Ocidente. Foucault assistiu a uma multidão em prece, em Neauphle-le-Château, em favor do aiatolá Khomeyni quando ele estava no exílio, ameaçado pela ditadura do xá, mas não pensou um instante sequer que a rebelião islâmica resultaria na formação de uma corrente política, no que se enganou redondamente.[51] Em momento algum ele foi "convertido ao islamismo" por Khomeyni, como o acusaram repetidas vezes, sobretudo Franz-Olivier Giesbert e Alain Minc.[52]

Por todo lado no mundo explodirão guerras ditas de "civilização" alimentadas por esse novo sonho messiânico e mortífero que culminará com a destruição, em 11 de setembro de 2001, das Torres do World Trade Center.

Foi nesse contexto que, em fevereiro de 1989, mesmo ano de sua morte, Khomeyni, guia espiritual do mundo xiita, pronunciou uma *fátwa* contra *Os versos satânicos*, romance publicado um ano antes pelo escritor britânico de origem indiana Salman Rushdie.[53] Esse belo livro fala do desenraizamento do imigrante, dilacerado entre sua cultura de origem e a do país de acolhida, e descreve passo a passo as metamorfoses identitárias, os pesadelos, as alucinações, os sonhos e os sofrimentos de dois personagens confrontados tanto com os preconceitos racistas quanto com o obscurantismo religioso: ao mesmo tempo com o fanatismo, as brutalidades policiais, a morte e o tema do perdão. O título foi extraído de um episódio da vida de Maomé: cercado de notáveis politeístas em Meca, no momento em que se preparava para fundar um novo monoteísmo, o profeta teria enunciado "versos satânicos" que autorizavam outras divindades além do único Deus, e se retratado depois. O simples fato de mencionar esse acontecimento já exigia a condenação de seu autor. Quanto ao livro, desde então ele foi considerado por seus inimigos islamistas como "a encarnação dos complôs satânicos da Arrogância Mundial e dos colonizadores sionistas que se escondem sob as vestes desse apóstata".

Durante dez anos o escritor e todos os seus editores foram ameaçados de morte pelo mundo afora, enquanto o livro era proibido em vários países. Apoiado por uma maioria de intelectuais, entre os quais muitos oriundos do mundo árabe-islâmico, Salman Rushdie, novo Voltaire, teve que viver dez anos sob proteção policial, mudando cerca de sessenta vezes de domicílio. A *fátwa* foi aprovada por milhões de muçulmanos, não somente no Paquistão, na Turquia, nos países do Magreb e do Oriente Médio, mas também por uma parte dos adeptos do pós-colonialismo que pretendiam ver na blasfêmia a manifestação de um racismo colonialista reconvertido em ódio ao islã. Eles também falavam em escândalo e islamofobia, brandindo ameaças dignas do discurso da Inquisição. Entre os dirigentes dos países democráticos, Margaret Thatcher, Jacques Chirac e Jimmy Carter recusaram-se, através de declarações públicas, a apoiar Rushdie, afirmando que seus propósitos excessivos demonstravam falta de "tato" e de "compaixão" pela fé muçulmana. Mais corajosa, a rainha Elisabeth II concedeu-lhe um título de "cavaleiro".

A escalada do islã identitário que se abatia sobre um escritor talentoso, progressista e antirracista teve evidentes repercussões sobre os imigrantes do mundo ocidental, que puderam então se identificar com a contrarrevolução obscurantista, liberticida e criminosa. E também, claro, sobre os departamentos universitários onde se desenvolviam os *studies* que tinham como objeto de pesquisa as minorias oriundas dos antigos impérios: Oriente Médio, Magreb, Paquistão, Índia etc. Ficariam tais minorias tentadas por essa contrarrevolução identitária, correndo o risco de perder-se na busca regressiva de um passado fantasioso — um "retorno a si" ilusório —, ou escolheriam, ao contrário, adaptar-se a um modo de vida "ocidental", que não seria mais percebido como hostil à sua religião e sim como um distanciamento do fanatismo criminoso que ela trazia em si? Quanto mais o mundo se mundializava ao ritmo da economia globalizada, mais os artífices das políticas identitárias buscavam uma revanche pós-colonial contra as categorias desse pensamento "ocidental", do qual eles eram autênticos produtos, com o risco, às vezes, de se afogarem, eles também, na adesão ao islamismo radical.

A identidade subalterna

Dar a palavra a Kuchuk Hanem. Esse era o programa dos *subaltern studies* popularizados no mundo acadêmico anglófono por historiadores indianos eruditos e formados nas universidades ocidentais. O termo foi forjado por Antonio Gramsci entre 1926 e 1937, durante os seus anos de prisão, para designar um indivíduo ou um grupo que escapa de qualquer identidade de classe, marginalizado e submetido a uma subordinação ao mesmo tempo psíquica e cultural.[54] Gramsci pensava nos escravos da Antiguidade, nos camponeses das regiões periféricas e no subproletariado, sobre os quais, segundo ele, os historiadores ainda precisavam constituir arquivos e monografias.[55] Retomado pelo historiador bengali Ranajit Guha, o termo foi interpretado diversamente no quadro de uma formidável operação historiográfica que consistiu em fazer uma "história vista de baixo", ou seja, em dar a palavra aos invisíveis, à arraia-miúda, aos condenados da terra que são os mais discriminados em razão de seu sexo, de sua raça, de sua casta: em uma palavra, aos "suboutros".[56] Para seus iniciadores, a abordagem permitiria a superação da clivagem clássica entre uma história pensada pelos dominantes (ordem colonial) e uma história recriada pelas novas classes burguesas oriundas da decolonização. Assim, os *subaltern studies* queriam dar a palavra ao *outro* em sua mais absoluta indigência: aos grupos sem consciência de classe nem ideologia. Depois de um périplo que vai levá-lo de Calcutá a

Paris e em seguida a Manchester e a Londres, Guha assumiu a liderança de um vasto programa subalternista que reunirá, ao longo dos anos, pesquisadores preocupados em efetuar uma síntese de todas as abordagens oriundas dos diversos *studies*: estudos de gênero (queers e transgêneros), estudos pós-coloniais, decoloniais[57] etc.

O projeto obteve enorme sucesso internacional, e é fácil entender por quê. Tratava-se de revelar uma *outra história*, aquela que foi escondida pelas grandes narrativas nacionais ensinadas a todas as gerações do mundo ocidental, aos colonizadores e colonizados. Era preciso reabilitar uma história subterrânea, criticando a narrativa das origens baseada na apologia das conquistas imperiais, no pretenso valor inigualável dos nacionalismos europeus, nos "nossos ancestrais, os gauleses", todos esses relatos que ignoravam os massacres, as violências e os crimes perpetrados durante séculos contra os povos de cor, contra os pobres, contra os discriminados, contra os explorados. Para obstar a infâmia dos relatos gloriosos, era necessário, segundo os adeptos dos *subaltern studies*, construir um memorial em honra às vítimas para que elas tenham, enfim, acesso à "palavra". E no mesmo movimento os subalternistas opunham-se tanto aos historiadores marxistas clássicos quanto aos defensores de uma historiografia nacionalista e hagiográfica centrada nos heróis da independência: Gandhi ou Nehru, na Índia,[58] por exemplo.

Em suma, os subalternistas adotavam mais ou menos o célebre adágio africano: "Enquanto os leões não tiverem seus próprios historiadores, as histórias da caça continuarão glorificando o caçador".[59]

Na realidade, a abordagem dita subalternista apenas atualizava uma tendência historiográfica já presente em vários historiadores muito distantes de qualquer forma de engajamento identitário, mas que abriram caminho para a "micro-história", para a ciência do vivido e do sentido, em suma, para uma narrativa das experiências subjetivas. É o caso de Carlo Ginsburg, que em 1976 publicou na Itália uma obra-prima, na qual se referia justamente a Gramsci: *O queijo e os vermes*.[60] O historiador contava a história de um moleiro do Friuli, Domenico Scandella, de apelido Menocchio, totalmente desconhecido e cujo rastro ele descobrira explorando determinados arquivos. O homem foi levado duas vezes perante os tribunais antes de ser queimado vivo, acusado de heresia pelo Santo Ofício. Os dossiês ofereciam um quadro inusitado de seus sentimentos, aspirações, crenças, leituras e fantasias, uma reunião de indícios que permitiam reconstruir sua visão de mundo. A seus perplexos juízes, ele explicara que o mundo era um caos semelhante a um queijo fecundado por vermes que pareciam anjos, deduzindo daí que todas as religiões se equivalem. Em outras palavras, ele colocava em questão o fundamento divino da religião cristã, razão pela qual foi considerado perigoso. Ginzburg, claramente, dava a palavra a um "subalterno".

E não era o único nesse período a promover a "história vista de baixo". Na realidade, durante a segunda metade do século XX, a ideia de dar a palavra aos esquecidos da historiografia oficial era comum a todas as disciplinas. Foi com essa perspectiva, por exemplo, que Michel Foucault estudou, em 1972, a famosa história de Pierre Rivière, jovem camponês que sofria de loucura homicida, e criou, em 1978, a Coleção Vidas Paralelas, para divulgar através de documentos aquilo que ele chamava de "o avesso" das vidas dos homens ilustres de Plutarco: vidas obscuras e tão paralelas que ninguém conseguia mais alcançá-las. Daí vem a publicação das memórias de Herculine Barbin. Tratava-se, mais uma vez, de estudar a alteridade sob todas as suas formas: vidas infames, vidas minúsculas, vidas subalternas, vidas ignoradas ou recalcadas, vidas cotidianas etc. Segundo essa visão, o conceito de "subalternidade" era de grande utilidade. Foi, aliás, a partir dessa ideia de fazer surgir uma "alteridade" oculta que nasceram não apenas a abordagem subalternista como também todos os remanejamentos da historiografia moderna, sobretudo a grande aventura da história das mulheres orquestrada por Georges Duby e Michelle Perrot:

> Durante muito tempo as mulheres foram deixadas na sombra da história. O desenvolvimento da antropologia e o destaque dado à família, o da história das "mentalidades", mais atenta ao cotidiano, ao privado e ao individual, contribuíram para tirá-las de lá [...]. Mas é preciso recusar a ideia de que as mulheres seriam um objeto de história em si mesmas. É seu lugar, sua "condição", seus papéis e seus poderes, suas formas de ação que pretendemos investigar, a diversidade de suas representações — Deusa, Madona, Feiticeira... — que queremos captar em sua permanência e em suas mudanças. História decididamente relacional, que interroga a sociedade inteira e que é, igualmente, a história dos homens.[61]

Inúmeros autores, historiadores e romancistas inscreveram-se em seguida nessa perspectiva: Michelle Perrot, ao retraçar a história de Lucie Martin-Baud, operária da seda em Dauphiné; Arlette Farge, ao explorar as vidas esquecidas do coração do século XVIII; Kamel Daoud, ao dar uma identidade ao árabe assassinado por Meursault em *O estrangeiro* de Camus, e mesmo

Virginie Despentes, ao escrever estas linhas no início de *Teoria King Kong*: "Escrevo a partir da feiura e para as feias, as velhas, as caminhoneiras, as frígidas, as malcomidas, as incomíveis, as histéricas, as taradas, todas as excluídas do grande mercado da boa moça".[62] Nenhum desses autores aderiu a qualquer política identitária, à exceção talvez de Virginie Despentes, que acabará adotando, quinze anos mais tarde, uma moral feminista lésbico-decolonial-generificado, tipo Alice Coffin. Em outras palavras, para a maioria dos autores engajados nessa via, se a história das mulheres era também a dos homens, isso significava que ela poderia ser escrita por homens ou por mulheres, de qualquer cor de pele e qualquer origem. E é, aliás, próprio de toda pesquisa séria ser imediatamente internacionalizada e não conhecer fronteira nem pátria.

Assim, por mais que isso desagrade aos identitários de todos os tipos, é ao historiador norte-americano Robert Paxton que se deve o primeiro grande estudo sobre a França de Vichy. Paxton demonstrou, apoiado em provas, que o Estado francês colaborara com a política nazista de extermínio dos judeus, recusando portanto a tese de que Pétain teria sido um "escudo", permitindo que os resistentes combatessem o invasor.[63] A esse respeito, observemos que é uma inépcia a ideia de que um "estrangeiro" não teria a capacidade ou o direito de pensar uma realidade externa a ele.

Para fazer com que os subalternos falassem — da cortesã de Flaubert a Herculine Barbin, passando por Menocchio —, ainda eram necessários mediadores, isto é, pesquisadores capazes de exumar a vida desses personagens. Na história do subalternismo, quem esteve na origem do encontro entre os estudos de gênero, o pós-colonialismo, o pós-estruturalismo e as teses saidianas revistas e corrigidas numa perspectiva nitidamente identitarista foi Gayatri Chakravorty Spivak. Nascida em Calcutá em 1942, numa alta casta, ela estudou letras antes de voltar-se para o subalternismo ao longo de uma carreira universitária nos Estados Unidos, marcada pelo encontro decisivo com uma obra de Derrida, *Gramatologia*. Spivak traduz o livro para o inglês, tornando-se assim uma das vozes do pensamento desconstrucionista norte-americano.

Publicado em 1967, *Gramatologia* representava para a história do estruturalismo francês e no interior de uma configuração por ele criada o primeiro questionamento filosófico da utilização da linguística nas ciências humanas. Derrida utilizava o termo "gramatologia" para definir o surgimento possível de uma "ciência da letra", cujo *logos* (palavra e razão na filosofia ocidental) teria, desde Platão, recalcado a verdade de um primado conferido à palavra. Um "logocentrismo" (ou um rebaixamento da escrita) afetaria, portanto, a filosofia e serviria para mascarar a presença original da letra. Nessa perspectiva, Derrida criticava ao mesmo tempo o estruturalismo de Lévi-Strauss e a leitura lacaniana de Freud por sua adesão a um significante-mestre visando à consumação de uma palavra plena: "Quando eu falava de Saussure ou de Lacan", dizia Derrida, "criticava menos os seus textos que o papel que eles desempenhavam na paisagem intelectual francesa". Em outras palavras, Derrida criticava uma virada dogmática operada sob efeito da utilização sistemática da linguística no campo do pensamento.[64]

Como acontece muitas vezes, a tradução da obra derridiana por Spivak, dez anos mais tarde, garantiu uma notoriedade formidável não somente a seu autor, que se transformou numa verdadeira estrela nos campi norte-americanos (embora ainda não fosse muito conhecido na França), mas também à tradutora da obra e responsável pelo prefácio. A abordagem de Derrida juntava-se, de fato, às preocupações de toda uma geração interessada em criticar a maneira como o pensamento dito "ocidental" pretendia reger o mundo, impondo o primado de uma dominação simbólica sobre os dominados: os outros, os subalternos, as pessoas privadas de palavra e de identidade. É claro que Derrida jamais defendeu tal posição, mas pouco importa, pois a galáxia identitária afirmava que toda obra é sempre a soma das interpretações às quais ela dá ensejo.

Num artigo de 1985, ampliado três anos mais tarde para um ensaio, Spivak retomou os termos de um debate em torno da descentralização do *logos* — para concentrar-se numa questão totalmente diversa: *Pode o subalterno falar?*[65] Adepta, também ela, como Judith Butler, da linguagem performática, Spivak propunha-se, "enquanto intelectual pós-colonial", a analisar o ritual "generificado" da imolação das viúvas na Índia. Pretendia fazer uma análise alternativa que permitisse desconstruir o discurso ocidentalista que se opunha, a seu ver, a qualquer palavra vinda das subalternas, tidas por "mudas".

Denomina-se sati o rito hindu que determinava que as viúvas fossem queimadas vivas na pira funerária de seus maridos, transformando-se, assim, em satis. Renunciando ao mundo das aparências e a uma forma ilusória do "si", a sati ascendia para a imortalidade, transformando-se em santa.[66] A cremação ocorria com viúvas de todas as idades e de todas as condições, que, por meio do suicídio sacrificial, eram santificadas como heroínas da fidelidade mais absoluta. A prática da morte voluntária — chamada suicídio — é um dos grandes universais da condição humana, mas os rituais são muito diferentes nas diversas sociedades e épocas. Considerado heroico nas sociedades antigas ou no Japão feudal, o suicídio foi rejeitado pelo cristianismo como pecado e um crime contra si e contra Deus. Mas, no final do século XIX, ele escapou da condenação moral para ser psiquiatrizado e visto como uma doença social ou mental.

Foi nesse contexto que os grandes ritos sacrificiais coletivos — de mulheres e de homens — foram banidos ou caíram em desuso,[67] ao mesmo tempo que o suicídio deixava de ser demonizado quando fruto da livre vontade de um sujeito. É evidente que os rituais sobreviveriam sob formas transgressivas.[68] Este foi o caso da imolação das viúvas na Índia, proibida em 1929 pela administração colonial inglesa como "costume execrável", proibição em seguida ratificada pelos independentistas. Em consequência, a celebração das satis (das mulheres viúvas) passou a ser vista como um rito religioso ainda mais terrível depois que se tornou transgressivo:

> A crença pretende que uma autêntica sati seja insensível à dor física. Ela sofre apenas na proporção dos pecados cometidos em vidas anteriores [...]. Raramente, creio, o condicionamento religioso foi levado tão longe, até a negação do sofrimento e sobretudo até sua interpretação em termos de culpabilidade. Mas a Índia não tem o monopólio das práticas voluntárias de suplício do corpo, que exigem uma técnica de domínio absoluto dos tormentos da morte, por mais cruel que seja, conforme demonstra o ritual do *seppuku** no Japão.[69]

---

* *Seppuku* é o mesmo que haraquiri. (N. T.)

A lei indiana condenava, portanto, qualquer forma de celebração do rito, e quem insistisse em organizá-lo seria levado aos tribunais. Mas ao mesmo tempo impunha-se a questão de saber se as mulheres, agora protegidas de qualquer coerção, concordavam ou não com sua própria morte. No primeiro caso, tratava-se de um suicídio, no segundo, de um crime perpetrado por um grupo.

Nos anos 1980, na Índia, os defensores da modernidade viam o ritual das satis como uma prática bárbara e aprovavam sua abolição. Por seu lado, as feministas viam nele a sobrevivência de uma ordem patriarcal que cabia erradicar. Elas denunciavam, a justo título, os estupros, os infanticídios, os casamentos arranjados, as desigualdades, em suma, todas as injustiças das quais as mulheres indianas eram vítimas (que variavam, aliás, segundo os estados). Opunham-se, assim, aos hinduístas ortodoxos, favoráveis ao ressurgimento das satis, a seus olhos expressão da identidade sublime da mulher eterna. Quanto aos relativistas, eles criticavam o discurso modernista, consequência de uma patologia do colonialismo, que se mostrava incapaz, segundo eles, de compreender a diferença das culturas e, portanto, o ritual das satis.

Em 1987, no Rajastão, uma mulher de dezoito anos, Roop Kanwar, foi vítima de cremação ritual depois de ter sido casada durante oito meses com um jovem depressivo tratado com psicotrópicos e que morreu em consequência de uma gastroenterite. Acusada pela família do marido de ser responsável por sua morte, ela o seguiu na fogueira em condições confusas, depois de tentar fugir. Milhares de pessoas assistiram ao sinistro espetáculo, enquanto a mulher, parecendo drogada, pedia ajuda. Em seguida, ela foi consagrada santa e o local do sacrifício transformou-se numa espécie de templo, atraindo um número cada vez maior de peregrinos que veneravam a fidelidade dessas mulheres ligadas aos antigos rituais. Esse falso suicídio suscitou enorme indignação, e, depois de anos de investigações seguidas de prisões, adotou-se uma lei para prevenir tais práticas. Ela condenava radicalmente todos os suplícios infligidos às mulheres, sobretudo as práticas religiosas.

Depois de um longo comentário a respeito de um texto célebre de Freud sobre as fantasias de surra nas crianças pequenas[70] e de expor em páginas e mais páginas as teorias de Derrida, Spivak criou uma "frase performativa" destinada a interpretar o silêncio das subalternas mortas nas fogueiras: "Homens brancos salvam mulheres de cor de homens de cor".[71] A proposição ignorava completamente a diferença entre suicídio e crime, entre dominação e ato voluntário. Tudo que interessava a Spivak era o sentido que lhe convinha dar a este enunciado, colocando em cena uma trilogia fantasística estrutural-freudo-performativa: homens brancos, mulheres de cor, homens de cor. Em outras palavras, Spivak tentava captar a "identidade" do ritual da sati. E para tanto apoiava-se na história de uma jovem independentista que se enforcara em 1926 depois de não ter conseguido executar uma missão: o assassinato de um inimigo. Spivak concluía pela existência de uma estrutura segundo a qual a mulher subalterna adquire uma identidade ao contestar ao mesmo tempo a ordem colonial, dos brancos, e a ordem nacionalista religiosa, dos homens de cor que viam na imolação um ato heroico. Finalmente, nem a colonização nem a decolonização, dizia ela, tiveram influência sobre as subalternas que "não podiam, portanto, falar".

Spivak reindigenizara-se, portanto, na medida em que pretendia fazer as subalternas falarem a língua da teoria subalternista, mas sem nunca tomar posição sobre a questão da cremação das viúvas: ela não era a favor nem contra, pois só se interessava pela questão da identidade subalterna em sua essência desistoricizada. A seus olhos, o único engajamento possível do ponto de vista da crítica pós-colonial era o questionamento da estrutura imutável do imaginário ocidental em sua relação com o outro. É com esse raciocínio que ela pretendia abordar os deserdados. Em muito pouco tempo, seu livro, escrito no "falar obscuro" do questionamento identitário, tornou-se um clássico do subalternismo, traduzido, com grande dificuldade, aliás, em inúmeras línguas. É fácil compreender que ele tenha sido duramente criticado, seja pelas feministas, seja pelos progressistas. De fato, o livro esvaziava qualquer referência aos antagonismos sociais para substituí-los por blocos identitários, mas testemunhava, sobretudo, um profundo desprezo pelas mulheres que, em seu próprio país, lutavam a favor de liberdades democráticas que não consideravam nem um pouco "ocidental-colonializadas", mas essenciais para sua emancipação.

Nascido também em Calcutá, seis anos depois de Spivak, Dipesh Chakrabarty é um produto genuíno dessa cultura ocidental para cujo esfacelamento ele próprio contribuiu. Entre a aversão de si mesmo e a valorização de um eu descentrado, ele fustiga a modernidade europeia da Índia a fim de melhor reinventar seu posicionamento identitário. Depois de ter defendido tese na Universidade de Camberra e frequentado toda a equipe de Ranajit Guha, ele obteve um cargo de professor de história na Universidade de Chicago. Publicado em inglês em 2000, seu principal livro, *Provincializing Europe*, obteve um sucesso fenomenal, a ponto de tornar-se, ele também, um clássico dos estudos subalternistas. Nos agradecimentos, Chakrabarty citava uma boa centena de nomes de estudiosos majoritariamente anglófonos: australianos, americanos, mexicanos, ingleses, indianos. Mas pretendia também inspirar-se nos trabalhos de Marx, Freud, Heidegger, Derrida, Jacques Le Goff, Jean-François Lyotard etc., para enunciar o que já se sabia e que Huntington, aliás, já atualizara: politicamente, a Europa não estava mais no centro do mundo, nem a história europeia no coração de uma narrativa universal. Contudo, de fato, suas categorias de pensamento continuavam a reinar sobre todas as disciplinas universitárias. Assim sendo, Chakrabarty pretendia ajudar a Europa a livrar-se de seu próprio pensamento "eurocentrista" para apreender melhor a modernidade das nações não ocidentais, assim como as histórias singulares dos subalternos: "Provincializar a Europa não é rejeitar o pensamento europeu", escrevia ele, "nem promover qualquer revanche pós-colonial, mas renová-lo, a partir de suas falhas, a fim de compreender a modernidade própria dos países não europeus".[72]

A respeito do ritual das satis, ele também adotava uma posição neutra, não se interessando pelos direitos das mulheres, pois isso seria a marca de um interesse demasiadamente "europeu". Mas também não apoiava a crueldade religiosa. Enfim, para explicitar sua concepção anti-historicista da história, Chakrabarty comentou a famosa frase dita por Hamlet a Horácio logo após o encontro com o espectro do pai, que, todos lembramos, o encarregara da missão impossível de recolocar o mundo no caminho certo: "O tempo saiu dos gonzos" ("*The time is out of joint*"). Em outras palavras, o mundo que Hamlet enfrentava estava desarticulado, desconjuntado, "desengonçado". Magnificamente comentada por Derrida em *Espectros de Marx*, a confidência hamletiana levava à ideia de que o mundo do final do século XX desorganizara-se sob uma avalanche de visões espectrais: somos, dizia Derrida, os herdeiros de Shakespeare e de Marx, ou seja, dessa Europa de Paul Valéry, tão difícil de ajustar.

Desse comentário derridiano Chakrabarty tirava a conclusão de que era preciso, para compreender o novo mundo não ocidental, escrever uma história não "integrada no tempo" e que, graças a isso, escaparia do tempo histórico próprio da história europeia.[73] Ele inspirava-se também no pensamento de Marx, para fazê-lo dialogar com o de Heidegger, a fim de criticar o historicismo de um com o antimodernismo do outro. Em outras palavras, o mito marxista da luta de classes e de sua solução através da vitória do proletariado deveria ser corrigido pelo mito do retorno à Floresta Negra, símbolo do ódio heideggeriano pela civilização industrial. Nem progresso nem primitivismo: essa era a escolha — e sobretudo a não escolha — desse estranho heideggerianismo pós-marxista derridiano-desconstruído preconizado por Chakrabarty a fim de transformar a Europa numa província descentrada do mundo.[74]

Depois que Spivak mitificou uma fantasiada mulher subalterna a fim de melhor decolonizar o Ocidente, Chakrabarty pretendia, por sua vez, provincializar a Europa com a ajuda de uma conceitualidade extraída desse mesmo "imperialismo europeu" que o alimentara. Só podemos provincializar a Europa, dizia ele, num "espírito de gratidão anticolonial".[75] O problema é que todos esses discursos proféticos pouco se interessam pela situação *real* dos "subalternos": nem por suas revoltas, nem por suas palavras, nem por suas reivindicações democráticas, nem por sua aspiração à liberdade, nem por sua vontade de escapar de uma abominável servidão. Todos eles fingiam, ademais, esquecer que a Europa produzira um pensamento anticolonialista e que ela não era redutível às atrocidades do imperialismo. Assombrados pelo espectro infinito de sua inencontrável identidade, os subalternistas tornavam-se, à força de teorizações sofisticadas, os piores advogados da crítica pós-colonial, da qual acreditavam ser os defensores. Conforme afirmavam, eles deveriam falar de uma outra cena que não a Europa, mas certamente sem ignorar que essa Europa odiada e ao mesmo tempo adulada não era aquela cuja centralidade eles pretendiam desconstruir depois de ter-lhe tomado o que ela tinha de melhor.

Todos esses estudos foram, aliás, duramente criticados por excelentes especialistas do estruturalismo, do marxismo e dos estudos dos textos literários — ou seja, pela esquerda intelectual e universitária exasperada com essas derivas —, especialmente por Terry Eagleton, que, num artigo de 1999, magnificamente redigido, denunciava seu obscurantismo e o estilo voluntariamente opaco. Ele explicava, sobretudo, que aquele movimento, triste e monolítico, expressava a desorientação subjetiva de uma geração assustada com um Ocidente consumista, que se dedicava a um culto radicalizado da marginalidade para evitar qualquer engajamento progressista. Inútil dizer que Eagleton será, por sua vez, violentamente atacado, o que mostra como é ridículo acreditar, como se faz na França, que todo o mal identitário vem dos campi anglo-americanos.[76]

Produto genuíno, ele também, do chamado pensamento ocidental, Homi Bhabha, nascido em Mumbai, deu aula em

Londres antes de ir para os Estados Unidos ensinar literatura inglesa na Universidade Harvard. Figura eminente dos estudos pós-coloniais, aventurou-se ainda mais longe na apologia da retórica identitária, apoiando-se na obra de Fanon — sobretudo *Pele negra, máscaras brancas* —, mas também na releitura lacaniana da obra de Freud, nas obras de V. S. Naipaul, escritor inglês nascido em Trinidad e Tobago numa família de ascendência hindu, e, claro, no romance de Joseph Conrad *Coração das trevas*.

Ao publicar, em 1994, *O local da cultura*, saudado como uma obra-prima e traduzido para diversos idiomas, ele pretendia antes de tudo, como bom pesquisador identitário, falar dele mesmo e de sua infância numa família parse da minoria persa zoroastrista: "Um 'Bombay' hindustani, o parse do Gujarati, um marata bastardo intrincado numa precipitação de inglês-à-la-missionário-gaulês e trufados com um patuá, dando lugar às vezes a um jargão americano extraído de filmes e de canções populares".[77] E ainda: "Eu sou, quem sou eu, o que sou eu? Quem são o Um e o Outro?", questão que retorna de modo lancinante em seus enunciados feitos de neologismos, de palavras exibidas como significantes e destinadas a obrigar o mundo ocidental a ouvir sobre a existência de uma "conspiração do silêncio em torno da verdade colonial, qualquer que ela possa ser".[78]

Bhabha era sem dúvida o mais radical dos autores empenhados no manejo do falar obscuro. Tentando escapar do estereótipo colonial, ele inscrevia na própria língua inglesa uma pluralidade de idiomas destinados a exprimir as diferenças de estilo entre os locutores outrora colonizados — o contrário da ideia derridiana do monolinguismo do outro. E também dava uma reviravolta nas denominações: "outridade" em lugar de alteridade, "diferença cultural" em lugar de diversidade das culturas, "posicionamento" em vez de lugar, vontade de escrever *com o outro* em vez de se apropriar da língua do outro etc. Daí uma multiplicação infinita de termos novos (interstício, terceira dimensão, ambivalência), de sufixos e prefixos (transculturação, transidentidade), sendo "hibridismo" a sua palavra-chave. É fácil compreender por que seus tradutores arrancaram os cabelos.[79]

Bhabha extraiu a noção de hibridismo de escritores latino-americanos, oriundos do continente híbrido por excelência, de todos os cruzamentos possíveis (brancos, negros, mestiços, indígenas, europeus, caribenhos etc.). Em 1933, o grande sociólogo Gilberto Freyre analisou muito bem esse fenômeno numa obra célebre, *Casa-grande & senzala*, demonstrando que o Brasil oferecia duas faces antagônicas sob os traços de uma organização rígida herdada da colonização. De um lado, florescia o ideal humanista da Igreja positivista que, durante todo o século XIX, inspirou os grandes reformadores; de outro, perdurava a cultura negra, misturada à branca, oriunda da mestiçagem dos escravos, do senhor e de sua concubina, do homem branco e da mulher negra, mas também do negro doméstico e da jovem branca.[80]

A apologia do hibridismo encontrava-se igualmente no *Manifesto antropófago* do poeta Oswald de Andrade, fundador do Modernismo brasileiro, que fazia eco, em 1928, ao primeiro *Manifesto do surrealismo* (1924). "Só a antropofagia nos une", dizia Andrade, afirmando que toda cultura é oriunda de um processo de incorporação permanente da língua do outro. Assim, era preciso, num grande banquete totêmico, saído diretamente de uma cena freudiana, comer a cultura colonizadora, devorar a língua do outro: "*Tupi or not tupi, that's the question*".[81]

No entanto, a teoria do hibridismo enunciada por Homi Bhabha não tem muita coisa a ver com essa concepção suntuosa de um hibridismo barroco. De fato, tratava-se para ele de promover uma "terceira dimensão", ou seja, uma comunidade fluida (equivalente ao queer) na qual o hibridismo seria o território de uma estratégia de resistência capaz de derrotar não apenas o poder colonial, mas seu duplo, o engajamento anticolonialista, considerado cúmplice desse mesmo poder. Ele recusava num só bloco as Luzes, a laicidade, a democracia, o eurocentrismo, respondendo antecipadamente a um adversário imaginário que ousaria atacá-lo por causa dos empréstimos feitos à tão detestada cultura europeia: "Antes de ser acusado de voluntarismo burguês, de pragmatismo liberal, de pluralismo academicista [sic] e todos os outros ismos brandidos por aqueles que abominam o teoricismo eurocêntrico (derridaísmo, lacanismo, pós-estruturalismo etc.)", diz ele, "gostaria de esclarecer os objetivos de meu primeiro questionamento".[82] Seguia-se uma interminável litania em jargão profético sobre as novas linguagens da crítica (desconstrucionismo etc.). Estariam elas "em colusão com" o papel hegemônico do Ocidente "enquanto" bloco de poder? Sim e não, elas estariam, mas sem estar verdadeiramente, pois a teoria não passava de um simples passatempo para a elite ocidental...[83]

Como Spivak, Bhabha sustentava que a verdadeira revolução pós-colonialista consistia em aniquilar a própria ideia de uma historicidade das lutas e das identidades. Sob sua pena, sempre de um modo tortuoso, tudo se tornava sistêmico, estrutural, imóvel: os corpos, as identidades, a cultura em sua diferença essencializada. Em suma, um camaleão generalizado. E é por isso que ele atacava os progressistas ocidentais, os marxistas, os antropólogos da diversidade das culturas, os universalistas liberais acusados de encorajar um "racismo endêmico" disfarçado de multiculturalismo.

Em outras palavras, Bhabha preferia, embora jamais o dissesse claramente, o bom e velho colonialismo *banania* à esquerda anticolonialista: "Para mim, como crítico da esquerda e de sua adesão entusiasta a diversas formas de racionalismo e de modernidade, a questão é a sua incapacidade de fazer face a certas formas de incerteza e de instabilidade na construção de uma identidade política e em suas implicações políticas e programáticas".[84] Quanto à sua leitura da obra lacaniana, ela tinha por base, por um lado, a leitura de Joan Copjec, professora universitária especializada em estudos cinematográficos que fazia de Lacan um anti-historicista oposto a Foucault e Derrida, e, por outro, os comentários do filósofo esloveno Slavoj Žižek. Célebre nos campi americanos, este último transformara Lacan — conservador esclarecido e anticolonialista — numa espécie de guru marxista e hegeliano de tendência leninista.[85] Crítico ferrenho de Derrida, de Butler, dos estudos de gênero e das abordagens pós-coloniais, Žižek servia, portanto, ao lado de Joan Copjec e outros mais, de referência maior para a chamada à ordem com a qual Bhabha, que se dizia lacaniano-foulcaultiano-derridiano, pretendia "reenquadrar" Fanon, sem perceber que este último foi um leitor de Lacan bem melhor do que o próprio Bhabha.[86] Nunca o "falar obscuro" foi levado a tal grau de extravagância.

Ao sabor de uma sábia mistura de lacanismo revisto e corrigido segundo os preceitos de Slavoj Žižek, de fanonismo apimentado com desconstrução derridiana e de pós-orientalismo saidiano, Bhabha fez, portanto, um requisitório contra a esquerda anticolonialista ocidental e, claro, sem ousar dizê-lo abertamente, contra o filósofo que foi, no mundo inteiro, seu mais célebre representante: Jean-Paul Sartre.

Todos recordam que, em *Os condenados da terra*, Sartre e Fanon não estavam em sintonia. O primeiro dirigia-se aos colonizadores, o segundo, aos futuros decolonizados, alertando-os contra os regimes burgueses neocolonialistas da África, oriundos da independência. Fanon pretendia, aliás, publicar seu livro na África. Vem daí a dicotomia entre os dois textos que, no entanto, durante anos, foram lidos juntos como um manifesto anticolonialista, a tal ponto que ficou impossível separá-los. Ora, em seu prefácio, Bhabha jogava com muita habilidade com essa contradição, ressaltando que Fanon, no fim do livro, colocava lado a lado os dois impérios do período da Guerra Fria — Estados Unidos e URSS —, contrapostos à emergência do Terceiro Mundo. Ele sublinhava, portanto, que a obra deveria ser lida doravante por ela mesma, separada de seu prefácio, como manifesto do pensamento pós-colonial. Além disso, citava um célebre texto de Hannah Arendt, escrito em 1970, no qual a filósofa analisava o papel da violência na história, enfatizando que ela destruía a política. É verdade que Arendt criticava Fanon nesse ponto, mas apenas para melhor atacar Sartre, cujas concepções divergiam das de Fanon.[87]

Com grande sutileza, Bhabha dedicava-se, por um lado, a um trabalho de "desocidentalização" da obra de Fanon e, por outro, a afastar discretamente o prefácio de Sartre, apoiando-se na crítica feita por Arendt. Segundo ela, de fato, a violência é sempre uma destruição da política, mas em Sartre ela é pensada como necessidade e reinvenção de si. Jogando a cartada de um Fanon livre de Sartre, Bhabha o transformava em porta-voz não sartriano e quase arendtiano dos estudos pós-coloniais. Sem poder, claro, apagar o prefácio, o que configuraria um ato de censura, ele aproveitou a tradução inglesa do livro para inventar um novo Fanon capaz de servir, postumamente, aos interesses das vítimas, e não à causa dos anticolonialistas à moda de Sartre.[88] Fortalecido por essa reinterpretação, ele reviveu a obra fanoniana num novo contexto. Mas por que querer apagar Sartre em vez de situar-se a posteriori? Esta é a questão colocada por tais "interpretações", muitas vezes obscuras, que sempre preferem suprimir, remover e eliminar aquilo que incomoda — o peso da história —, em lugar de se confrontar com o princípio de historicidade.

Na França, a obra de Homi Bhabha conheceu um sucesso bastante espetacular no seio da U. F. R. d'Études Psychanalytiques de Paris VII-Diderot, imenso bastião freudiano fundado em 1971 e já ameaçado de extinção pelos defensores das ciências cognitivas. No seio desse departamento, Laurie Laufer, professora de psicopatologia, desenvolveu durante vários anos (entre 2010 e 2020), estudos nos quais se misturavam alegremente uma conceitualidade pós-lacaniano-foucaultiana e o "falar obscuro" do decolonialismo queer, convencida de que a introdução dos estudos de gênero permitiria renovar o velho edifício freudiano e, ao mesmo tempo, lutar contra as posições reacionárias dos psicanalistas franceses, hostis aos homossexuais, e contra os adeptos das terapias comportamentais.

Encontramos traços disso em vários colóquios importantes, sobretudo em um deles, organizado por um lacaniano desconstrutor, adepto da teoria do hibridismo.[89] Lê-se:

> Se, portanto, a psicanálise posiciona-se como o inverso da razão cartesiana e visa, em sua escuta, a uma desconstrução de seu imaginário, em que medida ela é capaz de captar a etnocentralidade de seus próprios instrumentos e não perpetua certos implícitos de um pensamento da razão ocidental ao definir-se contra ela? Reciprocamente, e como demonstra o uso que dela faz Homi Bhabha, que contribuição a psicanálise é capaz de dar ao pensamento da colonialidade e do descentramento do "Ocidente"? [...] Qual a contribuição da consideração do gênero e da colonialidade para a psicanálise, em sua concepção das relações de minorização e de alterização?[90]

Não espanta que, nesse contexto, oitenta psicanalistas — e não dos menores — tenham se insurgido, em nome do universalismo das Luzes, contra "o domínio comunitarista do pensamento decolonial" na universidade, logo seguidos por outro coletivo de uma centena de pesquisadores de outras vertentes preocupados, ao contrário, em desenvolver estudos inovadores suscetíveis de "decolonizar o ensino freudiano", devastado por um insuportável paternalocentrismo. O problema é que ninguém nessa querela foi capaz de demonstrar como a revolução do gênero e do queer poderia dar fim ao conservadorismo da comunidade freudiana, nem como a nova conceitualidade permitiria decolonizar Freud ou, ao contrário, torná-lo mais universal.[91]

Após ler essas derivas, às vezes cômicas, eu subscreveria a ideia de que todas essas teorias (hibridismo, subalternismo, descentramento, pós-colonialidades etc.) não faziam mais que renovar as velhas teses da etnologia colonial,[92] com suas categorias imutáveis, sua psicologia dos povos, suas oposições binárias entre bárbaros e civilizados, salvo que os subalternos ou os "híbridos" são agora erigidos em reis de um reino identitário, enviando seus antigos carrascos para as lixeiras da história: um modo de negar ao pensamento dito "ocidental" e a seus atores qualquer participação na luta anticolonial. Mais uma vez, os infelizes oprimidos, mudos, fetichizados, petrificados num papel que não é o seu, tornam-se cobaias de uma teorização que os despoja de seu desejo de emancipação. Pensadores tão inovadores quanto Césaire, Foucault, Deleuze, Derrida, Lacan, Said, Fanon e muitos outros terem servido de álibi para tamanha regressão continuará sendo um dos grandes paradoxos dessa loucura identitária. Mas ainda não chegamos ao fim do espetáculo.

Algum tempo depois, uma verdadeira cruzada foi empreendida contra os homossexuais brancos e ocidentais, acusados de terem, finalmente, obtido direitos — descriminalização da homossexualidade, casamento etc. — nos países democráticos e, portanto, de terem se normalizado para melhor discriminar, através de suas Gay Pride, os muçulmanos, os árabes, os negros, vítimas, eles sim, do nacionalismo civilizacional... É a Jasbir Puar, professora universitária norte-americana — inspirada, afirma, pelos textos de Foucault, Deleuze, Said e Guattari (ainda eles) —, que devemos a invenção do termo "homonacionalismo" para designar, sobretudo depois do Onze de Setembro, o conluio entre homossexualidade e nacionalismo, segundo ela gerado por gays, lésbicas e queers que se tornaram, de fato, os representantes do nacionalismo norte-americano e, portanto, responsáveis, através do reconhecimento de seu "excepcionalismo sexual", pelas torturas que soldados norte-americanos infligiram aos prisioneiros iraquianos nas masmorras de Abu Ghraib. A seu ver, o terrorista assim torturado seria a nova figura da alteridade queer, vítima da pior das discriminações. Significa dizer que, nessa perspectiva, os soldados norte-americanos torturadores seriam piores que os de Saddam Hussein, pois teriam agido em referência a um país que concedeu direitos às minorias sexuais agora normalizadas.[93] Vem daí o surgimento de um novo neologismo, *pinkwashing*, palavra-valise forjada sobre o modelo do *whitewashing* (branqueamento) para descrever a tentativa de um Estado ou de um grupo de implementar um tratamento exemplar em relação aos homossexuais ou LGBTQIA+ para poder ostentar um progressismo que só serviria para mascarar outros atentados, bem mais graves, contra os direitos humanos.

Nesse estágio, o estudo das representações identitárias parece um poço sem fundo, pois leva os que se dizem seus adeptos a reproduzir discriminações antes combatidas e a inventar, em seguida, categorias destinadas a opor uns aos outros segundo as modalidades de uma cultura de denúncia perpétua, cada qual catalogado em virtude de identidades cada vez mais estreitas.

5. O labirinto da interseccionalidade

A querela das memórias

Na França, os historiadores do colonialismo e os militantes do anticolonialismo eram tão ativos na vida intelectual e universitária — especialmente a partir de Sartre até Vidal-Naquet e todos os seus herdeiros — que os estudos pós-coloniais e depois decoloniais levaram muito tempo para emergir. Quanto aos estudos de gênero, eles já prosperavam nos departamentos de História, Sociologia e Filosofia. Além disso, a tradição laica e republicana era um obstáculo, na sociedade civil, para o florescimento dessas políticas identitárias exacerbadas oriundas do mundo anglófono.

Contudo, a partir dos anos 2000, com a escalada do islamismo radical, que sugeria aos filhos de emigrantes que aderissem a uma esperança de identidade fundada no obscurantismo religioso e na apologia do assassinato, uma temível cesura veio à tona na sociedade francesa, ruptura que o historiador Pascal Blanchard, fundador em 1989 de uma Associação pelo Conhecimento da História da África Contemporânea (Achac), chamou de "fratura colonial". Blanchard e seu grupo dedicaram-se não à história do colonialismo e do anticolonialismo enquanto tais, mas às suas representações, por exemplo os "zoológicos humanos", espetáculos étnicos com os quais o império colonial francês garantiu sua dominação militar e ideológica sobre os corpos e o sexo das vítimas da colonização: exposições, exibições, fotografias, filmes etc.[1]

Ao introduzir, em 2005, a noção de fratura colonial, Blanchard e os que trabalhavam com ele sublinhavam que a França continuava assombrada por um passado colonial que ela não cessava de recalcar e que retornava regularmente nas crises das periferias, na violência urbana e nas dificuldades de integrar ao sistema republicano francês certas comunidades originárias da imigração. Existia, portanto, bem no coração da sociedade civil, uma cesura identitária de natureza pós-colonial. A situação contemporânea, diziam os autores, não é a reprodução idêntica do tempo das colônias, mas fruto de um retorno do recalcado colonial, no sentido freudiano, que vai bem além dos habituais conflitos de classe.

Essas teses, popularizadas por numerosos debates midiáticos, foram ironizadas pelos historiadores mais clássicos por não se conformarem a uma abordagem historiográfica rigorosa. No entanto, elas anunciavam a entrada em cena de uma fratura que, por ser "colonial", nem por isso era menos "identitária", pois tratava da especularização de si e da alteridade na construção da identidade ocidental.[2] Blanchard será atacado também pelos extremistas de todos os tipos: nostálgicos da época colonial, os Indígenas da República, além de polemistas influentes, que viam nele um adepto do decolonialismo.[3] Contudo, assim como seu amigo Benjamin Stora, Blanchard continuava a afirmar que a República precisava admitir a ideia de que a história memorial podia ser plural. E destacava sobretudo que, se os herdeiros dos antigos colonialistas não se referiam aos mesmos relatos memoriais que as crianças cujos pais haviam sido mobilizados pelo

Exército francês por ocasião das guerras coloniais, uns e outros partilhavam, todavia, a mesma história.[4] Junte-se a isso o fato de que os filhos de pais anticolonialistas eram colocados sob o mesmo rótulo: frequentavam a escola republicana sem, no entanto, partilhar os mesmos valores que os filhos cujos pais foram adeptos da Argélia francesa.

Contra a ideia de "fratura colonial", os *studies* iriam se unir, por meio da interseccionalidade, no seio de um movimento global de rebelião contra uma potência dominadora. Seus partidários visavam, como já mencionei, a desconstruir a raça e o sexo a fim de substituir as antigas definições por um novo vocabulário classificatório. Nessa perspectiva, todas as formas de opressão patriarcal deviam ser de facto reunidas como expressão de uma atitude colonizadora, racialista, discriminante. E era também urgente construir uma "pós-colonialidade generificada": "O gênero e a sexualidade foram com frequência os primos pobres da crítica pós-colonial", escreveu em 2016 Malek Bouyahia, formado na Universidade Paris-8, especialista em estudos de subalternidade, pós-coloniais e generificados. "Os estudos desenvolvidos pelas feministas pós-coloniais, porém, contribuem para entender que a masculinidade e a branquitude estavam nos fundamentos das formações imperiais, o que não quer dizer, claro, que as relações de gênero operam em toda parte da mesma forma".[5]

Entre 2000 e 2015, esse vocabulário começou, portanto, a lançar raízes na França, nos departamentos de Estudos de Gênero e de Pós-Colonialidade. Ele pretendia reatualizar, renovar ou revolucionar as obras dos grandes pensadores franceses — Derrida, Lacan, Deleuze, Foucault, Fanon etc. — sabiamente relidos e ensinados há vinte anos nos campi das universidades norte-americanas, como se suas obras, embora traduzidas no mundo inteiro, tivessem estado ocultas.

Depois dos prefixos — trans-, hetero-, homo-, inter-, pós- etc. — foi a vez dos sufixos no cerne de uma visão cada vez mais descentrada de um Ocidente que era preciso "desocidentalizar". Daí a sistematização das fobias. Na origem, "-fobo" designa uma simples aversão infundada, que se opõe a "-filo". No par "filo-fobo" incluem-se termos que se estabeleceram há muito tempo: por exemplo, francófilo/ francófobo, anglófilo/ anglófobo, judeófilo/ judeófobo etc. Mas seu emprego maciço vem do vocabulário da psiquiatria, pois a palavra "fobia" designa uma verdadeira patologia cujo catálogo não parou de crescer a cada versão do DSM, que hoje conta com quinhentos tipos: da agorafobia à zoofobia. Em alguns termos, aliás, "filo" não se opõe a "fobo": pedofilia, por exemplo, perversão maior, não é antônimo de "pedofobia", que significa "aversão às crianças" e entra na categoria das simples fobias. No entanto, foi exatamente nessa confusa lista, saída diretamente do DSM, que os adeptos das políticas identitárias se inspiraram para classificar todos os inimigos suscetíveis de discriminá-los ou ofendê-los: homofóbicos, transfóbicos, negrofóbicos, nanofóbicos, judeofóbicos, lesbofóbicos, gordofóbicos, cristianofóbicos, pauperofóbicos, suburbofóbicos etc.

Assim, as classificações da psiquiatria voltaram inesperadamente para substituir aquilo que chamamos de maneira mais simples de antissemitismo, racismo, sexismo, rejeição à alteridade ou à anormalidade, palavras que poderiam tranquilamente cobrir todas as outras discriminações contra "tudo o que não é si-mesmo".[6] Sem contar os múltiplos neologismos: "pretitude", que significa negritude com base no modelo da branquitude, ou "branquiarcado", termo fabricado por associações feministas "racizadas" para denunciar um supremacismo branco e patriarcal. Daí a aparição em certos vídeos divulgados na internet, sem a menor intenção humorística, de autorrepresentações majestosas e régias para fins identitários, do tipo: "Sou transgênero, interseccional, tendência queer-decolonial, etnicamente afro-hispânico, racizado. Sou discriminado pelos cisgêneros, transfóbicos, lesbofóbicos, gordofóbicos, pauperofóbicos, armados com o privilégio branco paterno-ocidental-heteronormativo, assim como pelo feminacionalismo e pelo homonacionalismo dos brancos e brancas que se heteronormalizaram tornando-se hostis aos subalternizadxs negrxs etc.".

Se a lista das novas "fobias" é interminável, é preciso atribuir ao neologismo "islamofobia" um lugar específico nessa constelação. Utilizado incessantemente pela retórica de esquerda, ele se refere à difamação do islã, na medida em que esta seria assimilada a um racismo, embora nenhum atentado aos direitos de Deus seja admissível enquanto tal na maioria dos países democráticos. Na França, mais ainda que em outras partes, nenhuma lei pune ou encoraja a blasfêmia, e só são sancionadas a injúria e a difamação contra pessoas ou grupos em razão de seu pertencimento religioso. Quanto ao modelo republicano da laicidade, ele existe tanto para separar o Estado da religião quanto para garantir a liberdade de culto.

A palavra "islamoesquerdismo" decerto não é melhor. Brandida massivamente pela direita contra a esquerda, ela visa a encurralar "inimigos" reunidos numa vasta nebulosa invasora que seria composta por antissemitas, esquerdistas, ecologistas, trotskistas, comunistas, antissionistas, socialistas, insubmissos, decoloniais ou pós-coloniais, sociólogos, de preferência universitários e anticolonialistas. Esse conjunto formaria, aos olhos de seus adversários, um vasto exército instalado no país de Voltaire e capaz de infiltrar-se nas instituições da República, graças a seus cúmplices sartrianos, desconstrutores ou foucaultianos, armados com uma conceitualidade forjada nos campi norte-americanos. A quem convence o argumento de que o emprego insultante da expressão "islamoesquerdismo" — assim como "islamofobia" — é capaz de elevar o debate? É preciso chamar as coisas pelo nome: os loucos de Deus, que assassinam padres, judeus, caricaturistas, escritores, professores e muito outros mais, são terroristas e criminosos. E aqueles que os apoiam abertamente são seus cúmplices.

Em última análise, os dois neologismos (islamofobia e islamoesquerdismo), utilizados como antônimos, permitem que aqueles que os empregam evitem a análise racional de uma situação complexa e encorajem as posturas mais extremistas.[7] Além disso, é preciso ter em mente que eles se ligam à longa tradição da delação. Lembremos que a expressão "judaico-bolchevismo" servia, no início do século XX, para sugerir que os comunistas eram secretamente controlados por organizações judaicas que pretendiam impor sua dominação sobre os países ocidentais. Da mesma forma, a expressão "hitlero-trotskismo" autorizava os stalinistas a insultar os partidários de Trótski transformando-os em aliados do nazismo. Para designar o islamismo radical enquanto movimento terrorista político-religioso e identitário é preferível falar em salafismo e em jihadismo, corrente assassina do islã que preconiza a guerra santa planetária e a instauração, no mundo inteiro, de uma ditadura obscurantista visando a erradicar, pelo terror, as liberdades civis: liberdade de expressão, de consciência, liberdade de ensinar a razão, a ciência, a literatura e até a religião.[8]

Em 2005, o debate sobre a história do colonialismo francês assumiu uma nova feição, num contexto de crise, justamente quando se desenvolviam no mundo universitário francês os estudos de gênero e da pós-colonialidade importados dos campi anglófonos e sobre os quais nunca será demais repetir o quanto eram e continuam a ser minoritários: vem daí o ativismo feroz que os cerca.[9] Em sua grande maioria, os estudos sobre o colonialismo e o feminismo (sexo e gênero) que prosperavam na França bem antes do início dessas derivas não subscreviam, como eu já disse, tamanha radicalidade.

Mas quando as querelas identitárias transformaram-se numa questão política entre a direita e a esquerda, todos esses estudos, até então internos ao mundo acadêmico, tornaram-se objeto de uma batalha midiática e política que tinha como pano de fundo a escalada do islamismo radical e dos confrontos nos subúrbios transformados em guetos, ou seja, em locais de recrutamento de adolescentes oriundos da imigração, suscetíveis de ingressar na jihad.

Em 2005, as noções e as problemáticas originárias dos *studies* invadiram, então, o espaço público em prol de um debate sobre a memória do passado colonial da França. Dois anos mais tarde, em 2007, eles voltariam ao banco dos réus após a iniciativa de Nicolas Sarkozy de redefinir, em seu mandato, "a identidade nacional" diante do perigo comunitarista. Desnecessário lembrar que a identidade nacional invocada aqui não tinha grande coisa a ver com a definição braudeliana da identidade da França. Na realidade, tratava-se de defender pretensos "valores" em que se embaralhavam diferentes "raízes": civilização cristã, racionalidade cartesiana, Luzes, laicidade, tudo isso considerado incompatível com o islã.

Quanto aos estudos de gênero, rebatizados de "teoria do gênero", foram ridicularizados em 2012 por todos os oponentes ao projeto de lei sobre o casamento homossexual, proposto por François Hollande quando de sua eleição à Presidência da República. Assistimos então a uma avalanche de horrores. Reunidos numa grande coalizão em 13 de janeiro de 2013, os representantes da extrema direita e da direita radical, com todas as tendências confundidas — contra o casamento gay, apoiados no integrismo católico, baderneiros da *quenelle*,* veteranos do Grupo União Defesa (GUD), partidários de Robert Faurisson, de Alain Soral, de Marc-Édouard Nabe e de outros escritores iluminados —, ofereceram um espetáculo tonitruante dominado pela expressão do ódio às elites, aos intelectuais, às mulheres, aos homossexuais, aos comunistas, aos socialistas e, por fim, aos judeus, tudo isso ancorado na convicção de que a família está morrendo, a nação está sendo ultrajada, a escola agoniza, o aborto ameaça propagar-se com consequências demográficas que todos podem imaginar e de que, por todo lado, triunfa a anarquia baseada na pretensa abolição generalizada da diferença entre os sexos. Entre os slogans, destacamos os seguintes: "*Les papas, les mamans, dans la rue on descend, le mariage on défend* [...]. *Taubira t'es foutue, la famille est dans la rue*". Ou ainda: "*Tous nés d'un homme et d'une femme!*".**

---

* A *quenelle* é um gesto (a mão direita dobrada sobre o peito, a esquerda esticada ao lado do corpo) criado pelo humorista francês Dieudonné M'bala M'bala num show humorístico. O próprio comediante popularizou o gesto como símbolo antissistema, mas sobretudo como símbolo antissionista, figurando inclusive no cartaz de sua candidatura, em 2009, ao Parlamento Europeu pela Liga Antissionista. (N. T.)

** Literalmente, "Mamães e papais, pra rua nós descemos, e o casamento defendemos [...]. Taubira fica na tua, que a família tá na rua" (Christiane Taubira era ministra da Justiça da França na época) e "Todos nascidos de um homem e uma mulher!". (N. T.)

Todas as teses sobre gênero e pós-colonialidade elaboradas no âmbito dos intercâmbios universitários avançados desceram então para a rua, dividindo direita e esquerda, esta última subdividida em dois campos: um que se dizia mais republicano e identitário, outro mais democrata e multiculturalista, cada um deles tendo, em todo caso, o outro como alvo. Dessa querela nascerá o debate a respeito da celebração do centenário da lei de 1905 sobre a separação entre as Igrejas e o Estado, ou seja, na realidade, sobre as condições de integração do islã, a segunda religião da França e bastante refratário ao modelo da laicidade republicana. Para uns, a laicidade deveria se manter "firme" e trabalhar para reforçar o poder de interdição da República diante de qualquer manifestação de identidade religiosa; para outros, ela tinha a vocação de ser "mais inclusiva" e tolerante. O debate foi ainda mais desastroso quando se pensa que a laicidade à francesa, única no mundo, supõe ao mesmo tempo firmeza e inclusão, ao mesmo tempo neutralidade em relação às religiões e garantia, para os fiéis, de que poderão exercer seu culto com toda a liberdade. A laicidade ou existe sem ser acompanhada por nenhum adjetivo (radical, discreta, aberta, fechada etc.), ou está sendo ultrajada e deve ser firmemente defendida. Ou se é laico ou não se é, sem adjetivo. Contrariamente às aparências e às afirmações peremptórias, o que se verifica, aliás, é que o famoso modelo francês da laicidade republicana funciona corretamente. Uma vasta pesquisa do Observatoire de la Laïcité mostra, de fato, que em 2020 o número de pessoas que abandonaram a religião muçulmana é duas vezes maior que o daquelas que a adotaram. Isso tenderia a demonstrar que o fechamento em torno de valores identitários de um islã radical seria um sintoma de defesa diante da realidade de uma progressiva secularização da religião muçulmana.[10]

As "duas esquerdas" nunca conseguirão se unir a respeito dessa questão, o que fará com que se odeiem perpetuamente, numa clivagem que se tornou ainda mais devastadora depois de ter sido amplificada por Manuel Valls entre 2012 e 2016. Ministro do Interior no início do governo de François Hollande, depois primeiro-ministro, ele militará a favor da desunião histórica entre a "má esquerda", qualificada de islamoesquerdista, antissionista, antirracista, racializada, e a "boa esquerda", de preferência cega para as derivas nacionalistas das direitas identitárias. Ao brandir a acusação de islamoesquerdismo e de antissionismo contra uma parte dos seus, a "boa esquerda" fechou os olhos para uma outra tragédia: a da evolução nacionalista e religiosa de uma parte dos judeus da diáspora, perseguidos e assassinados por islamistas e que se tornavam cada vez mais sensíveis aos apelos de sucessivos governos israelenses — sobretudo o de Benjamin Netanyahou —, que não cessarão de convidá-los a fazer sua *aliyah*, argumentando que a França nunca mais seria sua pátria, mas sim a pátria do islã. Material para fabricar o pior do pior no gênero identitário: árabes antissemitas de um lado, cada vez mais fascinados pelas derivas do islã legalitário, e judeus racistas do outro, invocando a cada instante um sionismo em vias de desaparecimento na sua forma inicial. "É direito de todo judeu declarar-se não sionista, quiçá antissionista, e recusar a ideia segundo a qual um judeu tem direito de tornar-se israelense emigrando para Israel", relembra muito bem Charles Enderlin. "Essa é uma posição política que nada tem a ver com o antissionismo dos jihadistas e dos identitários, a qual não passa de ódio antijudeu".[11] É preciso repetir aqui que a luta contra o racismo, obliterada pela questão do islã, não deveria nunca ser separada da luta contra o antissemitismo.

Do lado da direita, depois de um suposto complô fomentado pelos adeptos da "teoria do gênero", consolida-se entre 2005 e 2012 a revalorização de um nacionalismo baseado no culto de uma ordem familiar imutável e pretensamente ameaçada de "desconstrução" por pedófilos, homossexuais, indigenistas, pensadores degenerados e americanizados (Foucault, Derrida, Deleuze etc.). Foi nessa época que se começou a esquecer — tanto à direita quanto à esquerda — que, se a França havia sido uma nação colonialista, ela era também um dos países onde o movimento anticolonialista havia sido mais potente. Sartre se viu convidado, tanto pela direita quanto por uma certa esquerda, a afundar nos desvãos olvidados da história, sem esquecer de levar consigo sua apologia do negro e as lembranças de sua luta contra o racismo e o antissemitismo. Agora, a questão da memória estava na ordem do dia.

Onze anos após a adoção da Lei Gayssot (julho de 1990), que ampliava a lei de 1972 (contra o racismo e o antissemitismo) criando o delito do negacionismo, vários projetos de lei memorial* foram adotados pela Assembleia Nacional. O primeiro, de 29 de janeiro de 2001, reconhecia a existência do genocídio dos armênios (1915) pelo Estado turco. O segundo, conhecido como "Lei Taubira", datado de 21 de maio de 2001, reconhecia o tráfico negreiro e a escravidão como crimes contra a humanidade. O terceiro, chamado "Lei Mekachera", datado de 23 de feve-

* *Loi mémorial* é uma lei que declara o ponto de vista oficial do Estado sobre acontecimentos históricos. (N. T.)

reiro de 2005, mas iniciado em 2003, sob Philippe Douste-Blazy, "manifestava o reconhecimento da nação à obra realizada nos antigos departamentos franceses (Argélia, Marrocos, Tunísia, Indochina)". E estipulava, ademais, que os programas escolares teriam a obrigação de reconhecer o papel positivo da presença francesa no além-mar e de dar "à história e aos sacrifícios dos combatentes do Exército francês provenientes desses territórios o lugar eminente a que eles têm direito".

Esses projetos provocaram a justa cólera da maioria dos historiadores — de Pierre Nora a Pierre Vidal-Naquet, passando por Jean-Pierre Vernant —, que impetraram um recurso, sublinhando que a história não é nem memória nem objeto jurídico, e que, numa democracia digna desse nome, o Estado não deve reger a profissão de historiador. E reivindicavam, em consequência, a revogação das leis em questão.[12]

No entanto, os dois primeiros projetos não condiziam com a Lei Gayssot,[13] pois não reivindicavam nenhuma sanção e davam aos historiadores toda a liberdade para discutir as condições do genocídio dos armênios e as características do tráfico negreiro, que não era redutível ao tráfico transatlântico. Quanto ao terceiro, ele era simplesmente ridículo, na medida em que pretendia impor aos professores uma narrativa nacional saída diretamente do "*Y'a bon Banania*". De fato, a alínea 2 de seu artigo nº 4, sobre os programas escolares, foi retirada em 2006. Violentamente criticado por outros historiadores — em particular por Gérard Noiriel e Gilles Manceron —, este recurso colocou, em todo caso, um ponto final na espiral de leis memoriais iniciada pelos representantes de diferentes partidos políticos.

Mas isso não impediu que a concorrência entre memórias ganhasse corpo de maneira durável no espaço público francês, acentuando assim todas as reivindicações identitárias, especialmente a detestável noção de "arrependimento", bem diferente da necessidade, para um Estado digno desse nome, de reconhecer os crimes passados aos quais esteve associado, de abrir os arquivos, de celebrar ou revelar as vítimas cuja história foi sonegada.

Mas como identificar os culpados quando um empreendimento criminoso se estende durante séculos? Devemos condenar os descendentes dos colonizadores? Sou culpada pelos crimes cometidos na metade do século XIX, na Terra do Fogo, por meu ancestral distante Julius Popper, judeu romeno responsável pelo massacre dos indígenas selk'nam? É preciso erradicar os traços do passado degradando estátuas, prédios, obras de arte que foram erguidos pelos colonialistas ou pertenceram a eles? É preciso censurar livros, peças de teatro e filmes ou proibi-los, quiçá reinterpretá-los em função de uma vulgata identitária recém-construída: generificada, não generificada, queer, decolonial, racizada? E quem vai decidir o quê? O que vai resolver destruir o quê? O Estado, os sujeitos que sofrem, as multidões em fúria? Quem vai denunciar quem?

Fanon, aliás, rejeitara desde 1952 qualquer ideia desse tipo: "Vou demandar ao homem branco de hoje que seja responsável pelos negreiros do século XVII?". E acrescentara que jamais seria escravo da escravidão.[14] Interrogado sobre a questão em 2001, Aimé Césaire assumiu, ele também, uma posição:

> É muito importante que a Europa tenha chegado a admitir a realidade do tráfico dos negros, esse tráfico de seres humanos que constitui um crime. Mas já não apoio tanto o arrependimento ou as reparações. Existe até, a meu ver, um perigo nessa ideia de re-

paração. Eu não gostaria que um belo dia a Europa dissesse: "Pois bem, aqui estão estas cédulas ou este cheque, e não se fala mais nisso!". Não há reparação possível para uma coisa irreparável e que não é quantificável. De todo modo, os Estados responsáveis pelo tráfico dos negros devem tomar consciência de que é seu dever ajudar os países que eles contribuíram para jogar na miséria. Daí a querer tarifar esse crime contra a humanidade...[15]

Jacques Derrida se manifestou no mesmo sentido, em 2004, em sua vasta reflexão sobre a questão do perdão:

> Cada vez que o perdão está a serviço de uma finalidade, mesmo que seja nobre e espiritual (remissão ou redenção, reconciliação, salvação), cada vez que tende a restabelecer uma normalidade (social, nacional, política, psicológica) por meio de um trabalho de luto, de uma terapia ou ecologia da memória, então o "perdão" não é puro — nem seu conceito.[16]

Quanto a Benjamin Stora, autor de uma obra considerável sobre a questão colonial e a imigração, ele não se cansou de repetir que a identidade da França não era a história da disseminação das diferentes identidades, mas a de uma reflexão sobre as memórias partilhadas:

> O que me parece capital é a transmissão da memória das lutas anticoloniais. Ora, infelizmente, assistimos a uma espécie de apagamento da memória daqueles que não aceitaram a história da colonização. Políticos franceses opuseram-se a isso desde o século XIX até as independências políticas. Mas também grandes intelectuais como Jean-Paul Sartre, Simone de Beauvoir, Henri

> Alleg ou Paul Ricoeur, ou ainda os militantes do Partido Comunista que lutaram contra a Guerra da Indochina, ou também personagens republicanos como Clemenceau, intelectuais católicos como André Mandouze ou Pierre-Henri Simon, os responsáveis pelas comunidades judaicas ou muçulmanas… Há uma memória que deve ser preservada e transmitida às jovens gerações. Se não transmitirmos *essa memória da recusa* do que foi aquele período, ficará o sentimento de uma França homogênea, que teria aceitado os princípios da colonização o tempo inteiro.[17]

Essa não era, evidentemente, a posição dos fundadores de um novo movimento identitário que, em janeiro de 2005, sob a liderança de Houria Bouteldja e Sadri Khiari, lançaram um manifesto designando a si mesmos os "Indígenas da República".[18] Eles convocavam para uma marcha memorial no dia 8 de maio, data do sexagésimo aniversário da revolta de Sétif, que foi reprimida com um banho de sangue. Essa escolha dava a entender que o regime republicano dos anos 2000 repousava sobre um estatismo colonial comparável ao da Terceira República. Foi em 1881, no governo de Jules Ferry, que se instaurou o famoso Código dos Indígenas, revogado em 22 de dezembro de 1945. Autodesignar-se "indígena" significava, para um cidadão francês de 2005, afirmar a dependência de um estatuto civil que autorizava o sequestro dos bens, a prisão arbitrária e a imposição de medidas disciplinares sem nenhum recurso judicial possível.

Em suma, os fundadores do movimento, segundo o credo do pós-colonialismo, sentiam-se vítimas de um "continuum colonial" imaginário, que nada tinha a ver com sua situação real nem com as discriminações raciais verdadeiras das quais eles eram efetivamente vítimas na França. Se esse coletivo tinha todas as razões do mundo para criar um novo movimento antirracista, ele acabava se colocando numa situação insensata ao pretender que a França continuasse a ser um Estado colonial, baseado num racismo dito "sistêmico", ou seja, imutável.

"Nós somos os Indígenas da República": este "nós" significava que estávamos lidando com um processo de separação comunitária e, portanto, com a afirmativa da definição de uma "identidade indigenista" reconstruída segundo uma hierarquia das "etnias", logo, racializada. O manifesto reunia militantes de todas as tendências que, recusando categoricamente qualquer teoria da luta de classes, restauravam, sem dizê-lo, uma política da raça. É verdade que não se tratava mais de reivindicar um racialismo biológico à moda antiga, mas de afirmar que a raça definitivamente existia. Para os Indígenas, ela transformou-se no marcador da identidade no seio da qual era possível definir-se como pertencente à comunidade: "Como o capital produz as classes, como o patriarcado produz os gêneros, o colonialismo europeu-mundial produz raças". Consequentemente, cabia opor a comunidade "racizada" à racialização cidadã instaurada pela República.

Assim, todos os princípios da laicidade foram achincalhados como signos da barbárie colonial. Os militantes indigenistas recusaram, assim, a lei de 15 de março de 2004 sobre a interdição de signos religiosos na escola, vista por eles como a perpetuação de um enfoque colonizador. Além disso, enalteceram os méritos de um neofeminismo baseado na lealdade das mulheres árabes para com seus homens — pais, maridos e irmãos —, vítimas, eles mesmos, do fato colonial e obrigados a submetê-las ao obscurantismo religioso. Sem a menor preocupação com a sorte das mulheres do universo árabe que, no mundo inteiro, recusavam o uso obrigatório do véu, eles denunciaram o feminismo branco ocidental, opressivo ou "civilizacional", segundo a palavra utilizada por Françoise Vergès, agora convertida à nova vulgata de decolonialismo. Arrebatada por sua fé decolonial, ela acusava Gisèle Halimi e Simone de Beauvoir de serem representantes de um colonialismo inconsciente. Censurava Halimi por ter sido advogada de Djamila Boupacha, militante da FLN presa e selvagemente torturada pelo Exército francês em 1960, e Beauvoir por ter, na mesma época, criado um comitê de apoio à jovem, mobilizando toda a intelligentsia francesa anticolonialista, em especial Louis Aragon, Geneviève de Gaulle, Aimé Césaire e Germaine Tillion.[19]

Foi assim que Françoise Vergès resolveu reescrever a história do anticolonialismo francês da forma como teria sido escrita por um partidário da Argélia francesa. Pior ainda, ela sustentava que Beauvoir e Halimi tinham manipulado uma pobre militante argelina, Boupacha, para servir aos interesses do anticolonialismo branco, que, a seus olhos, não passava de mais uma figura repugnante do colonialismo.[20] Ao fazê-lo, ela criticava toda a cultura feminista francesa, a ponto de negar sua própria história, tendo sido, ela mesma, uma feminista consistente, integrante por muito tempo do grupo Psicanálise e Política, fundado por Antoinette Fouque: "As mulheres racializadas", escreveu ela em 2019,

> são aceitas nas fileiras das feministas civilizacionais sob a condição de aderirem à interpretação ocidental do direito das mulheres. Aos olhos de sua ideologia, as feministas do Sul Global permanecem inacessíveis, pois demonstram a impossibilidade

de resolver em termos de integração, paridade e diversidade as contradições produzidas pelo imperialismo e pelo capitalismo. O feminismo contrarrevolucionário assume então a forma de um feminacionalismo, de um femi-imperialismo, de um femifascismo ou de um *marketplace feminism* (feminismo do mercado).[21]

Quando encontrei Françoise Vergès em Berkeley, em 1996, ela era uma historiadora conceituada, amiga de Césaire, filha de brilhantes intelectuais burgueses e comunistas — Paul Vergès e Laurence Deroin —, aberta a todos os trabalhos inovadores e criada na mais pura tradição do pensamento crítico.[22] Nada levava a imaginar, pelo menos em aparência, que um dia ela seria arrebatada por tal fanatismo, a ponto de ver-se como vítima da "ferocidade branca" e do "branquiarcado".

Depois do "homonacionalismo" (homossexuais normalizados), eis que surge o "feminacionalismo", neologismo inventado por Sara R. Farris, socióloga inglesa, para definir as feministas europeias, herdeiras de Simone de Beauvoir (Élisabeth Badinter, Alice Schwarzer e muitas outras), consideradas neoliberais, civilizacionais, universalistas, islamofóbicas, reacionárias, culpadas não somente de negligenciar as infelizes subalternas de cor, superexploradas por um capitalismo selvagem (empregadas, varredoras, domésticas, caixas etc.), mas também de maltratar os homens muçulmanos, estigmatizados como estupradores potenciais. Essas feminacionalistas não passariam, afinal, de cúmplices de um racismo antiárabe que visa a promover a ideia de que os imigrantes, destinados ao afogamento no Mediterrâneo, seriam ontologicamente muito menos violadores que seus homólogos ocidentais oriundos do branquiarcado. Elas seriam, portanto, agentes de um rebaixamento das comunidades imigrantes, ao pretender emancipá-los de suas culturas atrasadas.[23]

Além disso, os Indígenas tentavam operar uma junção entre suas reivindicações de "vítimas da República" e aquelas dos palestinos despojados de seus territórios, o que os autorizava a chamar de "islamofóbicos" todos os que ousassem criticar a religião muçulmana. Nessa perspectiva, era preciso sobretudo aderir a um adestramento "não islamofóbico" — ou seja, islamista — para melhor defender as reivindicações do povo palestino.

Essa radicalização só fez se acentuar ao longo dos anos.[24] Os indigenistas e seus aliados não recorriam ao mesmo falar obscuro dos estudiosos subalternistas, mas adotavam um estilo militante de feição bastante clássica, amplamente salpicado de neologismos. Mas, redigidos muitas vezes com a ajuda da escrita inclusiva, seus textos eram recheados de estereótipos sobre os imigrantes, os jovens dos subúrbios, os ilegais e os abusos cometidos pelos inimigos brancos sempre preocupados em ocultar a verdade. A conjunção "enquanto" retornava o tempo todo nos textos para sublinhar a que ponto a República estigmatizava árabes, negros, muçulmanos, ex-colonizados em nome de um pretenso universalismo baseado na integração, fonte de todas as ignomínias. Quanto aos dois fundadores do movimento, Sadri Khiari e Houria Bouteldja, eles afirmavam que seus principais adversários eram não somente os movimentos antirracistas de esquerda, mas também os LGBTQIA+ que tinham conquistado direitos e, portanto, se normalizado. É assim que os identitários indigenistas rejeitavam os identitários generificados, queers e trans, considerados cúmplices da branquitude. É a espiral demoníaca da deriva identitária da qual já falei no capítulo anterior.

Com base nos escritos de Joseph Massad, professor na Universidade Columbia, célebre nos campi anglófonos pela violência de seu discurso antiocidental, Sadri Khiari retomou uma temática antiga segundo a qual o Ocidente teria inventado categorias psiquiátricas binárias: sexualidade normal (heterossexualidade) de um lado, sexualidade desviante (homossexualidade) do outro. Em resumo, segundo Khiari e segundo Massad, a homossexualidade dita "ocidental" não existiria no mundo árabe e muçulmano, onde os homens se contentariam com beijos e abraços, sem praticar nenhuma penetração anal. Quanto ao ódio aos homossexuais (homofobia), ela também seria uma importação colonial. Portanto, seguindo essa linha de raciocínio, os homossexuais brancos ocidentais teriam forçado os homófilos iranianos ou egípcios a fazer campanha a seu lado, a fim de criar as condições para uma repressão islamista. A homossexualidade não seria portanto um fenômeno universal, mas um luxo reservado à elite colonial, e o islamismo seria a consequência dos maus-tratos infligidos pelos homossexuais ocidentais aos homófilos do mundo árabe. Para enunciar tais inépcias, Massad remetia-se, claro, a Foucault e a Said.[25]

Como Khiari, admirador de Massad, Bouteldja chega até a declarar, em 2013:

> Já é hora de compreender, de uma vez por todas, que o imperialismo — sob todas as suas formas — torna selvagem o indígena: à internacional gay, as sociedades do Sul respondem ou com uma secreção de ódio contra os homossexuais onde ele não existia, ou com o aumento da homofobia onde ela já existia.

A homofobia dos dominados seria, portanto, a expressão positiva de uma resistência ao "homorracialismo" — mais um neologismo — branco que se traduziria por um "virilismo identitário".[26] Falando de maneira mais simples, os dois fundadores do Partido dos Indígenas da República justificavam a expressão mais selvagem do ódio islâmico à homossexualidade. Por fim, ponto culminante dessa radicalidade, Bouteldja declarou, por ocasião da matança de Montauban, na qual Mohamed Merah assassinou crianças judias: "Mohamed Merah sou eu, o pior é que é verdade".[27]

Em um ensaio publicado em 2016,[28] verdadeiro breviário do indigenismo antirrepublicano e identitário, Bouteldja instaurava um separatismo radical entre aquilo que ela chamava de Brancos ou Judeus, de um lado (designados pelo pronome "Vocês"), e os Indígenas, do outro (chamados de "Nós"). A este primeiro separatismo ela acrescentava um segundo, para distinguir as mulheres e os homens colocados na categoria dos Indígenas. A classificação permitia que Bouteldja afirmasse que o mundo ocidental estava morto, que os Restos du Coeur de Coluche* eram uma infâmia, que as mulheres deveriam voltar a obedecer à lei de seu pai e de seus irmãos muçulmanos, que os Brancos colonialistas e anticolonialistas eram todos assassinos, cuja potência negativa cumpria erradicar, e que, enfim, os Judeus tinham se tornado adeptos de uma branquitude opressiva, alimentando-se da Shoah para melhor discriminar os palestinos e afirmar a sua "iden-

* Restos du Coeur (Restaurantes do Coração) é uma instituição de caridade francesa fundada por Coluche, famoso comediante e ator de cinema e teatro. A principal atividade dos *restos* é a distribuição de alimentos e refeições a quem tem fome. (N. T.)

tidade sionista". Ao fazê-lo, eles renunciaram ao melhor de si mesmos: o iídiche (para os asquenazes) e o árabe (para os sefarditas). Segundo essa abordagem, o sionismo nunca foi um movimento de emancipação, mas, desde o início, um nacionalismo identitário. Quanto aos judeus da diáspora, eles não passavam, na visão de Bouteldja, de "sionistas", da capitulação diante de um regime de apartheid, uma forma de renegar seus irmãos judeus exterminados pelos nazistas. Em poucos capítulos, a autora fabricava, assim, um monumento de ignorância em que se misturavam o ódio aos Judeus, aos Brancos, aos Árabes, aos Negros, mas sobretudo a si mesma. E tudo isso em nome de uma "política do amor revolucionário", do qual ela seria profetisa.

Filha de imigrantes argelinos, Bouteldja não hesitava em retomar a sinistra fórmula de Jean-Marie Le Pen sobre a preferência intrafamiliar: "Eu pertenço à minha família, a meu clã, a meu bairro, à minha raça, à Argélia, ao islã. Eu pertenço à minha história e, se Deus quiser, pertencerei à minha descendência. Quando te casares, *in sha Allah*, tu dirás: *Ana khitt ou oueld ennass hitt.** Então, tu serás de teu marido".[29] E ainda: "Não sou totalmente branca. Sou branqueada. Estou aqui porque fui vomitada pela história. Estou aqui porque os Brancos estavam em minha casa e ainda estão. O que sou eu? *Uma Indígena da República*. Antes de tudo, sou uma vítima".

Às luzes de uma emancipação amaldiçoada Bouteldja opunha, portanto, um ego vitimista e um retorno fantasístico a uma imaginária raça negro-árabe que não tinha mais nada a ver com a cultura da negritude tão cara a Aimé Césaire.

---

* "Eu sou um muro e o filho das gentes é um muro."

Diante do racismo implementado pelas potências ocidentais, tratava-se agora, para os Indígenas, de inventar um racismo da estima de si, um racismo protetor preconizando a "imiscibilidade racial", princípio hierárquico segundo o qual um "Branco", qualquer que seja ele, deve ser banido de toda experiência de vida com os Negros, pois todo homem branco seria, por essência, um "dominante".

Mas em que esse racismo "racizado" e desbiologizado seria libertador? Em que esse "Eu sou eu" seria diferente do bom e velho racismo que serviu de matriz para o colonialismo e, portanto, para a sujeição dos povos não europeus — africanos, árabes, asiáticos — considerados inferiores? Pretendendo lutar contra o racismo, os Indígenas da República não faziam mais que renovar seus emblemas.

Jamais pensei que era melhor estar errado com Sartre do que ter razão com Raymond Aron. Nem um nem outro, aliás, tem razão ou não tem razão. Sartre foi dos pensadores mais insultados de todo o século XX, assim como Simone de Beauvoir, Sigmund Freud e muitos outros. Sinto uma admiração sincera por sua obra e pela maioria de seus engajamentos políticos. E também, aliás, por Raymond Aron, um pensador da democracia que consagrou belíssimas páginas às dores da perda: "Perder amigos", dizia ele a respeito do rompimento com Sartre, "é perder uma parte de si mesmo".[30] Impossível então admitir, sem protestar, que Houria Bouteldja, representante autoproclamada dos antigos povos colonizados, escreva estas palavras: "Fuzilem Sartre! Não são mais os nostálgicos da Argélia francesa quem o proclama, sou eu, a indígena".[31] Não acabaríamos nunca de enumerar as afirmações insanas dessa obra que retoma *ad nauseam* os estereótipos mais sinistros do ódio ao outro e do separatismo entre as raças: contra as mulheres negras que não devem prestar queixa contra os estupradores negros; contra os homossexuais chamados de "bichas"; contra os judeus etc. Às quais se juntam as declarações racistas contra a identidade dita "branca", oposta à identidade negra.[32]

Eis para onde a reivindicação identitária em sua configuração mais extrema conduz: partilhar o discurso daquilo que se pretendia denunciar. Querer ser "racizado", designar-se como inimigo do Ocidente, da "branquitude", dos judeus suspeitos de terem sido "embranquecidos pelo imperialismo europeu" por terem obtido uma terra na Palestina, tudo isso nada mais é que querer fuzilar não apenas Sartre, mas também os maiores artífices das lutas contra o colonialismo, o apartheid, a escravatura. Será preciso, um dia, "fuzilar" Fanon, Césaire, Said, Mandela, Martin Luther King para dar razão aos outros "identitários": supremacistas, racistas, antissemitas? E por que não fuzilar François Maspero, editor de Fanon que, a propósito da publicação de uma obra deste último que seria embargada pela justiça, escreveu: "A causa da revolução argelina é também, na França, a causa de democracia".[33]

É espantoso, portanto, constatar que esse discurso tenha sido apoiado por coletivos de historiadores, sociólogos ou escritores, e não dos menores — encontram-se aí os nomes de Ludivine Bantigny, Annie Ernaux, Isabelle Stengers, Christine Delphy —, que ousaram comparar Bouteldja a Said, Césaire e Fanon: "Ela exprime com pudor", dirão eles, "seu sentimento de humilhação, sua vergonha de vítima corajosa dos Brancos" e de representante de uma magnífica "política do amor revolucionário".[34] É preciso ter perdido a cabeça para achar magnífico esse apelo ao crime: "Fuzilem Sartre!". O pior é que os

Indígenas e seus aliados decoloniais e pós-coloniais passaram a apresentar-se não mais como herdeiros do anticolonialismo encarnado por Sartre, Said, Césaire, Vidal-Naquet, Maspero, Fanon, Henri Alleg, Maurice Audin e muitos outros, mas como os verdadeiros e únicos anticolonialistas dignos desse nome.

Num capítulo de seu livro, Houria Bouteldja relata uma lembrança da adolescência. Por ocasião de uma viagem escolar a Nova York, ela exigiu dos pais que a acompanharam ao aeroporto que ficassem escondidos dos olhos dos professores e dos colegas de classe: "Eu tinha vergonha deles; pareciam pobres demais e imigrantes demais com suas caras de árabes, ao passo que eles estavam orgulhosos de me ver voar para o país do Tio Sam. Eles não protestaram, esconderam-se e pensei ingenuamente que tinham engolido tudo aquilo". E acrescenta:

> "Os árabes são a última raça depois dos sapos", dizia meu pai, frase certamente ouvida num canteiro de obras, a qual ele adotou por convicção de colonizado [...]. Vivo na França. Vivo no Ocidente. Sou branca. Nada pode me absolver. Detesto a boa consciência branca. Eu a amaldiçoo. Ela está sentada à esquerda da direita, no coração da social-democracia.[35]

As lembranças relacionadas à humilhação vivida pelos pais ou pelos filhos são sempre instrutivas, e não conheço ninguém que nunca tenha experimentado, pelo menos uma vez na vida, um sentimento de culpa, seja porque pais heroicos souberam resistir a uma opressão, e isso era esmagador para eles, ou, ao contrário, porque os pais foram submissos ou covardes, ou, pior ainda, molestadores sexuais, violentos, impulsivos. Toda a literatura é entremeada por essas lembranças dilacerantes, em que as confissões se misturam às lágrimas. Todos os tratamentos psicanalíticos narram esse tipo de história. Toda a memória dos povos e todos os mitos trazem esses relatos das origens. Mas nas confissões de Bouteldja, é a adolescente que humilha seus próprios pais, exigindo que eles se apaguem, não porque eles teriam vergonha do que são, mas porque ela projeta sobre eles sua própria vergonha de ter sido concebida por pais árabes. E, anos mais tarde, em vez de fazer as pazes consigo mesma, transforma essa vergonha — a sua — num engajamento desvairado contra um Ocidente assassino.[36]

Em 2007, Rokhaya Diallo, jornalista e militante feminista, rebatizada dez anos mais tarde como feminista interseccional decolonial,[37] criou a associação dos Indivisíveis para apoiar sensivelmente as lutas dos Indígenas: oposição à lei sobre o uso do véu na escola, apoio ao surgimento de campos "racizados", "não mistos", excluindo homens brancos, depois mulheres brancas, para permitir que as vítimas do racismo e do sexismo estivessem juntas, de maneira identitária, para denunciar um "racismo de Estado" fabricado pela República indivisível, laica, democrática e social, assim como a islamofobia daí decorrente. Três anos depois, a associação decidiu atribuir anualmente os "Y'a bon Awards", um prêmio infamante, muito parecido com os que a extrema direita tradicionalmente concede, por exemplo o prêmio Lyssenko, para denunciar os "preconceitos etnorraciais e mais precisamente aquele que nega ou desvaloriza a identidade francesa dos franceses não brancos".[38] Mais uma vez, as noções de raça e de identidade francesa voltam nos discursos dos defensores desse "antirracismo racizado" transformado na vulgata dos grupos indigenistas. Certamente os prêmios foram entregues a verdadeiros racistas e neocolonialistas, mas também a personalidades da esquerda laica conhecidas por seu engajamento contra o racismo, em especial Caroline Fourest e Élisabeth Badinter. Por fim, a associação vai fustigar o sos Racismo e a Liga Internacional Contra o Racismo e o Antissemitismo (Licra), considerados clubes de intelectuais brancos.

Fundado em novembro de 2005 por Patrick Lozès, militante originário do Benin, mobilizado contra o antissemitismo e o racismo, crítico agudo de Éric Zemmour e Dieudonné M'Bala M'Bala, o Conselho Representativo das Associações Negras (Cran) opunha-se radicalmente ao PIR. Para combater as discriminações contra os negros de todas as origens e inscrever uma memória da escravidão no patrimônio nacional, ele buscava inspiração na mobilização das associações judaicas que militaram pelo reconhecimento da responsabilidade da França de Vichy sobre a deportação dos judeus. O Cran também pretendia dialogar com o Conselho Representativo das Instituições Judaicas da França (Crif). Entre os iniciadores do movimento figuravam Gilles Manceron, historiador do colonialismo, membro da Liga dos Direitos do Homem, assim como Christiane Taubira, Fodé Sylla, ex-presidente do sos Racismo, e Louis-Georges Tin, ex-aluno da École Normale Supérieure de Paris, catedrático de letras e militante da causa homossexual, nascido na Martinica em 1974. Recusando qualquer forma de fechamento comunitarista e qualquer ideia de classificação étnica, a associação inspirava-se na incrível carta de Albert Einstein para William E. B. Du Bois, em 1931:

> Parece ser um fato universal que as minorias, em particular as minorias reconhecíveis em razão de suas diferenças físicas, são tratadas pelas maiorias como classes inferiores. No entanto, o

mais trágico não são as desvantagens econômicas e sociais que as minorias sofrem automaticamente, mas o fato de que elas interiorizem os preconceitos da maioria e acabem por considerar a si mesmas como inferiores. Pode-se lutar contra esse mal terrível através da união e da educação das consciências no seio das minorias, permitindo que elas caminhem para a emancipação. O esforço determinado dos negros norte-americanos nesse sentido merece todo o nosso reconhecimento e a nossa ajuda.

Novo ator da vida política e intelectual, o Cran reunia mais de cinquenta associações que se esforçavam para fazer emergir não uma identidade negra, mas uma "consciência negra", um desejo de reconhecimento histórico e memorial, algo mais além da negritude, tendo como figura tutelar Nelson Mandela.[39] Para essas associações, tratava-se não apenas de contestar radicalmente o projeto já iniciado de um ensino dos "aspectos positivos da colonização", mas também de realizar a união com o Crif. No mundo político, a iniciativa teve uma acolhida morna, alguns temendo os efeitos de um novo comunitarismo, outros considerando-a "útil".

Dois anos depois, o Cran dotou-se de um conselho científico presidido por Michel Wieviorka, com a participação do historiador Pap Ndiaye. Em vários colóquios, começaram as discussões, especialmente sobre a questão das estatísticas "étnicas" ou "da diversidade". Os que eram favoráveis, como o próprio Wieviorka, consideravam que elas eram um meio de obter uma medida exata das discriminações que atingiam as minorias, enquanto os oponentes, como Hervé Le Bras, destacavam, ao contrário, que elas traziam o risco de acentuar os fechamentos comunitários. Apesar dessas posições aparentemente inconciliáveis e ao contrário daquelas eleitas pela esquerda política a respeito da laicidade, as duas tendências conseguiriam se aproximar, organizando múltiplos encontros com pesquisadores de diferentes países, como Rússia, Brasil, Estados Unidos: "Concordávamos", sublinha Michel Wieviorka,

> em evitar qualquer recenseamento nacional das populações com bases étnicas, mas éramos favoráveis a pesquisas privadas, não financiadas pelo Estado, destinadas a evidenciar itinerários geracionais, mencionando as origens. Em nenhum momento fomos gangrenados por correntes identitárias.[40]

A iniciativa mais bem-sucedida da nova associação foi a organização, em 2020, de um colóquio reunindo o Cran e o Crif, com a condição de que nenhum representante político do Estado de Israel estivesse presente, assim como, aliás, nenhum membro da Autoridade Palestina. E, para evitar qualquer confronto incômodo, os organizadores escolheram um tema capaz de agradar a todos os participantes — O Rosto: O Encontro com o Outro. Restava achar um lugar "neutro", e este foi o colégio dos Bernardinos, propriedade da diocese de Paris, que recebia regularmente debates e conferências de alto nível sob a égide do padre Antoine Guggenheim, teólogo e professor, grande conhecedor de ciências humanas, filosofia, psicanálise e história das religiões. O tom foi dado desde o início, e o texto de apresentação do encontro merece ser citado integralmente:

> Quer se trate de técnicas antropométricas para "detectar" os judeus na França dos anos sombrios ou do "delito de fácies" que tantas vezes incrimina os negros e os árabes, quer se trate das tatuagens

ou escarificações, ou dos cânones da publicidade ou da cirurgia estética, quer se trate do direito à imagem e à vida privada, ou, enfim, do debate sobre o véu islâmico ou sobre a burca, o rosto está muitas vezes no coração das questões políticas do nosso país. É possível ver, representar o rosto de Deus? O do homem? E o da mulher? Que rostos as mídias exibem atualmente? E qual é, hoje, o rosto da nossa República? O que dizem sobre isso os filósofos, a história da arte, a antropologia, o que dizem as ciências humanas em geral? Quais são as questões políticas que se colocam para nossa consciência contemporânea? No debate sobre o uso do véu integral, como articular a liberdade religiosa e a liberdade das mulheres? Apoiando-se em figuras como Aimé Césaire ou Levinas, como refundar uma ética da relação com o outro que seja também uma política que respeite a dignidade de todos e de todas? Qual será, em suma, o rosto do nosso futuro comum?

Entre os participantes, além de Richard Prasquier, presidente do Crif, Patrick Lozès, Louis-Georges Tin, Michel de Virville, diretor do colégio dos Bernardinos, o padre Laurent Lantieri fez uma exposição magistral sobre o transplante facial total.

Depois da saída de Patrick Lozès, o Cran assumiu, em 2011, uma orientação totalmente diversa, bem mais identitária, impulsionada por Louis-George Tin, ele próprio engajado em lutas contra a homofobia e a transfobia, depois em prol de uma política de reparação material ligada ao período da escravidão. O novo presidente não participava apenas de uma batalha memorial para que os crimes do tráfico negreiro fossem reconhecidos, mas pretendia defender os interesses financeiros de todos os descendentes de escravos e exigir do Estado uma restituição dos objetos pilhados nos países colonizados: "Como pensar as transferências e apropriações aqui e lá? Que estatuto esses objetos sagrados e monárquicos que se tornaram 'fetiches de museu' vão assumir em seu retorno?". Para apoiar a iniciativa, ele denunciava as "imposturas" do universalismo, rebatizado de "uniformalismo", avatar do "pensamento hegemônico dissimulado por trás de pretensos valores republicanos".[41] Mais um neologismo! E, assim, ele acabava com as ambições primeiras da associação tal como haviam sido concebidas por Patrick Lozès.

"Je suis Charlie"

Em 7 de janeiro de 2015,[42] dia em que um grupo da Al-Qaeda assassinou sete jornalistas do periódico *Charlie Hebdo* — Charb, Cabu, Elsa Cayat, Honoré, Bernard Maris, Tignous, Wolinski —, um designer francês, Joachim Roncin, apaixonado pela cultura pop, inventou um logotipo que rodou todo o planeta: *"Je suis Charlie"* [Eu sou Charlie]. Difundida maciçamente, a imagem, como uma participação de falecimento, era de uma bela sobriedade: sobre um fundo preto retangular via-se um *"Je suis"* em letras brancas, seguido de um *"Charlie"* em letras cinzentas, levemente maiores que as brancas. O autor inspirou-se nos livros ilustrados *Où est Charlie?*, mas também, sem dúvida de modo mais inconsciente, em pelo menos três enunciados: "Eu sou Spartacus", *"Ich bin ein Berliner"* e "Somos todos americanos".*

---

* *Où est Charlie?* é o título que recebeu, na França, a série *Onde está Wally?*. *"Ich bin ein Berliner"*, em alemão no original, traduz-se por "Eu sou um berlinense". (N. T.)

O primeiro foi extraído do filme *Spartacus*, rodado em 1960 por Stanley Kubrick. Após a derrota dos escravos, Crassus promete salvar a vida deles desde que seu chefe se entregue. Spartacus se apresenta imediatamente, mas todos os seus companheiros fazem o mesmo, gritando: "Eu sou Spartacus!". A segunda frase foi dita por John Kennedy em sua viagem a Berlim Ocidental, em 1963, verdadeira promessa de reunificação. O terceiro enunciado foi um apelo pela solidariedade em relação às vítimas do atentado do 11 de Setembro de 2001, reproduzido na manchete do jornal *Le Monde*. Nos dois primeiros casos, tratava-se de uma celebração da liberdade contra a opressão, no terceiro, de um desafio a Osama bin Laden, que atingiu não apenas um dos maiores emblemas da potência americana, mas também 3 mil indivíduos, entre os quais trezentos de nacionalidades diferentes e, portanto, "não americanos".

Sempre vi a hashtag #JeSuisCharlie como um hino à liberdade de expressão, claro, mas sobretudo como a afirmação de uma subjetividade — Eu sou eu, isto é tudo — perfeitamente independente de qualquer grupo de pertencimento, de qualquer território. E é sem dúvida a razão pela qual ela foi espontaneamente adotada pelas multidões reunidas em desfiles multicoloridos, exibindo reproduções do grafismo inicial inventado por Joachim Roncin.

Mas ao mesmo tempo, e pela mesma razão, ela logo foi rejeitada por todos aqueles que não queriam saber dessa sentença: os identitaristas de todos os tipos. A começar por Jean-Marie Le Pen, que se apressou em dizer "*Je ne suis pas Charlie*", mas "*Je suis Charlie Martel*",[43] explicando que o atentado era fruto de um complô fomentado pelos serviços secretos: "Não digo que as autoridades francesas estão por trás desse crime, mas que podem ter permitido que ele acontecesse".[44] E, na mesma onda, Dieudonné declarou que não era nem Charlie, nem Charlie Martel, mas antes Charlie Coulibaly, sobrenome de um dos assassinos.

Se o slogan "*Je suis Charlie*" soava como um ideal desterritorializado, seu antônimo, "*Je ne suis pas Charlie*",[45] tornou-se no mundo inteiro a expressão de uma rejeição ao modelo francês de laicidade republicana, acusado de favorecer a blasfêmia e discriminar os muçulmanos. Desse ponto de vista, os jornalistas do *Charlie Hebdo* foram criticados pela publicação de caricaturas hostis às religiões em geral e sobretudo ao islã: eles seriam, portanto, culpados de ofensa à religião dos mais desvalidos. E entre os "*Je ne suis pas Charlie*" figuravam não somente os coletivos contra a islamofobia mas também intelectuais e professores, alguns dos quais protestavam contra a presença, na grande manifestação convocada para a Place de la République, de chefes de Estado responsáveis por diversas discriminações em seus próprios países.[46] Entre as várias tomadas de posição dos "*Je ne suis pas Charlie*" destacamos a de Virginie Despentes, que acreditava firmemente que os terroristas mereciam os elogios habitualmente reservados aos resistentes em luta contra as ditaduras ou os criminosos:

> Eu fui também os caras que entraram com suas armas, que tinham acabado de comprar uma Kalachnikov no mercado negro e que decidiram, do seu jeito, o único que lhes era possível, que preferiam morrer de pé que viver ajoelhados. Amo também aqueles que mandaram que suas vítimas levantassem e se identificassem antes de mirar no rosto. [...] Amei-os em sua falta de jeito

— quando os vi, armas na mão, semeando o terror e gritando "Vingamos o Profeta".[47]

Gostaria de opor a essas afirmações irresponsáveis a intervenção fulgurante de Jean-Luc Godard: "Todo mundo diz, como um bando de imbecis, '*Je suis Charlie*', eu prefiro dizer '*Je suis Charlie*', do verbo *suivre* [seguir], e eu os sigo há quarenta anos". O cineasta era, de fato, grande leitor do jornal, e em 2012 o desenhista Luz caricaturou-o filmando Maomé de bruços com a bunda de fora, dizendo ao cineasta a fala de Brigitte Bardot a Michel Piccoli em *O desprezo*: "E a minha bunda, você gosta da minha bunda?".[48]

É forçoso reconhecer que, aos olhos de vários catedráticos oriundos do mundo anglófono, o modelo republicano francês, com seu velho universalismo, seu separatismo e seu anticomunitarismo, confirmou nessa ocasião que insistia em recusar a diversidade cultural, em razão de seu passado colonial. Testemunha disso é a maneira como o excelente historiador Robert Gildea apresentou, em 2018, a história do atentado contra o *Charlie Hebdo*. Ele não nomeava os jornalistas assassinados, mas estendia-se sobre as infelicidades dos assassinos, Amedy Coulibaly, Chérif e Said Kouachi, todos os três filhos dos subúrbios, "vítimas de discriminações" pós-coloniais.[49] Sem dúvida, ele esquecia que "*Je suis Charlie*" encarnava uma ideia da qual nenhum poder, mesmo armado até os dentes, poderá jamais se livrar.

Fúrias iconoclastas

Depois de 2015, a evolução identitarista dos *studies* assumiu uma feição política com o aparecimento das grandes campanhas punitivas orquestradas por grupos inspirados nas classificações elaboradas no interior das instituições acadêmicas. Ao descer às ruas, esses estudos acabaram por servir de suporte para algo que é chamado de cultura do cancelamento (*cancel culture*), outra prática amplamente difundida nas redes sociais, tudo isso sobre um fundo de escalada do racismo, do supremacismo (americano) e de terror do islamismo. Essa "cultura" consiste em acusar com o objetivo de lançar no ostracismo ou eliminar uma pessoa, associação ou instituição cujos propósitos, costumes, atos ou hábitos seriam considerados "ofensivos" em relação a essa ou àquela minoria.

A cultura da denúncia pública, sempre perigosa para a democracia, quaisquer que sejam suas boas ou más intenções,[50] caminha junto com outras expedições punitivas, como as que visam à "apropriação cultural". Umas e outras são apoiadas, na França, pelo sociólogo Éric Fassin, que se tornou ele mesmo alvo dos Indígenas da República, que o acusam de não ter direito, como branco, de conduzir uma luta antirracista. Fascinante caixa de Pandora aberta a todos os ventos, cada um podendo acusar o outro dos piores malfeitos e vice-versa, pois toda posição identitária é vivida como uma perseguição.[51]

Tomando para si a metáfora do *Manifesto antropófago* (comer o outro), os adeptos dessa abordagem "interseccional" recusam qualquer ideia de universalização da expressão artística: somente os negros teriam direito de pensar a "pretitude", os judeus, a "judeidade", os brancos, a "branquitude" etc. Nas águas dessa "teoria", Pablo Picasso seria culpado de racismo por ter se inspirado nas artes primitivas, assim como todos os pintores, poetas, escritores, artistas que, entre 1905 e 1907, abandonaram os cânones da arte ocidental para inventar uma arte nova — a arte negra — a partir do estudo das estátuas e das máscaras africanas (que, no entanto, eram consideradas pelos colonialistas como fetiches oriundos de um obscurantismo bárbaro).

Assim, do ponto de vista dos decoloniais engajados na *cancel culture*, André Breton, Claude Lévi-Strauss, Michel Leiris e muitos outros não seriam mais que representantes de um racismo estético, um racismo de apropriação que doravante cabia erradicar, pois ele seria apenas a expressão do olhar ocidental sobre as culturas subalternizadas. Depois de ter fuzilado Sartre, agora era preciso, por conseguinte, abater todos os grandes artistas do anticolonialismo. Foi em nome dessa doutrina que a cantora Madonna foi acusada nas redes sociais, em 2018, pela ousadia de usar trajes berberes tradicionais para celebrar seu sexagésimo aniversário em Marrakesh: "Rainha berbere uma ova [...]. Rainha da apropriação cultural, isso sim!".

Mas é também em virtude da mesma lógica que todas as pessoas portadoras de alguma "deficiência", hoje assimilada a uma identidade — doença mental, autismo, obesidade, surdez, cegueira etc. —, demandam ser contratadas no teatro e no cinema para interpretar os papéis destinados em geral a atores profissionais. Da mesma forma, seria preciso admitir que, em nome de uma "diversidade representativa", somente um homossexual estaria habilitado a interpretar o papel de um homossexual, um judeu o de um judeu, um transgênero o de um transgênero etc. Isso significaria, a contrario e segundo a mesma lógica, que um cantor negro não poderia mais interpretar o repertório clássico — Mozart ou Verdi —, e que um branco não teria mais direito de cantar árias de blues ou de jazz.

Entre as centenas de manifestações hostis ou favoráveis à tese da apropriação cultural, destacaremos as desventuras vividas pelo dramaturgo quebequense Robert Lepage por ocasião da montagem de *Kanata*, em 2018.[52] O espetáculo retraça a história da progressiva eliminação dos povos ameríndios pelos colonizadores ingleses nos séculos XIX e XX, questionando a estratégia de assimilação cultural da administração colonial e em seguida a marginalização dos descendentes dos colonizados.

A controvérsia não recaía sobre o conteúdo da peça, nem sobre as representações da "Nova França" depois da fundação de Quebec, em 1608, e tampouco sobre o imaginário colonial inglês ou francês, mas sobre o fato de que os atores eram todos brancos, o que provocou a cólera dos autóctones, que requisitaram a interdição da peça: "O espetáculo é uma apropriação cultural", escreverá Janelle Pewapsconias.

> Considero muito problemático que um branco ou um colono tente contar nossa história [...]. Uma pessoa branca não pode compreender as implicações da escravidão, do genocídio autóctone, da opressão contra os mestiços [...]. Temos muitas pessoas instruídas e talentosas, mas o governo canadense não se coloca ao lado dos autóctones, dos negros e das pessoas de cor.[53]

Recusando-se a ceder a essas pressões, Ariane Mnouchkine resolveu convidar Lepage a encenar sua peça no Théâtre du Soleil e a incluir a controvérsia no espaço cênico. Num comunicado que merece ser longamente citado, os dois dramaturgos responderam nestes termos a todos os seus detratores:

> Não se considerando sujeitos senão às leis da República votadas pelos representantes eleitos do povo francês, e não tendo, no presente caso, razão para contestar tais leis ou reivindicar sua modificação, não estando, portanto, obrigados juridicamente nem, sobretudo, moralmente a submeter-se a outras injunções, mesmo sinceras, e menos ainda a ceder às tentativas de intimidação ideológica na forma de artigos culpabilizantes ou de imprecações acusadoras, em sua maioria anônimas, nas redes sociais, o Théâtre du Soleil decidiu, em acordo com Robert Lepage, dar prosseguimento, com ele, à montagem de seu espetáculo e à sua apresentação ao público nas datas previstas.
>
> E acrescentavam:
>
> Depois de uma enxurrada de julgamentos de intenção, cada um mais insultante que o outro, eles não podem nem devem aceitar ceder ao veredicto de um júri inumerável e autoproclamado que, recusando-se obstinadamente a examinar o único elemento de prova que importa — ou seja, a própria obra —, passa a declará-la nociva, culturalmente blasfematória, desapropriadora, capciosa, vandalizante, voraz, politicamente patológica, antes mesmo que ela tenha nascido.

Ao ler estas linhas, lamentamos que as afirmações não tenham sido ouvidas pelos responsáveis de todas as instituições francesas e internacionais que não pararam de ceder, sobretudo depois de 2015, a todos os "júris inumeráveis e autoproclamados", ou seja, à cultura da delação já tão bem conhecida: *name and shame* (nomear e cobrir de vergonha, expor à execração pública). Esse é, na realidade, o verdadeiro problema colocado pelos atos das minorias identitárias. Por que, então, os responsáveis por espetáculos, conferências, exposições, cursos cedem permanentemente a esse tipo de ameaça? De que eles têm realmente medo para nunca ousar defender a liberdade de expressão?

Foi o mesmo temor pela "segurança" diante de numerosos manifestantes que levou os responsáveis pela Universidade Paris-Sorbonne a cancelar, em março de 2019, a representação de *As suplicantes*, de Ésquilo. O diretor, Philippe Brunet, foi acusado de racismo pela União Nacional dos Estudantes da França (Unef) por utilizar máscaras de cor preta em atores brancos, variante da prática ancestral do *blackface*, segundo a qual atores se maquiam para parecer pessoas negras. Daí a seguinte declaração:

> O *blackface* é, por essência, uma prática racista oriunda de um passado colonial no qual a caricatura das pessoas negras era comum para divertir um público branco, caricaturas que representavam essas pessoas como selvagens, bestiais, estúpidas. A utilização dessa prática é discriminatória, racista e inscreve-se atualmente num contexto de racismo cultural e institucional sempre pregnante.[54]

Os autores da moção não reivindicavam apenas a anulação da representação, mas exigiam desculpas públicas por parte da administração por ter autorizado a expressão de semelhante racismo nas dependências da universidade. Dois dias depois, num comunicado de imprensa, dois ministros condenaram firmemente esse atentado sem precedente contra a liberdade de criação comprometendo-se com a realização de uma nova representação de *As suplicantes* no grande anfiteatro da Sorbonne,[55] o que aconteceu em 21 de maio, diante de uma multidão impressionante e de uma plateia de ministros e embaixadores. Revanche da arte teatral contra a censura.

Nessa peça, não há nenhum traço de racismo, mas a inscrição do diretor numa tradição ligada ao teatro grego segundo a qual todos os atores usam máscaras negras ou brancas.

Lamentando o ato de censura, Laure Murat colocava-se, todavia, ao lado das críticas dirigidas pelos censores à encenação, sublinhando que Brunet deveria ter levado em conta a advertência do presidente do Cran, Louis-George Tin, que pediu o boicote da peça. A fim de transformar em verdadeiro debate a dramaturgia das máscaras, Brunet deveria, segundo ela, ter questionado "a sobrevivência mais ou menos inconsciente ou perversa do orientalismo e das práticas injuriosas contemporâneas da escravidão [...] a fim de sair da ideologia eurocentrista" e superar "as crispações e os transbordamentos do pensamento decolonial".[56] Foi em nome desse tipo de argumentação que Ariane Mnouchkine, como já destaquei, recusou-se a ceder às ameaças, acrescentando à representação de *Kanata* uma parte intitulada "A controvérsia".

É evidente que todas essas denúncias coletivas são apenas a ressurgência de ritos de linchamento e caça às bruxas que visam a matar, simbólica ou socialmente, um adversário considerado perigoso: é o contrário do debate democrático, baseado na palavra. Se acreditarmos nos partidários da *cancel culture*, esta seria o instrumento mais inovador de uma contestação emanada das minorias e da esquerda radical norte-americana, exasperadas pela impunidade de um poder cada vez mais repressivo, racista, homofóbico, transfóbico, sexista. A cultura da denúncia pública estaria inscrita, portanto, segundo Laure Murat, na linha direta dos antigos combates em prol dos direitos civis e da emancipação das minorias oprimidas.[57] Para justificar essa posição, a historiadora evoca as ações dos movimentos Black Lives Matter ("Vidas Negras Importam"), que surgiu em 2013 na comunidade afro-americana, cada vez mais perseguida por um racismo endêmico, e que esteve na origem dos confrontos do verão de 2020 em consequência do assassinato, por um policial branco, de George Perry Floyd, ex-delinquente negro que se tornara motorista de caminhão depois de completar sua reintegração social.

Como enfrentar essa argumentação recorrente, cujos traços podem ser encontrados entre indigenistas, decoloniais, neofeministas chamadas *dégommeuses** e outros adeptos de interseccionalidade? De minha parte, gostaria de dizer que esses movimentos aproveitam-se da situação desastrosa das vítimas do racismo para inscrever-se hoje na linha direta de uma contrarrevolução obscurantista que remete estranhamente aos discursos identitários e nacionalistas da extrema direita. Hostis às Luzes e à razão, eles visam, como dissemos, a erradicar a própria ideia de que teria existido um anticolonialismo ocidental, e seu projeto é a destruição da história memorial: derrubada das estátuas, mudança do nome das ruas etc. Esforçam-se menos para lutar em prol de uma verdadeira emancipação, na linha de Martin Luther King, do que para substituir a história maldita — culto do escravismo, apologia da dominação masculina — por hagiografias fantasísticas e binárias. Essa extravagância e

---

* *Dégommeuses*: nome de um time de futebol e de um grupo ativista queer de Paris. (N. T.)

esse fanatismo espontâneos, que pretendem escapar às regras do Estado de direito, levam ao pior, pois assim a luta contra o racismo transforma-se numa apologia da raça (racizada), e o queer, erigido em norma, serve para negar a diferença anatômica ou biológica, tudo isso sobre um fundo de violências físicas e verbais.

O mais espantoso, aliás, é que essa retomada da noção "desbiologizada" de raça exatamente por aqueles que eram suas vítimas é contemporânea ao debate que, depois de inúmeras discussões, chegou, na França, à decisão pela Assembleia Nacional de (enfim) suprimir a palavra "raça" da Constituição. No artigo 1º reescrito, lê-se que a França "garante a igualdade perante à lei de todos os cidadãos, sem distinção de sexo, de origem ou de religião", em vez de "sem distinção de origem, de raça ou de religião".[58]

Como a raça não existe cientificamente, era lógico suprimir a palavra da Constituição. Isso não quer dizer, é claro, que ela seria eliminada do corpus linguístico francês. Ora, a decisão foi contestada sobretudo pelos representantes dos *critical race studies*, dos decoloniais e de outros indigenistas, preocupados em apontar sua utilização "benéfica" sob a forma da identidade racizada etc. E foram os mesmos que reivindicaram que a palavra "sexo" fosse riscada do artigo 1º, que ficaria, então: "sem distinção de gênero, de origem, de religião e de raça". Formulação ainda mais incoerente por ser acompanhada da aberrante afirmação de que o racismo não seria universal.

Essa tese, que entra em confronto com as posições de Césaire, Fanon, Lévi-Strauss e de todos os pensadores do antirracismo e do anticolonialismo, foi defendida sobretudo pelo sociólogo Éric Fassin. Segundo ele, só existe o racismo antinegros, pois para as ciências sociais o racismo antibrancos seria inencontrável. Mas que ciências sociais? O autor simplesmente não responde a essa questão, porém afirma que o próprio Estado seria o iniciador de um "princípio da raça" que lhe permite distinguir "fácies estrangeiras" e "fácies francesas". O Estado francês teria instituído, assim, um "racismo sistemático", e Fassin apresenta como "prova estatística" o fato de que os controles policiais com base na aparência atingem vinte vezes mais os árabes e os negros que os homens brancos. Mas de que modo a constatação verificada desse comportamento racista seria consequência de uma lei que, ao contrário, visa a combater o racismo pela eliminação do significante maior da teoria racialista, aquele que preconiza a existência de raças? Sartre fez do "racismo antirracista" um momento dialético da história da abolição da raça, e eis que agora os usuários de uma nova conceitualização do antirracismo pretendem reativar sua potência discriminatória.

Assim, seria preciso admitir que existe, para grande alegria de uma humanidade desocidentalizada, um "racismo sem raça" e um "racismo sem racistas". Mas que crédito se pode dar a uma abordagem sociológica que pretende explicar que a supressão da palavra "raça" da Constituição francesa só serviria para reativar o racismo de Estado, e que o emprego da palavra "raça" pelos adeptos da racização seria a arma máxima do combate antirracista, pois somente a humanidade branca seria racista? Para justificar raciocínio tão absurdo, Fassin remetia-se a Foucault, que, claro está, jamais enunciou nada parecido com isso.[59]

Tal é a aparência, atualmente, do grande labirinto do antirracismo racizado, que vai se transformar na piada dos racistas autênticos da extrema direita: o antirracismo dos identitários racizados é um racismo, dirão eles. Tania de Montaigne, autora de um ensaio sobre os perigos das designações identitárias, considera inadmissível esse ressurgimento do racismo, reconvertido em antirracismo racizado: "A palavra 'racizado'", diz ela, "abona a ideia de que a raça existe. Eu acho realmente triste que as pessoas se imobilizem sozinhas dentro de um grupo cujos critérios foram definidos pelos escravistas e pelos nazistas. Elas poderiam ter dito 'Eu sou vítima do racismo' em vez de 'racizado'".[60]

É em nome da prática da denúncia e do cancelamento que coletivos em fúria atacam atualmente as estátuas, os edifícios do tempo passado, as exposições de arte e as celebridades, à caça do culpado ideal, prontos a denunciar com o mesmo vigor os antigos escravistas e seus inimigos jurados. Eles atacam tanto os criminosos estupradores e predadores quanto os homens suspeitos de assédio. E assim, também, alimentam o ódio de uns contra os outros: os gays contra as lésbicas e vice-versa; os brancos contra os negros, uns e outros assimilados a "antirracistas-racistas"; os judeus contra os árabes e vice-versa, uns designados como racistas e islamofóbicos, os outros como antissemitas, islamistas ou antissionistas etc. Fanon e muitos outros desmontaram essa espiral diabólica do eu soberano contra o outro, de modo mais que suficiente para que não percamos mais tempo com isso.

Em busca de arrependimento, reparações, vingança, os identitários transformaram-se em juízes sediados em tribunais populares. Consciente dessa deriva, o escritor Alain Mabanckou, professor de literatura francófona na Ucla e grande admirador do Renascimento do Harlem, magnífico movimento afro-americano do entreguerras, declarou:

> Se derrubarmos uma estátua que lembra uma coisa horrível e injusta, como farei para dar a meu filho um olhar sobre esse evento? Perguntaram-se tempos atrás se era necessário modificar *Tintim no Congo*, por ter sido considerada uma obra demasiado colonial e por caricaturar os autóctones. Não, é preciso lançar um olhar objetivo sobre esse tempo colonial. Eu preciso ler o Código Negro, assim como devo ler *Mein Kampf*, para aguçar ainda mais minha indignação. Ao apagar os traços de Colbert e do Código Negro, apagamos também os dos resistentes, dos negros, dos brancos que combateram esse personagem e desacreditaram esse código. A leitura da história não deve ser guiada pela emoção [...]. Não preciso ostentar rancor para afirmar minha identidade.[61]

Eu não saberia dizer melhor.

As fúrias iconoclastas nada têm de novo, e cada revolução produz as suas. Desde a destruição das igrejas, das cruzes e das relíquias, em 1793, até a Guerra Civil Espanhola, passando pela rebelião de outubro de 1917 ou pela Comuna de Paris, trata-se, sempre, de abolir os sinais da tirania e de anunciar um futuro radiante. Os insurgentes se sucedem, e em cada etapa os símbolos do regime maldito são destruídos e seus promotores são eliminados. Em Budapeste, em 1956, a multidão derrubou a estátua de Stálin, gesto reiterado mais ou menos em todos os países do Leste após a queda do Muro de Berlim, botando no mesmo saco as figuras de Marx, Lênin, Stálin e todos os grandes símbolos de um comunismo que se tornara totalitário.

A cada vez, a mesma ação se repete como se fosse necessário destruir os significantes da velha ordem para dar lugar ao advento de um mundo melhor. As estátuas morrem ao mesmo tempo que são executados, legalmente ou não, os supostos responsáveis pelas infelicidades do passado. Mas esses atos, que suscitam sempre a indignação de uns contra os outros, são realizados em geral no instante do confronto e dos combates libertadores. Produzem-se no momento mesmo em que a passagem ao ato é necessária para a instauração de uma nova ordem pública.

No caso das revoltas identitárias, fica a impressão de que o ato de destruição se estende ao infinito, não é contido por nenhum limite e ocorre às cegas, como expressão de uma raiva pulsional e anacrônica. Inicia-se em Boston, cortando a cabeça da estátua de Cristóvão Colombo, acusado do genocídio dos ameríndios; joga-se no Tâmisa a de Cecil Rhodes, genuíno representante do racismo e do colonialismo inglês; ataca-se o general Robert Edward Lee, comandante em chefe dos Exércitos Confederados durante a Guerra da Secessão, conhecido por sua oposição aos maus-tratos contra os escravos negros mas transformado, 150 anos depois de sua morte, no ícone dos neonazistas americanos; em Londres, é pichada a estátua de Winston Churchill, de quem se consideram apenas as declarações racistas e o apoio incondicional ao imperialismo britânico; na Martinica, as estátuas de Victor Schœlcher são pisoteadas, pois ele é considerado culpado, como branco, de apropriar-se do decreto abolicionista do qual era apenas o iniciador.[62] Por fim, é em nome de um islamismo radicalmente identitário e fanaticamente religioso que são continuamente dinamitados não os símbolos de uma época amaldiçoada, mas obras de arte que são patrimônio da humanidade inteira. Foi o caso, em especial, dos budas de Bamiyan, no centro do Afeganistão, destruídos em março de 2001 pelos talibãs.

Mas nem por isso se deve pensar, como fazem certos polemistas franceses, que todos os pensadores e escritores norte-americanos transformaram-se em censores bárbaros. Muito pelo contrário, quanto mais a cultura da delação se desenvolve nos Estados Unidos, mais ela suscita a reprovação de intelectuais progressistas hostis a essas práticas, conforme testemunha o manifesto do escritor Thomas Chatterton Williams, assinado por 150 intelectuais progressistas, militantes do antirracismo, entre os quais Mark Lilla e Margaret Atwood. Denunciam a *cancel culture*, os insultos e pressões coletivas que visam à destruição da liberdade de expressão, e apoiam o movimento Black Lives Matter sem necessidade de neologismos ou falares obscuros:

> As ideias de esquerda são dominantes no seio das instituições culturais, midiáticas e universitárias. Essas instituições têm um forte poder de prescrição ao estabelecer quais as normas sociais aceitáveis. A propagação da intolerância nesses meios deve, portanto, nos preocupar, pois amanhã esse fenômeno poderia convidar-se para o debate político.[63]

A verdadeira questão colocada por esses tumultos, que não param de envenenar as relações entre os grupos associativos, os historiadores e o poder político, é a da construção de uma memória partilhada. É sabido que os adeptos do arrependimento, das reparações e da fúria punitiva jamais conseguirão curar os sofrimentos dos filhos de imigrados, que se voltam para o fanatismo e que, pelo menos alguns deles, contradizem a história de seus próprios pais. Em vez de libertá-los, eles só acentuam seu mal-estar, mergulhando-os nas armadilhas urdidas pelo obscurantismo.

O dever da verdade não pode se converter jamais em dever de identidade. E é exatamente por isso, conforme sublinha Benjamin Stora, que o poder político deve sempre reconhecer oficialmente, mesmo que tarde, os crimes que foram cometidos em nome do Estado ou da República, sem esquecer jamais de referir-se, na França, às Luzes, à Revolução e à tradição anticolonialista, tripla referência na qual os povos colonizados se inspiraram em suas lutas de libertação, a despeito de indigenistas, islamistas e seus aliados de todo tipo.[64] Essa poderia ser a via francesa para a instauração de um culturalismo laico e republicano herdado de Lévi-Strauss e distante dos ideais de fechamento identitário, pois pretender livrar-se de um modelo de cidadania abstrata em nome da valorização das particularidades é tão inútil quanto erigir essas particularidades em modelo de universalidade.

6. Grandes substituições

Eu contra tudo

Numa obra já citada, dedicada à esquerda identitária, Mark Lilla sublinhava que o adjetivo "identitário" evocava de imediato militantes de cabeça raspada, vestidos de couro preto, jogando cabeças de porco diante de mesquitas ou perseguindo imigrantes brandindo faixas decoradas com a flor de lis.[1] Nada a ver, é evidente, com as derivas cuja história tracei nos capítulos anteriores. E, no entanto, de um extremo a outro, o "identitarismo" está presente: identidade contra identidade. Depois da queda do Muro de Berlim e do triunfo mundial do capitalismo liberalizado, baseado no culto do indivíduo, os movimentos de esquerda ligados às políticas identitárias estão em busca de um novo modelo de sociedade que respeite as diferenças, se preocupe com a igualdade, com o bem-estar e com o *care*.[2] Ecológicos e favoráveis à causa dos mais fracos, à proteção da natureza, dos animais, das minorias oprimidas, esses movimentos, com frequência generosos, têm a intenção de "reparar" o mundo, e para isso denunciam as injustiças, as guerras coloniais e o racismo. No entanto, numa reviravolta progressiva, alguns deles transformaram-se em advogados de um narcisismo das pequenas diferenças, a ponto de enredar-se na lógica mortífera do camaleão. Quaisquer que sejam essas derivas, contudo, com as quais nenhuma transação é possível, os movimentos continuam imbuídos de um ideal de emancipação que talvez acabe tomando a frente de novo, desde que eles renunciem às loucuras ligadas à hipertrofia do eu.

Assim como se perderam de tanto cultivar a certeza de que encarnam o ideal do bem soberano, esses movimentos serão contestados amanhã por seus herdeiros, que recusarão — e já recusam — os engajamentos atuais. É possível constatar isso nos inúmeros artigos de protesto publicados pela imprensa. De fato, por que as vítimas de discriminação aceitariam obedecer a novas injunções de submissão aderindo ao inferno da dependência clânica, seja ela generificada, racizada ou queerizada?

Entre os mais extremistas, o pior é que, à força de defender os muçulmanos contra a rejeição de que são vítimas, acabaram negando, não importa o que digam — inclusive por empregar indiscriminadamente o termo "islamofobia" —, a periculosidade da deriva salafista do islã e de seus apelos ao jihadismo.[3] Julgando apoiar os condenados da terra, eles chegaram a não fazer mais diferença entre as vítimas do racismo, sejam ou não de confissão muçulmana, e os militantes de um obscurantismo religioso que se ornamentam com as virtudes de um pretenso islã moderado. Nada é mais aberrante, de fato, que pretender defender a religião dos "pobres" — os muçulmanos discriminados — entrando em entendimento com Tariq Ramadan e outros "irmãos" ou coletivos do gênero, que incitam o ódio às mulheres, aos homossexuais, aos judeus, aos árabes e aos inúmeros muçulmanos que aceitam a laicidade.

Como dissemos, esses "identitários" renegaram as Luzes e o progresso, insultaram Sartre e distorceram o pensamento de seus antepassados: Fanon, Said, Foucault, Cesaire, os surrealistas, Beauvoir, os grandes trabalhos de antropologia etc. Numa palavra, eles encerraram-se, em nome de uma pós-modernidade que envelheceu mal, na crítica radical de tudo aquilo que herdaram. E o pior é que rejeitaram a filosofia das Luzes sob o pretexto de que os partidários da colonização nela se inspiraram para garantir sua dominação sobre os povos de cor. Será que esqueceram que os anticolonialistas oriundos do mundo colonizado voltaram os princípios de 1789 contra seus opressores?

Do mesmo modo, eles também não querem mais saber do que se passou em 2011, por ocasião da "Primavera Árabe". Nenhuma palavra sobre as multidões que se sublevaram em nome de um ideal de liberdade para acabar com a peste e com o cólera: tanto com as ditaduras quanto com o jihadismo. O desejo de revolução foi sustentado pela juventude e pelas mulheres contra todos aqueles que, de um canto ao outro do planeta, duvidam do retorno dos amanhãs que eles cantam. Essa aspiração pode ser sufocada, mas nunca se extinguirá: "Nenhum exército pode resistir à força de uma ideia cuja hora chegou", dizia Victor Hugo. E, em vez de passar o tempo apoiando os que querem fuzilar Sartre, os identitários extremistas fariam melhor se condenassem claramente os adeptos das decapitações, por exemplo o xeique Issam Amira, da mesquita de Al-Aqsa, em Jerusalém:

> Quando um muçulmano de origem chechena decapita um infiel que calunia o profeta Maomé, as pessoas chamam isso de terrorismo. Pois bem, é uma grande honra para ele e para todos os muçulmanos que exista um homem tão jovem capaz de defender o profeta Maomé. Ele é como os homens e as mulheres que,

através da história, defenderam a santidade e a honra de Maomé. Todos esses termos serão repensados quando a palavra de Alá reinar soberana sobre a dos infiéis.[4]

O mundo árabe-islâmico é atravessado, ele também, por uma guerra das identidades que nada mais é, conforme sublinha Fethi Benslama, do que uma guerra que os muçulmanos travam consigo mesmos sob o efeito da rejeição coletiva das Luzes. Benslama caracteriza essa empresa de autodestruição a partir de quatro figuras da morte voluntária, que tornam inoperante a entrada possível do islã no tempo da história: o jihadismo (paródia de um engajamento heroico), o culto da bomba humana (baseado na apologia do homem desmembrado), a imolação pelo fogo (ato de desesperança) e, por fim, a prática dos *harraga* (naufrágio no mar com a perda de identidade orquestrada pelas máfias). Um dia, os muçulmanos conseguirão escapar desse inferno e parar de atacar um Ocidente imaginário, ainda que determinados países europeus os tratem, de fato, como lixo. É o motivo pelo qual Benslama sugere que eles adotem os princípios da laicidade e parem de se perder numa subjetividade patológica que os condena a clamar contra a blasfêmia e a obedecer às *fátwas*.[5] Eu acrescentaria que um dia eles terão de inspirar-se na cultura do outro para definirem a si mesmos, em vez de embarcar repetidamente no navio de Teseu.[6]

No caso da direita identitária, fanática, nacionalista, populista,[7] racialista, que se reestruturou na mesma época e sob o efeito, ela também, da expansão do capitalismo globalizado, a questão se coloca diversamente. Nesse caso, nenhum despertar é possível, nenhum ideal pode ser transformado em seu contrário. Não existe, portanto, simetria direta entre as derivas dos primeiros — as mais graves intelectualmente — e a convicção preestabelecida dos segundos — a mais perigosa das duas, politicamente —, mesmo que os dois se alimentem mutuamente.

Aqueles que chamamos de "Identitários", ou seja, uma nebulosa de grupos situados à direita da direita e reivindicando uma ideologia da "raiz" — "geração identitária", "franceses de raiz", nacionais-populistas, neorreacionários de todo tipo etc.[8] —, não *se tornaram* identitaristas depois de uma lenta deriva. Imbuídos de um projeto de segregação, eles são os herdeiros de uma tradição composta de neofascistas, conspiracionistas, neoimperialistas, supremacistas, nativistas. E têm em comum uma vontade de contrarrevolução mundial baseada na rejeição das elites, da universidade, do "sistema" e da democracia, porque ela não seria capaz de representar o verdadeiro povo. Dominados pela pulsão de morte, eles visam sempre à destruição do outro, e seus chamamentos à guerra alimentam loucuras de profetas mortíferos, adeptos da supremacia branca. Entre eles: Anders Behring Breivik, responsável em 2011 pelos massacres de Oslo e de Utoya; Brenton Tarrant, assassino de mais de cinquenta muçulmanos na Nova Zelândia em 2019; e ainda Patrick Crusius, matador de "latinos", no mesmo ano. Convencido da realidade da "invasão" hispânica do Texas, Crusius percorreu mil quilômetros para executar vinte pessoas num centro comercial em El Paso: "Os Estados Unidos apodrecem a partir de dentro, e os meios pacíficos para deter isso parecem impossíveis", declarou ele antes de cometer seu ato.

Muito divididos entre si, mas nunca conservadores das tradições, eles lutam atropeladamente contra a tirania do arrependimento, os "islamo-esquerdistas", o "politicamente correto", os defensores do casamento homossexual, o feminismo "vitimista", as associações antirracistas (consideradas racistas) e, de um modo geral, contra todas as esquerdas responsáveis, a seus olhos, pela decadência de um Ocidente branco, cristão, grego, ortodoxo, judaico-cristão, patriarcal-heterossexual, mas doravante também laico e republicano, que na fantasia deles será substituído, a curto prazo, por bárbaros — generificados, "queerizados", não brancos, mestiçados, tribalizados, delinquentes, salafizados — sem fé nem lei. E cultivam muitas vezes uma narrativa nacional grandiloquente, segundo o modelo maurassiano de oposição entre país real e país legal.

Na França, eles trazem ideais antigos de volta à cena: virilismo, adoração do herói à moda de Puy-du-Fou, *apéro-saucisson-pinard*.* Apropriando-se das imagens da tradição cinematográfica francesa, eles imaginam-se como herdeiros de Jean Gabin, Jean Renoir ou Jacques Becker, de *La Grande illusion* e *Casque d'or*, mas a maioria não passa de receptores de uma narrativa extraída de seus velhos manuais escolares, comoventes, é verdade, mas que já não têm o sabor dos tempos de outrora. E louvam também a glória de referências abaladas pelo tempo, como Família, Exército, Nação, Igreja, República — sempre com maiúsculas —, sem compreender que todas essas instituições evoluem, sem por isso se verem ameaçadas de extinção. Os pais existem, os heróis também, assim como as mães, as genealogias familiares, as fronteiras, a beleza do mundo, as igrejas de aldeia, o impulso patriótico.

---

* Puy-du-Fou: parque temático francês que reproduz uma cidade e cenas da vida medieval cavalheiresca. *Apéro-saucisson-pinard* (aperitivo-salame-vinho): manifestação contra a islamização da França convocada pela extrema direita em torno desse aperitivo tipicamente francês. (N. T.)

Todas essas figuras da República e, claro, da França antiga, todas essas entidades, todos esses traços patrimoniais continuam a ser transmitidos e a povoar a memória coletiva: "O reacionário tem mil faces", destaca Mark Lilla.

> Ele é Proteu. Os revolucionários, quaisquer que sejam as suas desavenças doutrinárias, quaisquer que sejam as suas utopias loucas e contraditórias, concentram-se num objetivo comum: um futuro mais justo. Os reacionários, tão desgostosos com o presente que têm dificuldade de imaginar o futuro, referem-se antes a um passado idealizado [...]. O reacionário não é um estudioso de história, é um idólatra do passado. Para viver, ele precisa de uma narrativa que explique que o presente insuportável é o resultado necessário de uma catástrofe histórica imputável a forças das trevas bem definidas.[9]

Após a explosão da bipolarização do mundo, os Identitários — é assim que eles mesmos se chamam — conseguiram transmitir suas ideias para a opinião pública dos países ocidentais. E é fácil compreender por quê. Os dirigentes das democracias liberais pensaram equivocadamente que, implodidos os regimes comunistas e liquidados os impérios coloniais, a aspiração dos povos à liberdade individual acabaria por triunfar. Acreditaram que seu mundo e seus costumes eram tão desejáveis que os antigos oprimidos estariam empenhados em tomá-los como modelos de vida.

Depois de 1989, esperava-se, portanto, a grande virada para a felicidade. Mas o que se viu foi, ao contrário, uma regressão autoritarista operada por vários regimes, cujo preço foi um antiprogressismo assumido, aquele da "grande substituição", segundo o qual as sociedades civilizadas estariam ameaçadas por todos os lados por bárbaros exteriores ao corpo da nação, mas também por um culto do indivíduo sem compaixão pelos danos causados às estruturas de pertencimento coletivo.

A esse respeito, a imensa expansão, no mundo ocidental, de terapias da felicidade, do *coaching*, do desenvolvimento pessoal, dos tratamentos por meditação, dos institutos de resiliência e outros grupos de exaltação ou reparação do eu, aliada ao consumo crescente de psicotrópicos — bem além dos limites das prescrições psiquiátricas clássicas —, é o sinal de uma incapacidade social de enfrentar a questão da felicidade, ideal coletivo e individual tal como foi pensado pelos filósofos das Luzes e seus herdeiros revolucionários: de Kant a Freud, de um lado, de Rousseau a Saint-Juste, de outro. Apesar de seu pessimismo, que o levou a pensar, sobretudo a partir de 1920, que o ser humano é antes de tudo um matador dos outros e de si mesmo, Freud era claramente o herdeiro dos pensadores das Luzes: Luzes francesas e alemãs misturadas, Luzes luminosas e luzes sombrias. Contra todas as teologias da queda — que continuam a alimentar a fantasia da "grande substituição" —, e retomando para si a ideia trágica de destino tão cara aos antigos, Freud dava primazia ao sentimento, à natureza, ao íntimo, à sensibilidade, mas sob a condição de que a vontade, a razão e o intelecto fossem igualmente valorizados. Nesse sentido, ele juntava-se não somente a Kant e à sua ideia de extrair a paz da natureza guerreira, mas também ao ideal dos inventores da liberdade, muito bem definido por Jean Starobinski.[10]

Além de uma concepção da liberdade segundo a qual o eu não é senhor em sua casa — e, portanto, o sujeito não se reduz jamais a uma identidade —, Freud pensava que as nações modernas deviam lançar os fundamentos de uma sociedade capaz de garantir a felicidade de seus cidadãos. E é exatamente por isso que, em 1930, em *Mal-estar na civilização*, ele reafirma que somente o acesso à civilização poderia pôr um freio na pulsão de destruição inscrita no coração da humanidade. No fundo, ele subscrevia, sem dizê-lo, esta profecia de Hölderlin: "É quando o perigo é maior que a salvação está mais próxima".[11]

Ora, o que vemos hoje mais ou menos no mundo inteiro é justamente uma inversão do avanço da civilização. Na Europa, para começar, com uma diminuição do progressismo na Polônia e na Hungria, ou o Brexit no Reino Unido — contragolpe nacionalista diante da perda de um império colonial —, e na Itália, enfim, com os movimentos populistas nascidos da sociedade civil. Soma-se a isso a instabilidade de países tradicionalmente abertos a políticas sociais: a Península Escandinava ou os Países Baixos. Na Alemanha e na Grécia, assiste-se a uma ascensão das correntes neonazistas. Confrontados com duras oposições à construção de uma Europa centrada no mercado e com um desejo de ensimesmamento, esses países estão sendo atravessados atualmente por forças contraditórias e veem-se enfraquecidos em sua inventividade, sendo ameaçados ao mesmo tempo por novas potências imperiais. Na Turquia, desde 2014, reina um déspota, Recep Tayiip Erdogan, que sonha em reconstituir o Império Otomano. Do mesmo modo, a Rússia voltou a ser imperial sob o reinado de Vladimir Putin, no poder desde 2000, enquanto, na Índia, Narendra Modi, primeiro-ministro desde 2014, trava uma verdadeira guerra em nome da "hinduidade" contra escritores, jornalistas, intelectuais, e perseguindo sempre as minorias muçulmanas e cristãs. Quanto à China, submetida à ditadura de Xi Jinping desde 2008, ela promove um nacionalismo feroz, baseado no que resta de "comunismo" — um Partido onipresente em todos os momentos da vida — e numa exploração sem precedentes das massas.[12]

Do outro lado do Atlântico, a questão da identidade de "raça" não se coloca da mesma forma como nos antigos impérios coloniais do mundo ocidental, onde os ideais do colonialismo e do anticolonialismo se confrontaram. Os Estados Unidos não só se construíram sempre com base no princípio do multiculturalismo, ou seja, como uma nação que acolhe todas as imigrações vindas de fora, da Europa e da Ásia, mas também derivam seu princípio de governo da tradição bíblica. Além disso, não dispondo de um "*arrière-monde*" — Atenas, Jerusalém ou Roma —, eles consideraram que o traço característico da americanidade civilizada era a cor branca: contra as tribos indígenas, progressivamente massacradas, contra os negros, reduzidos à escravidão, mas também contra os "chicanos" (os mexicano-americanos, os hispânicos). Consequentemente, o racismo dos americanos brancos é ao mesmo tempo biológico, patrimonial, cultural, social e existencial.

Fundada em 1865, logo após a Guerra de Secessão, a seita Ku Klux Klan, composta por sulistas fanáticos, estava, ademais, impregnada de um antissemitismo arcaico: as cruzes em fogo e as túnicas brancas transformavam seus membros em personagens fantasmagóricos, cujas ações funestas banharam os Estados Unidos em sangue durante mais de um século. Como era evidente que a evolução demográfica confirmava que a mestiçagem era a regra e que a pretensa "pureza da raça" não passava de uma ilusão — fosse ela branca ou não branca —, os famosos "brancos civilizados" sentiram-se progressivamente despossuídos de sua identidade, à medida que avançava a luta pelos direitos civis — uma luta apoiada, aliás, por americanos brancos muito mais "civilizados" e "elitistas" que aqueles da "outra América", dita "profunda".[13]

Hoje, os "cavaleiros brancos" dos Estados Unidos identitários estão divididos numa multidão de grupos: Movimento Nacional Socialista, Fraternidade Ariana, Proud Boys, Movimento Identitário, Identity Evropa, Vanguard America, Patriot Front e, enfim, QAnon, rede conspiratória surgida em 2017, com 3 milhões de adeptos convencidos da existência de uma cabala mundial de pedófilos, adoradores de Satã, que controlaria as mídias, o cinema hollywoodiano e as elites políticas internacionais.

Foi nesse contexto, marcado igualmente pela expansão dos *studies* no seio das universidades, pela destruição do World Trade Center, pela emergência de um islamismo mortífero, que explodiram as angústias identitárias desses brancos, convencidos de que a outra metade dos Estados Unidos — mestiçada, intelectual, universitária — os despojava de seu "privilégio branco", ou seja, de sua americanidade. E foi por isso que, em 2016, essa pequena classe média branca levou Donald Trump à Presidência dos Estados Unidos:[14] sem dúvida não foi principalmente por razões econômicas, mas por sua "identidade racial" e contra seu antecessor, Barack Obama, encarnação a seus olhos de uma América negra, elitista e, portanto, detestável. O slogan "Make America Great Again" transformou-se no grito de fúria de milhões de norte-americanos que almejavam o restabelecimento da antiga ordem, da qual eles teriam sido "espoliados": "Ao contrário do que alguns especialistas chegaram a afirmar", destaca Sylvie Laurent,

> não foi a vulnerabilidade econômica que suscitou o sentimento de despojamento racial. O mecanismo era inverso. Sem se ver conscientemente como racista, esse eleitorado reivindicava com seus votos uma política de identidade branca que restaurasse uma precedência racial que eles julgavam evanescente, mas da qual, na verdade, nunca deixaram de se beneficiar.[15]

E não é fruto do acaso que, confrontados com esse racismo altamente letal e alimentado pelo terror do desaparecimento, os movimentos negros norte-americanos também tenham evoluído, a partir de 2013, da luta pelos direitos civis para a reivindicação, muitas vezes violenta, de um direito à "identidade" ligado a seu estatuto de descendentes dos antigos escravos. Daí a adoção de um slogan que causará furor: "Black Lives Matter". Confrontos, rebeliões, batalhas urbanas, destruição de estátuas multiplicaram-se no coração das grandes cidades dos Estados Unidos, dando ensejo, às vezes, a situações insurrecionais. E, claro, um outro movimento surgiu num reflexo especular dessa reivindicação existencial, em 2015: o White Lives Matter, composto por múltiplos grupos supremacistas brancos, herdeiros da antiga Ku Klux Klan e por neonazistas, todos adeptos da doutrina da "grande substituição". E a isso juntou-se também o Blue Lives Matter ("Vidas Azuis — as dos policiais — Importam").

O pior nessa história é que as mesmas pessoas que combateram o obscurantismo religioso e lutaram em prol do antirracismo e da abolição das discriminações contra os negros sentem-se agora discriminadas por um "privilégio negro" ou se confundem com os racistas da nebulosa da extrema direita. Assim, em maio de 2020, um professor da Universidade da Flórida Central, Charles Negy, psicoterapeuta transcultural,[16] foi vítima de uma campanha de difamação por ter estudado a maneira como os brancos se sentem vítimas, por sua vez, de uma vergonha de serem brancos. Num tuíte replicado milhares de vezes, ele criticou os procedimentos de *affirmative action* (discriminação positiva) e constatou que uma verdadeira infâmia pesava atualmente sobre os professores brancos, convidados a se justificar sobre os crimes cometidos pela "cultura branca".[17]

Por intermédio das redes sociais, os grupos da nebulosa nacional-identitária prosperam em cima da miséria dos povos e propagam suas ideias regressivas. Eles partilham com seus inimigos extremistas da outra margem um ódio absoluto pelo progressismo e pela esquerda, mas por razões diversas. São decididamente ligados à tradição dos anti-Luzes, muito bem descrita pelo historiador Zeev Sternhell, segundo a qual o sujeito só existe na e pela comunidade e o indivíduo só existe por suas particularidades. A identidade, nessa ótica, é sempre separatista. É bom lembrar que foi nos seguintes termos que Joseph de Maistre se opôs a Montesquieu: "A Constituição de 1795", dizia ele em 1796, "assim como as anteriores, foi feita para o Homem. Ora, não existe Homem no mundo. Tenho visto, em minha vida, franceses, italianos, russos etc. Porém, quanto ao Homem, declaro que nunca o encontrei em minha vida. Se ele existe, é à minha revelia".[18]

O que os nacional-identitários temem atualmente é a "mistura", como se fosse possível preservar os povos e os territórios de qualquer contato, como se cada um devesse se resguardar dos excessos da globalização não através da regulação, da lei ou da proteção de fronteiras, mas com muros e arames farpados. Eles qualificam tudo o que não é eles próprios de "totalitário";

sentem-se náufragos, pobres, "substituídos", excluídos, e veem o liberalismo, o comunismo, o socialismo, o jacobinismo, o comunitarismo, o multiculturalismo como os responsáveis por sua desgraça. E enxergam-se também como os últimos guardiões de uma civilização ameaçada pela modernidade: um museu de cera, de retratos, de objetos congelados para sempre num tempo imemorial. Acreditam na pureza da nação, da cultura, convencidos de que nada deve se misturar: não concebem nem o "perto demais" nem o "longe demais".

E, por uma inversão de estigmas, embaralhando todas as tendências, designam-se por sua vez como vítimas de uma ideologia dominante que teria se apossado dos bastiões do saber, da imprensa e da Universidade. Em toda parte, veem-se como os pobres brancos vencidos pelos bárbaros transgêneros e decoloniais, como "autóctones" privados de sua identidade. Na França, afirmam que são forçados ao arrependimento, ao rebaixamento de seus valores. Com frequência desenvolvem uma síndrome da identidade infeliz quando constatam aquilo que chamam de "grande deculturação" de seu país, ligada a uma "imigração de substituição".[19] E com frequência darão mostras de um antiamericanismo primário,[20] voltado contra os "campi norte-americanos", no mesmo momento em que, do outro lado do Atlântico, Donald Trump e seus partidários atacavam a França, qualificada como povo "delinquente"... Será preciso lembrar que o antiamericanismo não vale mais que a francofobia? Nenhum nacionalismo identitário é preferível a outro.

E é evidente que, assim como os identitários da outra margem — seus "perseguidores" —, os nacional-identitários proclamam sua indignação sem nunca propor a menor "solução" para o problema das derivas identitárias exceto a erradicação de seus territórios das pretensas "matilhas" estrangeiras que estariam ameaçando suplantar os bons nacionais "de raiz". Mas onde estariam esses "enraizados" senão em suas fantasias? Pois na verdade eles não são nem um pouco vítimas.

Terror da invasão

A teoria da possibilidade de substituição de um povo por outro, estranho à sua identidade, surgiu no final do século XIX, primeiro sob a pena de Edouard Drumont, depois em textos de Maurice Barrès, em reação às novas leis republicanas de 1889, que estabeleciam que crianças nascidas na França de pais estrangeiros se tornassem francesas ao atingir a maioridade. Publicado em 1886, *La France juive* [A França judia] é, sem a menor dúvida, o livro mais abjeto escrito contra os judeus.[21] Tomado pelo terror da substituição, Drumont julga retraçar em seis partes e de modo objetivo uma verdade que teria sido incessantemente dissimulada: a história da destruição pelos judeus dos povos civilizados da Europa. E, para oferecer uma prova de sua tese, ele retomou toda a temática conspiracionista do antijudaísmo cristão: os judeus propagariam a peste, poluiriam as águas, cometeriam crimes rituais, cortariam crianças em pedaços etc. Mas Drumont inclui também a história dessa conspiração na longa epopeia da luta de morte travada, no curso dos séculos, entre semitas e arianos. E conclui que a maior vitória obtida pelos arianos contra a praga semita foi a expulsão dos judeus pelo rei Carlos VI e o confisco de seus bens. Entre isso e o advento da Revolução de 1789, diz Drumont, em resumo, a França "tornou-se enfim, graças à eliminação desse veneno, uma grande nação europeia, antes de entrar num período de decadência".[22]

Barrès também não utiliza o termo "substituição", mas evoca os "novos franceses" que teriam penetrado nas entranhas do povo para inocular-lhe uma sensibilidade primária: "Eles contrariam nossa civilização própria. O triunfo de sua maneira de ver seria a ruína real de nossa pátria", afirma. "O nome da França até poderia sobreviver; mas o caráter especial do nosso país seria destruído, e o povo instalado em nosso nome e sobre nosso território caminharia para destinos contraditórios com os destinos e as necessidades de nossa terra e de nossos mortos".[23]

Durante toda a primeira metade do século XX — e até o genocídio dos judeus pelos nazistas —, diversas teses, segundo as quais as populações europeias estariam sendo incessantemente ameaçadas, floresceram sob a pena de inúmeros escritores e ensaístas, em específico Georges Mauco, psicanalista, pedagogo e demógrafo, autor de *Les Étrangers en France: Leur rôle dans l'activité économique* [Os estrangeiros na França: Seu papel na atividade econômica], livro publicado em 1932 e que obterá um sucesso considerável. O autor defende teses racistas e nacionalistas sobre a "hierarquia das etnias" e sustenta que certos estrangeiros não são integráveis: entre eles, os levantinos, os africanos e os asiáticos.[24] A obra foi recebida positivamente pela direita, sensível ao preconceito desigualitarista, e por certos demógrafos, que nela encontraram, pela primeira vez, alimento para a hipótese da existência de um vínculo entre imigração e identidade nacional. Durante a Ocupação, Mauco passou do racismo ao antissemitismo, colaborando com Georges Montandon na revista *L'Ethnie Française*, centro da propaganda antissemita do regime de Vichy, na qual todos os artigos visavam a denunciar o "tipo judeu" segundo os critérios adotados pelo nazismo. Mauco publicou dois artigos com a intenção de mobilizar a psicanálise para distinguir uma "neurose judaica".[25]

A ideia segundo a qual a presença de certos estrangeiros seria mais aceitável que a de outros ronda inúmeros escritos da época, especialmente a obra de Jean Giraudoux, que, em 1939, considerava que "a raça anglo-saxônica, a escandinava e a germânica", assim como "nossos irmãos suíços e belgas", podiam muito bem desfrutar de uma política demográfica conforme à raça francesa, "fusão de diversos elementos étnicos", mas que em caso algum se poderia aceitar os árabes, os asiáticos e os negros. E sublinhava incessantemente o quanto a civilização francesa estava ameaçada por essas "hordas pululantes" que se aproveitavam da depopulação para instalar-se em Pantin ou em Grenelle. E o mesmo acontecia, a seu ver, com os asquenazes escapados dos guetos poloneses, e com os próprios poloneses, aos quais ele ainda juntava os tchecos e os italianos. Giraudoux preconizava que os estrangeiros só fossem aceitos se estivessem sãos, vigorosos e sem qualquer tara mental.[26]

Inúmeras eram então as obras que faziam referência ao "desaparecimento" ou ao declínio da raça branca, ao crepúsculo das nações ocidentais ou ainda à impossibilidade de a raça branca defender sua identidade diante da invasão dos povos vindos da Ásia, da África e do império colonial. Popularizado na Alemanha em 1895, o slogan "Perigo amarelo" tornou-se sinônimo de uma fantasia de invasão da Europa, não mais pelas hordas de Gengis Khan mas por "formigas" de baixa estatura e olhos puxados vindas da China e do Japão. Para defender o Arcanjo Gabriel e a Europa cristã, era preciso, portanto, resistir também ao budismo e a todas as religiões politeístas. A isto acrescentava-se outro terror, o perigo vermelho, simbolizado pela figura de um bolchevique hirsuto de olhos esbugalhados, apertando entre os dentes um punhal manchado de sangue.

A partir de 1945, com a crítica da noção de raça, o terror da subversão expressou-se de outra forma, à medida que os impérios coloniais se desintegravam. O medo do imigrante — negro, mestiço, árabe — substituiu o medo do judeu, enquanto o termo "etnia" tendia a generalizar-se, em virtude da exclusão da ideia de "raça", sucedida pela noção de "diferença de culturas", nos trabalhos das ciências sociais. A palavra "raça" será retomada em seguida, como vimos, pelos defensores das políticas identitárias e por outros decoloniais, sob a forma do adjetivo "racizado". Quanto ao conceito de etnia, ele impôs-se em antropologia e etnologia para definir uma população humana — ou um grupo — tendo em comum uma ascendência, uma história, uma cultura, uma língua, uma religião, um modo de vida: em uma palavra, uma identidade construída tanto pelos sujeitos que a compõem quanto pelos sábios que observam seu funcionamento. A "etnicidade" estaria ligada doravante a um patrimônio cultural comum, e o uso do prefixo "etno-" permite distinguir disciplinas transculturais: etnopsicanálise, etnopsiquiatria, etno-história etc. Quanto ao adjetivo "étnico", de importação anglófona, ele será utilizado com todo tipo de molho identitário por um marketing de conotação comunitarista: roupas artesanais, objetos folclóricos, alimentos exóticos etc.[27]

Durante os mesmos anos, a teoria da substituição e do perigo ganhará espaço nos discursos da extrema direita e de uma pequena parte da direita francesa, a tal ponto que, confrontados com a decolonização e com os debates sobre a negritude, os nostálgicos do antigo império colonial, vencidos nos campos de batalha e substituídos atualmente por exércitos *yankees*, inventarão novas combinações. Para muitos deles, a defesa do Ocidente europeu deveria passar agora por uma aliança identitária entre os proletários e os capitalistas de cor branca, ameaçados, para além de suas oposições de classe, pelos "não brancos", majoritários no planeta inteiro. Daí o surgimento de uma ideologia que liga o anti-imperialismo norte-americano, versão anti-Coca-Cola, a uma espécie de visão igualitarista dos povos. Todos os povos, dirão eles em substância, têm direito a seu próprio "espaço vital", mas é preciso também que se mantenham encerrados em fronteiras bem definidas. Tese bastante diferente daquela da integração, de um lado, e da do multiculturalismo, de outro, pois supõe a implantação de uma estanquidade radical para separar sujeitos ou grupos definidos por seu pertencimento identitário.

Nessa perspectiva, que reprovava os casamentos "mistos" e a binacionalidade, os judeus não eram mais designados abertamente como agentes de destruição dos outros povos ditos "de raiz", pois eles mesmos estavam ameaçados de "substituição" por imigrantes árabes, negros e outros, oriundos de um mundo extraeuropeu em vias de islamização e, portanto, hostil ao judaico-cristianismo.

Todos os movimentos identitários oriundos da antiga extrema direita europeia, de grupúsculos neonazistas ou outros grupos cristãos ou pagãos tomaram finalmente para si a ideia de genocídio, acusando tanto os progressistas quanto os anticolonialistas de favorecer o "declínio civilizacional" do

Ocidente. Eles eram portanto culpados, com seu angelismo e sua covardia, de encorajar um processo de extermínio das populações brancas, quiçá um "capitalismo da mestiçagem forçada". É assim que os mulatos, e mais ainda as mulatas, foram novamente designados como responsáveis pela destruição suprema, orquestrada, no curso do tempo, pelos exércitos do Profeta: "A mestiçagem sistemática nada mais é que um genocídio lento", e ainda:

> O mundo árabe, apoiado dessa vez pelas multidões africanas, pode explodir numa forma direta de expansionismo que lembra os primeiros ataques islâmicos que viram os fiéis do Profeta estabelecidos durante sete séculos na Espanha, dois séculos na Sicília e no Garigliano, detendo o controle de Taranto e Bari.[28]

Essa é a temática que reaparece em 1973, num livro de Jean Raspail, *O campo dos santos*,[29] que de início passou despercebido, mas que trinta anos depois obteve sucesso fenomenal entre todos os Identitários nacionalistas e mais ainda entre os supremacistas norte-americanos. Viajante de longo curso, monarquista paradoxal, defensor encarniçado de Luís XVI, católico fervoroso ligado aos ideais de "cada um no seu lugar", Raspail era fascinado pelas geografias extremas e pelas experiências de exceção. Admirador de mercenários iluminados pela fé, ele iria se proclamar cônsul-geral da Patagônia, depois de ter escrito uma biografia romanceada de Antoine de Tounens, que no século XIX instalou-se no território dos Mapuche (Araucânia) para ali fundar um reino.[30]

Considerado louco em 1862 pela Corte Suprema do Chile, Tounens, recordemos, foi repatriado para a França, embora ainda se visse como soberano de seu reino imaginário. E Raspail, identificado com seu personagem, declarou-se patagônio, pois, conforme dizia, nesse país todo homem pode ser rei. É, portanto, à luz dessa proclamação do "eu soberano" e do "cada um em seu lugar" que se deve analisar seu romance de 1973, que descreve a invasão da civilização ocidental pela imigração de um milhão de náufragos miseráveis chegados do delta do Ganges e despejados numa praia da Côte d'Azur.

Toda a temática clássica da substituição se desenvolve no romance: a produção, em Calcutá, de crianças para serem adotadas e enviadas ao Ocidente por um padre belga; as multidões de indianos famintos amontoados em barcos abjetos; um imigrante infeliz, chamado de "coprófago", erguendo seu filho malformado para enviá-lo à Europa; as tropas soviéticas prontas a combater os chineses que invadem a Sibéria. E, por fim, cereja do bolo, a subversão total do Ocidente branco, cujos habitantes são obrigados a compartilhar suas moradias com gente "escura" sem fé nem lei. Na conclusão, o narrador revela que está escrevendo a história em seu chalé suíço, último bastião de uma civilização ocidental já engolida.

Criticada na época da publicação pela imprensa de direita, sobretudo *Le Figaro*, a obra tornou-se um best-seller dois anos mais tarde, primeiramente nos Estados Unidos. No curso dos anos, foi traduzida em várias línguas, enquanto na França arrebanhava um público sustentado por jornais da extrema direita: *Valeurs Actuelles*, *Minute*, *Rivarol*, *Aspects de la France*. A cada reedição, o autor acrescentava "novas provas" da veracidade de seu relato, que a seus olhos deixava, portanto, de ser pura ficção. Ele menciona, aliás, sua humilhação por não ter obtido nem uma única resenha[31] no *Le Monde* ou *Le Nouvel Observateur*.

Raspail convenceu-se, afinal, de que seu nome figurava numa lista negra estabelecida por partidários da mestiçagem generalizada de sua bela pátria francesa. E depois, em 17 de fevereiro de 2001, ele teve enfim a confirmação de que a França estava destinada a desaparecer, quando a realidade, segundo ele, lhe deu razão: em sua querida praia de Boulouris, a do *Campo dos santos*, de sua casa no alto da colina, ele assistiu aterrorizado à chegada de mil selvagens surgidos do mar após o naufrágio de um barco. E, ao ler o comunicado da AFP, teve a certeza de que o jornalista copiara os três primeiros parágrafos de seu livro: os monstros estavam lá, de verdade e por um bom tempo.

A realidade, no entanto, era bem diferente. Naquele dia, um velho cargueiro enferrujado, o *East Sea*, de bandeira cambojana, livrou-se na praia de Boulouris de novecentos refugiados curdos, metade dos quais formada por crianças, que ficaram chapinhando num monte de lixo. Abandonados por uma tripulação de atravessadores que extorquiram seus bens, esses *boat people* em farrapos foram os primeiros refugiados vindos do Iraque e da Síria para desembarcar na costa francesa. Alguns dias mais tarde, dois terços deles deixaram a França para buscar asilo no Reino Unido, na Alemanha e nos Países Baixos. Eis, portanto, quem eram os "invasores" tão temidos por Jean Raspail.

"Big Other": De Boulouris a *La Campagne de France*

Por ocasião da reedição de sua obra, em 2011, Raspail redigiu um prefácio intitulado "Big Other", em homenagem ao romance de George Orwell,[32] que estava, claro, perfeitamente alheio a essa estranha narrativa alucinatória. Cada vez mais em sintonia com o conspiracionismo crescente na França, Raspail ridicularizava as leis da República, organizando pessoalmente a lista de todos os trechos racistas, antissemitas e negacionistas de seu romance que haviam caído nas malhas das leis que ele julgava grotescas. Seu livro, dizia ele, se escrito em 2011, não teria visto a luz do dia: ele seria "impublicável, a não ser que fosse gravemente amputado".[33] O autor estava enganado. Tratando-se de um romance, e não de um ensaio ou de um diário íntimo, ele não corria o risco de ser levado aos tribunais.

Longe de fustigar os infelizes imigrantes, reduzidos a pó, o livro multiforme de Raspail atacava a decadência dos poderes públicos, o enfraquecimento do Exército, a cegueira do clero e da França inteira, que se tornara, a seu olhos, a mais covarde das nações do planeta. Segundo ele, o país estava condenado a soçobrar por ter ousado cortar a cabeça de um rei e repudiar a verdadeira religião. Vem daí o título do livro, extraído de uma passagem do Apocalipse na qual Satã convoca todas as nações a juntar-se para a batalha final contra o "campo dos santos", antes de ser vencido para toda a eternidade pelo fogo divino. Em 2011, Raspail contou que escreveu sua obra em Boulouris, perto de Saint-Raphaël, em estado de exaltação mística, sem "saber o que lhe passava pela cabeça".

Quem é "Big Other"? É claro que, naquela época, Raspail não tinha a menor ideia do que poderia significar este termo — o "grande Outro"[34] — no campo das ciências humanas, que ele atacava furiosamente, denunciando de maneira confusa "a manada midiática, show-bíztica [sic], artística, direitos-do--homenística, universitária, professora, socióloga, literária, publicitária, judiciária, esquerdo-cristã, episcopal, científica, psi, militante humanitária, política, associativa, mutualista...". Sentindo-se pessoalmente naufragado em seu próprio país, ele acusava todas as instituições de pesquisa da França — EHESS, ENS, CNRS —, todas as universidades e todas as associações psicanalíticas de, com a tolerância em relação aos estrangeiros, serem as causadoras de sua angústia identitária. Ele via em toda parte o olho de um grande Outro lacaniano-orweliano vigiando-o e introduzindo-se em seus neurônios: "Big Other tem mil vozes, olhos e ouvidos por todo lado. É o Filho Único do Pensamento dominante, como o Cristo é o Filho de Deus e procede do Espírito Santo".[35] E é claro que, no coração da apologia dos burgúndios, dos vikings e dos visigodos, surgia sob sua pena o espectro de uma França mestiçada, destruída por extraeuropeus islamizados.

É assim, por intermédio de um livro louco, de estilo acadêmico, escrito por um nostálgico dos Hugo Capeto e do império colonial, que a tese da substituição seguirá seu caminho, não somente no interior da nebulosa dos Identitários da extrema direita, mas também, progressivamente, nas fileiras da direita republicana mais honorável, e depois nas de uma esquerda republicana tomada pela angústia de uma islamização da França via campi norte-americanos. Até sua morte, Jean Raspail será homenageado na imprensa como um escritor de envergadura, um dos primeiros a denunciar o perigo migratório que ninguém queria ver.

A mesma tese será retomada por Michel Houellebecq em 2015, numa outra narrativa de antecipação, *Submissão*, descrevendo num estilo glacial e hiperrealista a chegada ao poder, na França, de um partido islamista. Emblema absoluto das angústias da extrema direita cultivada, assinado por um autor fascinado pela abjeção, que escreve com uma pena totalmente desprovida de afeto, o livro, publicado no mesmo dia dos assassinatos dos desenhistas do *Charlie Hebdo*, conheceu um sucesso mundial e foi recebido por toda a imprensa — tanto de direita quanto de esquerda — como obra-prima literária.[36]

É preciso dizer, a esse respeito, que, assim como seus inimigos jurados, os Identitários da outra margem também têm seus autores fetiches, escolhidos entre os maiores escritores da literatura mundial, cujas obras eles reinterpretam de modo descabido. Assim, George Orwell — anticolonialista feroz, ex-combatente das Brigadas Internacionais nas fileiras do Partido Operário de Unificação Marxista (Poum),[37] panfletário empirista, adepto de uma moral da "decência comum", antifascista radical, hostil a qualquer universalismo abstrato e um antistalinista de primeira hora — tornou-se, na produção desses escritores, uma espécie de anarquista conservador, adversário do "desconstrutivismo", do "estruturalismo", dos LGBT, dos ecologistas, dos indigenistas, de todo o pensamento sociológico, do liberalismo e, portanto, para encerrar, dos campi norte-americanos, importadores do queer e da interseccionalidade.[38]

Da mesma forma, eles fazem de Philip Roth — poderoso escritor da modernidade, conservador esclarecido à maneira de Freud, capaz de ironizar todas as derivas identitárias no mais puro estilo da judeidade nova-iorquina — a encarnação de um antiprogressismo radical. E para convencer a si mesmos, buscam apoio na justificadíssima denúncia de Roth sobre as errâncias do "politicamente correto". De fato, num romance suntuoso, *A marca humana*, publicado em 2000, Roth narra a história de um velho, Coleman Silk, ex-professor de letras clássicas, perseguido por militantes antirracistas em razão do uso da palavra "zumbi" e que prefere se demitir a revelar sua vida secreta: mestiço, ele se fazia passar por judeu e mantinha uma ligação culpada com uma faxineira também ela perseguida, por seu ex-marido, um veterano do Vietnã. O livro é, portanto, um requisitório contra uma América bem-pensante e puritana, a mesma que esteve na origem dos ataques contra Bill Clinton no caso de Monica Lewinsky, em 1998.[39]

Diante do arsenal legislativo dos anos 1970-2000 proibindo a expressão direta do racismo, do antissemitismo, do negacionismo, o mito dos perigos continua a florescer na França no campo da direita identitária, paralelamente ao das fobias entre os políticos identitários de esquerda. Sua estrutura pode ser encontrada em todas as manifestações de hostilidade às leis favoráveis ao casamento homossexual e às procriações assistidas, pois os Identitários (da extrema direita) consideram que elas favorecem o processo de abolição da ordem familiar e da diferença anatômica entre os sexos.

É forçoso constatar que já a partir de 1980, em reação aos acontecimentos de Maio de 68 e a um avanço real dos direitos individuais em prol das mulheres, dos estrangeiros e das minorias — movimento que se amplificaria nos governos socialistas depois da eleição de François Mitterand à Presidência da República —, várias correntes de pensamento dedicaram-se com sucesso à reconquista do campo intelectual que durante anos foi dominado pela esquerda. Foi o caso, em especial, de Alain de Benoist e seu Grupo de Pesquisa e Estudos para a Civilização Europeia (Grece, na sigla francesa) e de várias revistas, entre as quais *Éléments*, *Nouvelle École* e sobretudo *Krisis*. Fundada em 1988, esta última apresentava-se como um suporte de alto nível, capaz de atrair intelectuais de todos os matizes, desde que eles aceitassem discutir, num "diálogo construtivo", a identidade nacional, a arte moderna, os malfeitos do antirracismo e do cosmopolitismo.[40] Sem dúvida alguma, durante esse período, várias correntes ultrarreacionárias (opostas, aliás, umas às outras) recuperaram um vigor incontestável entre o integrismo católico, a defesa de um Ocidente destroçado, a zombaria contra a arte moderna ou um neopaganismo convicto, assumindo, por exemplo, uma interpretação extravagante do pensamento de Georges Dumézil.[41] Eles tentavam restaurar os ideais de um mundo antigo, ariano-greco-latino para uns, judaico-cristão para outros, sobre um fundo de soberanismo, de antiamericanismo e de antiglobalização.

A coisa chegou a tal ponto que, em 1993, um grupo de cerca de quarenta intelectuais, professores universitários e estudiosos — entre os quais Jean-Pierre Vernant, Yves Bonnefoy, Georges Duby, Umberto Eco, François Jacob, Pierre Bourdieu, Jacques Derrida, Michelle Perrot, Jean Pouillon, Françoise Héritier, Jacques Revel, Arlette Farge, Michel Deguy — redigiu um manifesto, iniciativa de Maurice Olender, conclamando os intelectuais a não colaborar com as ações dessa nova extrema direita, cujos protagonistas se pretendiam mudados:

> Uma vez captadas, as assinaturas evidentemente dão crédito à ideia de que a pretensa mudança é uma realidade [...]. Com o beneplácito dessas cumplicidades involuntárias, tememos ver banalizar-se em nossa vida intelectual a presença de discursos que devem ser combatidos porque ameaçam ao mesmo tempo a democracia e as vidas humanas.[42]

O manifesto obteve pleno sucesso, sobretudo porque acertava o alvo. De fato, no mesmo ano Paul Yonnet, sociólogo do esporte, publicara pela Gallimard e sob a égide da revista *Le Débat* uma obra, *Voyage au centre du malaise français* [Viagem ao centro do mal-estar francês], que retomava palavra por palavra os discursos da nova extrema direita. Ele denunciava ao mesmo tempo o mercado, a degradação dos ideais da identidade francesa, a pretensão à hegemonia dos adeptos dos "direitos-do-homenismo" e sobretudo as lutas antirracistas — ou o "neoantirracismo" —, que via como manifestação do fim da identidade francesa. Pior ainda, ele deplorava que se reduzisse o romance nacional francês à história da Segunda Guerra Mundial, ou seja, à questão do extermínio dos judeus. E mirava, claro, a associação sos Racismo e a esquerda "caviar" ou mitterrandiana, que, no entanto, não antecipava em nada as posições decolonialistas: o antirracismo não é somente mais preocupante que o racismo, ele é mais nocivo, dizia ele, tese sustentada igualmente por Pierre-André Taguieff, pesquisador de renome e especialista em racismo.

Em suma, Yonnet brandia a fantasia da mestiçagem, da substituição e da invasão. Criticado por todos os lados, especialmente pelos jornais *Libération* e *Le Nouvel Observateur*, e acreditando-se vítima de uma cabala, ele respondeu com um texto redigido num "falar obscuro", recheado de neologismos, sobretudo com os prefixos "neo-" e "pan-":[43]

> Coloquemos o seguinte raciocínio, que é também uma tautologia: se a assimilação dos imigrantes que desejam se tornar franceses se realizar, será contra a utopia neoantirracista de uma regeneração da sociedade francesa através de sua transformação em sociedade

> pan-racial, pan-étnica, pancomunitária, contra a propagação febril de uma visão pan-racial das relações sociais, contra a vontade ostentada de destruir os mecanismos de assimilação depois de declará-los mortíferos; será contra o mito da dissolução da cultura e da nacionalidade francesas na universalidade dos direitos do homem; contra o mito da realização do rebaixamento do homem dito "branco"; contra o programa político do neoantirracismo que consiste em contrarrestar por todos os meios a vontade de dominar os fluxos migratórios.[44]

O problema nesse caso é que nenhum dos "inimigos" de Paul Yonnet subscrevia o programa "pan-racial" ou qualquer outro nos mesmos moldes. Vinte anos depois, ao contrário, suas teses conquistarão uma parte da intelligentsia e serão retomadas pela imprensa de direita contra a "invasão" do pensamento decolonial.

Ao contrário de Raspail, Renaud Camus, inventor da "grande substituição", veio do meio literário de vanguarda, próximo de Roland Barthes, Marguerite Duras e cronista no jornal *Le Gai Pied*. Militante da causa homossexual, socialista de esquerda e ecologista, ele começou a carreira com a publicação de contos nos quais narrava suas relações amorosas do modo mais literal. Um deles, "Tricks", foi prefaciado por Barthes, e nada levava a crer que aquele amável dândi proustiano iria detonar uma das maiores querelas literárias, editoriais e midiáticas da primeira metade do século XXI, ao publicar, em 2000, *La Campagne de France: Journal 1994* [A Campanha da França: Diário 1994], motivando mais de cem artigos, petições e manifestos, uma apreensão do livro para suprimir trechos antissemitas, seguida de uma estrondosa volta às livrarias. O caso é conhecido e foi suficientemente analisado e explicado por protagonistas e comentadores para que eu precise voltar a ele.[45] No entanto, é preciso ter em mente que, nesse livro, a questão era contabilizar as identidades étnico-religiosas numa época em que as famosas leis contestadas por Jean Raspail aplicavam-se não à literatura, mas à expressão direta de opiniões e julgamentos.

Criticando um programa da rádio France Culture, Renaud Camus dedicava-se, no diário, a um exercício de estilo sobre o "demais" e o "não bastante":

> Seja como for, há um certo exagero nos colaboradores judeus de *Panorama*: por um lado, eles são mais ou menos quatro em cinco ou quatro em seis a cada programa, ou ainda cinco em sete, o que, num espaço nacional e quase oficial, constitui uma nítida super-representação de determinado grupo étnico ou religioso; por outro lado, eles dão um jeito para que pelo menos um programa por semana seja dedicado à cultura judaica, à religião judaica, a escritores judeus, ao Estado de Israel e à sua política...

E, mais adiante, Camus perguntava o que o ouvinte sentiria se, entre os jornalistas reunidos em torno do microfone,

> houvesse quatro homossexuais em seis ou cinco em sete [...]. Por acaso não diriam que há um certo exagero nesses homossexuais? Ora, existem na França muito mais homossexuais que judeus (quer dizer, acho eu). E há também muito mais árabes. E os árabes praticamente não são representados em *Panorama*, exceto, de tempos em tempos, por um franco-libanês *cristão*.[46]

Relendo o texto, é quase impossível não o comparar às famosas classificações oriundas dos *cultural-colonial-gender--studies*, que Renaud Camus não cessará de injuriar mais tarde. No entanto, algumas páginas adiante ele tomava para si o terror da subversão, com a pequena diferença de que os judeus haviam sido "substituídos" pelos árabes, os muçulmanos, os estrangeiros e, acima de tudo, mais uma vez, os mestiços. Alguns teriam conseguido se integrar, enquanto outros estavam condenados a nunca chegar lá:

> Acho que a sociedade mestiçada vencerá, que em grande parte ela já venceu [...]. Assim como os judeus, bem menos estranhos à nossa cultura antiga, foram progressiva e mais ou menos satisfatoriamente integrados, os muçulmanos, árabes e negros também o serão. Mas não serão integrados aos franceses de raiz, e os franceses de raiz não se integrarão a eles: todos serão integrados juntos numa sociedade e talvez numa civilização que está prestes a nascer sob os nossos olhos e que já podemos ver em ação nos subúrbios, nos liceus, nas discotecas e nos filmes publicitários.[47]

De uma página a outra, Camus passou, portanto, de um "judeu demais" para um "árabe demais". Contudo, no primeiro caso, segundo ele, a integração havia sido possível, enquanto no segundo ela estava fadada ao fracasso. Em outras palavras, ele marcava bem a evolução que ocorrera na França depois dos anos 1990. Oficialmente, no discurso dos antissemitas, os judeus não eram mais vistos como bodes expiatórios, desde que não ostentassem sua judeidade. E eram substituídos, então, nessa condição, pelos árabes, os árabes que jamais conseguiriam se tornar franceses de raiz. Foi com essa lógica delirante sobre a hierarquia entre raças boas e raças más que o discurso antissemita transformou-se, em Renaud Camus e seus semelhantes, num discurso filossemita, sempre à espreita da alteridade a ser odiada: o árabe, espectro do judeu. Essa é a espiral diabólica da doutrina da "grande substituição": um outro no lugar de um outro que substitui um outro. Uma vez completada a ciranda, é sempre o judeu, parente original, que volta ao primeiro plano: o judeu a mais, aquele do *Panorama* de France Culture, aquele em que há um exagero e que é além da conta.

E foi nesse terreno que Renaud Camus, mestre na retórica do "substituísmo", começou a fetichizar o paraíso perdido de uma língua original: o bom francês dos antigos manuais escolares, ao qual convinha acrescentar um território de raiz: um castelo no Gers, em Plieux, adquirido em 1992 e transformado em local de resistência à islamização do planeta.[48]

É nesse seu torreão de outras eras, onde recebe seus hóspedes e redige seu blog, que o antigo militante da causa homossexual tenta sobreviver num mundo alternativo, destinado, ele também, a ser substituído um dia. Em suas terras, ele assiste ao triunfo internacional de sua teoria da "grande substituição", adotada por todas as nebulosas identitárias do planeta e pelos adeptos do In-nocence, nome que deu a seu partido político, fundado em 2012, visando à sua própria candidatura à Presidência. Mas foi sobretudo em Colombey-les-Deux-Églises, em 9 de novembro de 2017, identificando-se com Charles de Gaulle, que Renaud Camus decidiu lançar seu apelo à decolonização da Europa. A imigração, dizia ele, transformou-se em "invasão", e doravante os traslados de populações levarão inelutavelmente à islamização negra e árabe de toda a Europa.

Essas teses são adotadas hoje pela galáxia da extrema direita, mas também pelos partidos e pelas mídias perturbados pela questão identitária, reiteradamente proposta pelos decoloniais e outros interseccionais que boicotam livros e espetáculos. E, para culminar, Renaud Camus preconiza uma revisão do direito de solo e uma interdição de qualquer procriação medicamente assistida. Além disso, ele retoma para si a temática da "remigração", difundida por numerosos Identitários "de raiz", propondo que se vote uma lei que permita oferecer uma alocação aos imigrantes não europeus que aceitarem voltar ("remigrar") a seus países de origem.

É verdade que Renaud Camus era um dos protagonistas mais ativos da "grande substituição", mas essa tese nunca teria na França um público nacional tão poderoso quanto o de Édouard Drumont no final do século XIX se não tivesse entrado em cena um polemista a quem as mídias complacentes oferecerão um espaço excepcional: Éric Zemmour. Nascido em 1958, em Montreuil, de uma família judia originária da Argélia, ele foi educado numa escola confessional onde tomou horror ao ritual das preces matutinas. Criado na convivência com uma mãe diabética e dona de casa e um pai motorista de ambulância, jogador de cassino e pronto a erguer o cinto diante de qualquer desobediência do filho, Zemmour adquiriu muito cedo a convicção de que era um legítimo produto da laicidade francesa, e repetirá sempre que ninguém se torna um homem de verdade enquanto não enfrentar um pai "de verdade" e não puder "matar o pai".[49] Obcecado pela questão do Nome-do-Pai, conceito bem conhecido,[50] o jovem fartou-se de psicanálise, de preferência lacaniana. Em 2017, por ocasião da vitória de Emmanuel Macron na eleição presidencial, ele insistiria no fato de que esse "Peter Pan" não queria ser pai, razão pela qual se casara com uma mãe potente (*Big Mother*) que o tratava como um "filhinho de mamãe". E citará Lacan grosseiramente: "O amor é dar o que não se tem a alguém que não o quer".[51]

Decepcionado por não ter passado no concurso para a Escola Nacional de Administração, Zemmour decidiu abraçar a carreira jornalística, passando da imprensa escrita para a rádio e depois para a televisão, onde começou a ficar conhecido por sua misoginia, seu ódio aos judeus, aos homossexuais e aos árabes. Por outro lado, para afastar qualquer ameaça de identificação com a odiada arabidade, ele se declarou "judeu berbere", um modo como outro qualquer de reivindicar o estatuto de "francês de raiz": "Não se pode ser francês e argelino ao mesmo tempo", dizia ele. Obcecado por sua origem e detestando os rituais religiosos, Zemmour jamais consegue se desligar totalmente deles, como se estivesse permanentemente obrigado a confessar uma identidade negada: "Na sinagoga sou Moisés, mas no registro civil eu me chamo Éric Justin Léon". Seja como for, Justin-Léon cultiva um santo horror aos imigrantes que dão a seus filhos nomes estrangeiros. E continua a insultar todos os Mohamed ou Rachid, todas as Zhora e Hapsatou, lembrando que foi um desastre para a França abandonar, em 1973, a obrigatoriedade de referência ao calendário dos santos ao se dar nome aos filhos, pois permitiu que os filhos dos imigrantes conservassem os traços de seu país de origem.

Graças à encantadora Catherine Barma,* e no contexto geral de uma evolução da opinião pública contra as "elites",

* Produtora de TV e responsável por *On n'est pas couché*, programa de debates apresentado aos sábados no canal France TV. (N. T.)

Zemmour garantiu um lugar confortável num canal de televisão pública, a despeito de várias condenações por incitação ao ódio racial. Em seguida, ele conseguiu ter um programa cotidiano na C-News, canal de informação contínua do grupo Canal+. Toda noite, num horário de grande audiência, ele realiza enfim o seu sonho: receber um convidado, de preferência intelectual, para debater sua grande obsessão: a França não é mais a França.

Foi a partir de 2010 que Zemmour resolveu se transformar num historiador identitário de alto nível para limpar a França de suas elites vendidas ao globalismo. E foi com essa perspectiva que ele escreveu uma espécie de trilogia dedicada ao declínio francês: *Mélancolie française* [Melancolia francesa], *Le suicide français* [O suicídio francês] e *Destin français* [Destino francês].[52] O conjunto é construído em torno da temática da "grande substituição": a França está morrendo e os homens são despojados de seus pênis e de sua legitimidade ancestral para dominar o sexo frágil. Quanto aos franceses de raiz, eles são expulsos das cidades, dos bairros, das aldeias, substituídos por populações africanas, árabes, asiáticas que transformam as igrejas em mesquitas. E cabe a Justin-Léon denunciar o vasto lupanar de uma França abarrotada de burquínis, nicabes, turbantes, amuletos, tapetes de prece, carne *halal* e transgêneros alegres, apoiados por um exército de universitários esquerdistas às ordens dos Indígenas da República, eles próprios financiados por estranhos bancos não muito franceses.

Construído exatamente sobre o modelo da *La France juive*, de Drumont — com listas de nomes, datas, títulos de obras reciclados sem pé nem cabeça, como num grande caldeirão de bruxa —, *Le Suicide français* pinta um quadro apavorante sobre os quarenta anos que, na sequência dos acontecimentos de Maio de 68, teriam levado a França a enfrentar uma agonia irreversível. Porém, para tentar salvar a pátria de seu declínio, Justin-Léon compromete-se a "desconstruir os desconstrutores", remetendo-se, todo orgulhoso, a Gramsci, à noção de "hegemonia cultural" e a Fernand Braudel, transformando-o num teórico nacionalista da identidade francesa.

Zemmour organiza, além disso, uma lista impressionante de responsáveis por esse suicídio, todos pensadores cujas obras, ao que tudo indica, ele não leu: Sartre, Simone de Beauvoir, Derrida, Bourdieu, Deleuze, Foucault, Guattari, Rosanvallon, Bernard-Henry Lévy e Claude Lanzmann (a quem ele critica por privilegiar a história da Shoah em detrimento dos outros genocídios). Quanto a Lévi-Strauss, ele o acusa de ter tentado impor à França um regime comunitarista. E é claro que ele zomba de toda a literatura dita "moderna", abrindo uma exceção para Patrick Modiano, a quem considera um admirador de Philippe Pétain. E não esquece de estigmatizar todos aqueles que, a seus olhos, colocam em perigo a coesão nacional: homossexuais, especialmente Pierre Bergé e Yves Saint Laurent, culpados por "masculinizar" as mulheres vestindo-as como homens. Para encerrar, dedica-se a uma apologia do marechal Pétain, destacando que o chefe de Estado francês teria evitado a deportação dos judeus franceses ao entregar aos nazistas os judeus estrangeiros. Consequentemente, ele denuncia os trabalhos de Robert Paxton, a fim de melhor reabilitar o regime de Vichy.[53]

Quatro anos mais tarde, em *Destin français*, com a pretensão de ligar sua própria genealogia à de sua "pátria", Zemmour revisita "sua história da França", de Clóvis a De Gaulle, das

Cruzadas à jihad. E é assim que, num impulso de drumontismo agudo, ele acusa a família Rothschild de ser responsável pela derrota de Napoleão na Rússia e em Waterloo: "A fratria de Frankfurt fez sua fortuna apoiando a luta contra Napoleão. O imperador tinha tudo para desagradá-los. Recusava qualquer endividamento e desprezava os fornecedores de guerra".[54]

Será mesmo necessário insistir nessas bobagens e nessas ideias abjetas? Se um historiador da envergadura de Gérard Noiriel resolveu dedicar um livro inteiro a Éric Zemmour, é exatamente porque este desempenhou um papel decisivo na difusão e banalização de teses identitárias que muitos pensavam que jamais seriam reabilitadas. E, no entanto, foi exatamente na França que isso teve lugar. Acolhido por uma rodada de críticas pela imprensa informativa, *Le Suicide français* logo se tornou um best-seller: cerca de 400 mil exemplares vendidos. Quanto ao autor, ele é visto atualmente como um historiador subversivo por vários órgãos da mídia em que publica seus artigos: *Valeurs Actuelles*, *Le Figaro Magazine*, *Causeur*. Assim como Renaud Camus e muitos outros, ele é considerado um restaurador dos verdadeiros valores franceses pisoteados não somente pelas hordas bárbaras como pelos maiores pensadores da segunda metade do século XX — de Sartre a Césaire, passando por Lévi-Strauss —, pensadores traduzidos, lidos e comentados no mundo inteiro e que são o orgulho da França. Por fim, Zemmour é regularmente convidado por vários partidos políticos e movimentos de rearmamento oriundos de uma direita em busca de autoridade.

Arrebatada por um grande impulso de ódio, Houria Bouteldja escreveu a Zemmour:

> Para cúmulo do azar, você não é somente judeu, mas também árabe (ou berbere, o que dá no mesmo). Você me dá pena. Você se chama Zemmour quando tantos outros se chamam Klugman, Klein, Finkelstein. Não teve sequer a graça de nascer ariano! E em seu ódio contra nós, muçulmanos e outras escórias, é a aversão à sua própria raça que você exprime. *Como judeu e como árabe.* Para começar, você nos detesta por resistir ao assimilacionismo ao qual a República nos obriga, enquanto você e sua família cederam diante disso [...]. Nossos véus, nossas barbas ostentatórias, nossas mesquitas, nossas carnes *halal* lhe recordam por demais o sacrifício identitário ao qual você teve de se submeter.[55]

Quando lemos essas extravagâncias, não espanta que Zemmour tenha conquistado a companhia, nesse pântano nauseabundo, de outro polemista, também ele adulado pelas mídias do declínio: Michel Onfray. Depois de ter chamado Freud de fascista, antissemita, cunhado incestuoso, abutre, em 2010, de ter em seguida insultado Sartre e, enfim, preferido o bom Proudhon ao malvado Marx (oriundo de uma tribo judia), o filósofo libertário pretende ser o porta-voz do bom povo da França. Convertido a um imaginário zemmourizado, tornou-se, por sua vez, o detrator dos destruidores estrutural--islamo-esquerdistas e, portanto, dessa *French Theory* considerada responsável por um rebaixamento sem precedentes da nação francesa:

> Essa teoria valida as margens enquanto centros, os homossexuais, os transgêneros, as mulheres, os negros e os magrebinos, os imigrantes, os muçulmanos, mas também — e são os temas prediletos de Foucault — os prisioneiros, os loucos, os hermafroditas, os

criminosos, quando não — e estes são os heróis de Deleuze — os drogados e os esquizofrênicos. Portanto, o proletário não é mais o ator da história, ele é obrigado a dar seu lugar às minorias: e irá se consolar dessa demissão, teorizada pela associação Terra Nova, junto aos Le Pen.[56]

E foi ouvindo tais sandices que uma franja não negligenciável da esfera midiática francesa começou a acreditar piamente, ignorando tudo ou quase tudo da galáxia decolonial-queer, que os verdadeiros responsáveis pelas desgraças da identidade francesa chamam-se Sartre, Foucault, Derrida, Césaire, Fanon, Deleuze e, mais para atrás na história, Jean-Jacques Rousseau, Robespierre, Danton, Saint-Just, Marat, o Terror, Maio de 68. Não há uma semana em que não se encontre, num desses suportes de informação, insultos desse tipo, retransmitidos por centenas de sites em busca de conspirações.

Epílogo

Qual é o futuro das derivas identitárias? Serão elas o sintoma de uma reviravolta das subjetividades ligada a um momento particular da história do mundo, ou, ao contrário, irão perdurar a ponto de substituir as outras formas de engajamento individual e coletivo?

Uma coisa é certa, em todo caso: os Identitários da extrema direita e da direita reacionária reiteram desde sempre os mesmos discursos, com algumas poucas variantes — terror da alteridade, pânico da "grande substituição", ódio ao presente, fetichização de um passado fantasiado. Esse discurso não está perto de se extinguir, mas ele só se torna perigoso quando é massivamente difundido por intermediários complacentes ou quando alimenta os programas de partidos políticos embalados na onda populista.

Quando se trata de derivas de gênero, oriundas da reversão de um movimento de emancipação em seu contrário, convém, no quadro do estado de direito, que lhes seja imposto um limite severo, simplesmente porque a lei não poderia ser a tradução do desejo expresso por um sujeito, qualquer que seja o motivo invocado: o sofrimento, por exemplo, quando tem como causa uma relação deficiente ou delirante consigo mesmo. O papel do Estado é proteger os cidadãos de todas as discriminações, inclusive aquelas que resultam de uma vontade de fazer mal a si mesmos. Existe, portanto, nessa perspectiva, um fundamento para se opor a qualquer projeto de abolição da diferença anatômica e biológica dos sexos, tal como é atualmente reivindicada pelos defensores mais fanáticos da instauração de um "gênero neutro" inscrito no registro civil. Mais ainda porque ele será imposto igualmente a crianças pré-púberes perturbadas, tratadas a golpes de tratamentos hormonais, quiçá cirúrgicos, que poderiam ser assimilados a maus-tratos.[1]

Quanto às derivas identitárias ligadas ao obscurantismo religioso, ao restabelecimento segregativo das ideias de raça, à destruição de estátuas, ao boicote desses ou daqueles cursos ou conferências ou de algum espetáculo, elas já encontram limites e sanções no quadro legal, na medida em que são instrumentalizadas por um projeto terrorista ou remetem a atos delituosos ou criminosos. Não se pode esquecer jamais, diante das reivindicações das duas pontas do extremismo, que a força do republicanismo francês repousa, desde 1789, num duplo contrato: de uma parte, a recusa de dar à religião um poder político na cidade; de outra, a aceitação dos particularismos, religiosos e outros, conferidos aos cidadãos a título individual. Cada um pode cultivar livremente a sua identidade desde que não pretenda erigi-la em princípio de dominação.[2]

O Estado não deve, além disso, fazer o papel de censor e pretender regular a liberdade de debate e de ensino. Ele não deve tomar partido de uma tese ou de outra. Quanto aos intelectuais que somos, sem dúvida nos cabe dar o exemplo: apoiar algumas ideias e combater outras, tomar partido, portanto, sem nunca ceder ao insulto ou à invectiva, prática encorajada com demasiada frequência no debate contemporâneo.

Agradecimentos

Obrigada a Sophie Bessis, que desde o início da redação deste livro pôs à minha disposição todo o seu saber sobre as relações entre a história do feminismo e as questões pós-coloniais.

Agradeço calorosamente a Bernard Cerquiglini por nossas trocas linguísticas sobre os falares obscuros e os neologismos.

Obrigada a Jean Khalfa, que me esclareceu com paciência sobre a vida de Frantz Fanon, assim como sobre as interpretações anglófonas de sua obra.

Agradeço imensamente a Vaiju Naravane por sua contribuição à história recente das satis e da imolação do corpo na Índia.

Obrigada também a Dany Nobus, presidente do Freud Museum de Londres, por nossos diálogos sobre a questão das crianças transgênero na Grã-Bretanha.

Toda a minha gratidão a Benjamin Stora por nossos debates sobre o colonialismo e a questão da memória partilhada.

Agradeço a Michel Wieviorka por nossas conversas sobre a história do Conselho Representativo das Associações Negras da França.

Obrigada a Georges Vigarello por suas reflexões sobre a questão das transformações corporais ligadas ao gênero e ao queer.

Agradeço a Anthony Ballenato, que fez para este livro várias pesquisas bibliográficas em inglês na internet.

Obrigada a Jean-Claude Baillieul, pela minúcia de suas correções.

Um imenso obrigada, por fim, a Olivier Bétourné, que editou e corrigiu o livro com talento e entusiasmo.

Notas

Prefácio (pp. 9-12)

1. Ver Myriam Revault d'Allonnes, *L'Homme compassionnel*. Paris: Seuil, 2008.
2. O neologismo foi criado por Serge Doubrovsky em 1977, para designar um gênero literário herdado de Proust, que inclui a expressão do inconsciente no relato de si, sem reduzi-lo a um abuso de confissões centradas nos sofrimentos do eu.
3. Gérard Noiriel em seu blog, 12 fev. 2019.
4. Segundo afirma Paul Ricoeur em *Soi-même comme un autre*. Paris: Seuil, 1990. [Ed. bras.: *O si-mesmo como um outro*. Trad. de Luci Moreira César. Campinas: Papirus, 1991; *O si-mesmo como outro*. Trad. de Ivone C. Benedette. São Paulo: WMF Martins Fontes, 2014.]
5. Arthur Rimbaud, "Lettre du voyant" a Paul Demeny, 15 maio 1871. [Ed. bras.: "Cartas do vidente". In: *Um tempo no inferno & iluminações*. Trad. de Júlio Castañon Guimarães. São Paulo: Todavia, 2021.]
6. Cf. Jacques Derrida, *Le Monolinguisme de l'autre, ou La prothèse d'origine*. Paris: Galilée, 1996. [Ed. bras.: *O monolinguismo do outro ou A prótese de origem*. Trad. de Fernanda Bernardo. Belo Horizonte: Chão da Feira, 2016.]
7. Segundo a bela fórmula de Michel Serres no *Libération*, 18 nov. 2009.
8. Guy Sorman qualifica essa designação como "horror identitário". *Le Monde*, 1 out. 2016.

1. A designação identitária (pp. 13-25)

1. Chawki Azouri e Elisabeth Roudinesco (Orgs.), *La Psychanalyse dans le monde arabe et islamique*. Beirute: Presses de l'Université Saint-Joseph, 2005. O colóquio teve lugar de 6 a 8 de maio de 2005. Entre os numerosos participantes: Souad Ayada, Jalil Bennani, Fethi Benslama,

Antoine Courban, Sophie Bessis, Christian Jambet, Paul Lacaze, Anissé el-Amine Merhi.

2. Cf. o artigo 1º da Constituição francesa de 4 de outubro de 1958.
3. Fernand Braudel, *L'Identité de la France*. Paris: Flammarion, 1986. [Ed. bras.: *A identidade da França*. Trad. de Lygia Araújo. São Paulo: Global, 1989.]
4. Entre essas comunidades, doze são cristãs (maronita, grega ortodoxa, grega católica, armênia ortodoxa, armênia católica, sírio-católica, jacobita, caldeia, nestoriana, latina, protestante, copta). Entre as outras cinco, encontram-se uma comunidade israelita e quatro muçulmanas (sunita, xiita, drusa, alauíta). Cf. Fredrik Barth. "Les Groupes ethniques et leurs frontières". In: Philippe Poutignat e Jocelyne Streiff-Fenart. *Théories de l'ethnicité*. Paris: PUF, 1995. [Ed. bras.: *Teorias da etnicidade*. 2. ed. Trad. de Élcio Fernandes. São Paulo: Unesp, 2011.]
5. Ver a esse respeito Catherine Kintzler, *Penser la laicité*. Paris: Minerve, 2014.
6. Elisabeth Roudinesco, "Le Foulard à l'école, étouffoir de l'alterité". *Libération*, 27 maio 2003. Testemunhei a favor da lei diante da comissão reunida em junho de 2003 por Bernard Stasi. Pronunciei-me igualmente a favor da proibição do nicabe no espaço público, pois o exercício das liberdades democráticas supõe que o sujeito não dissimule seu rosto e possa ser identificado pelo que é.
7. Sélim Abou, *La "République" Jésuite des Guaranis (1609-1768) et son heritage* (Paris: Perrin; Unesco, 1995) e *De l'Identité et du sens: La mondialisation de l'angoisse identitaire et sa signification plurielle* (Paris; Beirute: Perrin; Presses de l'Université Saint-Joseph, 2009). Roland Joffé, em seu filme *A missão* (1986), retraçou muito bem a história da luta dos jesuítas e dos ameríndios guaranis do Paraguai contra o colonialismo espanhol e português. Sélim Abou retoma o famoso paradoxo de Tocqueville, segundo o qual quanto mais uma situação melhora, mais a distância da situação ideal é sentida subjetivamente como intolerável justamente por aqueles que se beneficiam da melhoria. Cf. Alexis Tocqueville, *De la Démocratie en Amérique* (1840), livro II, cap. XIII, dedicado à inquietude dos americanos quanto a seu bem-estar. [Ed. bras.: *A democracia na América*. Trad. de Eduardo Brandão. São Paulo: Martins Fontes, 2004. v. II: *Sentimentos e opiniões*.]
8. Estudei a questão em *La Famille en désordre*. Paris: Fayard, 2002. [Ed. bras.: *A família em desordem*. Trad. de André Telles. Rio de Janeiro: Zahar, 2003.]

9. Montesquieu, *Mes Pensées*, antologia estabelecida por Catherine Volpillac-Auger. Paris: Gallimard, 2014. (Coleção Folio Classique).
10. Christopher Lasch, *La Culture du narcissisme: La vie americaine à un âge de déclin des espérances*. Paris: Flammarion, 2008 [1979]. (Coleção Champs Essais). [Ed. bras.: *A cultura do narcisismo: A vida americana numa era de esperanças em declínio*. Trad. de Ernani Pavaneli. Rio de Janeiro: Imago, 1983.] Best-seller nos Estados Unidos, o livro foi recebido na França como uma crítica ao progressismo de esquerda.
11. Christopher Lasch, *Le Moi assiégé: Essai sur l'érosion de la personalité*. Paris: Climats, 2008 [1984].
12. Apud Andréa Linhares, "Le Genre: De la politique à la clinique". *Champ Psy*, n. 58, pp. 23-36, 2010.
13. Mark Lilla, *La Gauche identitaire: L'Amérique en miettes*. Paris: Stock, 2018 [2017], p. 27.

2. A galáxia do gênero (pp. 26-69)

1. O primeiro tomo de *O segundo sexo* foi publicado em junho de 1949 e o segundo em setembro, pela Gallimard. [Ed. bras.: *O segundo sexo*. Trad. de Sergio Milliet. Rio de Janeiro: Nova Fronteira, 2008. 2 v.]
2. Cf. Robert Stoller, *Recherches sur l'identité sexuelle à partir du transsexualisme*. Paris: Gallimard, 1978 [Nova York, 1968]. Heinz Kohut, *Le Soi: La psychanalyse des transferts narcissiques*. Paris: PUF, 1991 [1971]. E também Thomas Laqueur, *La Fabrique du sexe: Essai sur le corps et le genre en Occident*. Paris: Gallimard, 1992 [1990]; ou Lynn Hunt, *Le Roman familial de la Révolution française*. Paris: Albin Michel, 1995.
3. O primeiro volume desta pesquisa, dedicada à sexualidade masculina, acabara de ser traduzido na França. Alfred Kinsey, *Le Comportement sexuel de l'homme*. Paris: Du Pavois, 1948.
4. Thomas Laqueur, *La Fabrique du sexe*, op. cit.
5. Platão, *Le Banquet*, texto estabelecido e traduzido por Léon Robin. Paris: Les Belles Lettres, 1929. [Ed. bras.: *O banquete*. Trad. de Carlos Alberto Nunes. Belém: Edufpa, 2018.] Cf. também Jean-François Rey, "L'Épreuve du genre: Que nous apprend le mythe de l'androgyne?". *Cités*, n. 44, pp. 13-26, 2010.
6. Cf. Sigmund Freud, "Sur les plus général des rabaissements de la vie amoureuse". In: *La Vie sexuelle*. Paris: PUF, 1970 [1912], p. 65. [Ed.

bras.: "Sobre a mais comum depreciação da vida amorosa". In: ______. *Obras completas*. Trad. de Paulo César de Souza. São Paulo: Companhia das Letras, 2013. v. 9.]

7. Por ocasião de um encontro com Goethe, em Erfurt, em 2 de outubro de 1808, o imperador evocou as tragédias do destino que, segundo ele, eram reveladoras de uma época sombria e de um passado caduco: "O que nos importa hoje o destino?", disse Napoleão. "O destino é a política". Comentei essa frase em *La Famille en desordre*, op. cit., no capítulo 6, intitulado "Les femmes ont un sexe".
8. Sobre os estudos de gênero na França, lê-se com interesse o relatório da Assembleia Nacional, coordenado por Maud Olivier, registrado em 11 de outubro de 2016, n. 4105, 285 p. Ver igualmente Juliette Rennes (Org.), *Encyclopedie critique du genre*. Paris: La Découverte, 2016.
9. Ver sobretudo a obra de Laurent Dubreuil, *La Dictature des identités*. Paris: Gallimard, 2019. E Éliane Elmaleh, "Les Politiques identitaires dans les universités américaines". *L'Homme et la Societé*, n. 149, pp. 57-74, 2003.
10. Na mitologia grega, Hermafrodito é um efebo nascido da união de Hermes e Afrodite. O hermafroditismo é um fenômeno biológico no qual o indivíduo é morfologicamente masculino e feminino. Hoje fala-se em intersexualidade e de indivíduos "intersexuados". Nada a ver com a androginia, que é um mito. O hermafroditismo atinge atualmente 1% a 2% dos nascimentos. Geneticamente, a forma feminina é composta por dois cromossomos X, e a masculina, por um cromossomo X e um Y. Existem várias formas de hermafroditismo; uma delas, muito rara, registra mulheres XY e homens XX com órgãos externos inversos e atrofiados, e outra (pseudo-hermafroditismo), mais frequente, é uma anomalia congênita, sem modificação cromossômica e com a presença num mesmo sujeito de dois órgãos reprodutivos, um dos quais pode ser atrofiado.
11. Sobre a trajetória de John Money, cf. Jean-François Braunstein, *La Philosophie devenue folle: Le genre, l'animal, la mort*. Paris: Grasset, pp. 27-73, 2018.
12. Realizada em unidades de endocrinologia.
13. O melhor estudo francês sobre o tema é o de Claire Nahon: *Destins et figurations du sexuel dans la culture: Pour une théorie de la transsexualité*. Paris: Universidade Paris-7, 2004. 2 v. (Doutorado em Psicopatologia

Fundamental e Psicanálise, orientação de Pierre Fédida e Alain Vanier).

14. O termo "trans" é utilizado igualmente num sentido menos militante. Um homem trans é uma pessoa que nasceu mulher antes de tornar-se homem no curso de uma "transição", e uma mulher trans nasceu homem antes de tornar-se mulher.
15. Certos autores distinguem a homofilia da homossexualidade para diferenciar os abstinentes dos praticantes.
16. Os autores do *Manual diagnóstico e estatístico de transtornos mentais* (DSM) inventaram a noção de "disforia de gênero" para qualificar o transgenerismo.
17. Sobre a gênese dessa expressão, de início generosa, cf. Jacques Derrida e Elisabeth Roudinesco, *De Quoi Demain... Dialogue*. Paris: Fayard; Galilée, 2001. [Ed. bras.: *De que amanhã... Diálogo*. Trad. de André Telles. Rio de Janeiro: Zahar, 2004.] No início, a crítica do *political correctness* começou com um movimento conservador que tentava apresentar como censores os pesquisadores norte-americanos que trabalhavam com o feminismo, o estruturalismo, o antirracismo etc. A expressão foi retomada positivamente, em seguida, por aqueles que haviam sido assim designados de forma pejorativa.
18. Fundada em 2009 por Caroline De Haas, militante política e sindicalista, a quem se juntam inúmeros outros coletivos, entre os quais La Barbe e Les Dégommeuses.
19. O caso mais emblemático é o do cineasta Roman Polanski, acusado de estupros e abusos por testemunhos tardios, quando os fatos já estavam prescritos há tempos.
20. Em outubro de 2017, 93 mulheres, entre as quais inúmeras atrizes famosas, declararam publicamente ter sido vítimas de agressões sexuais e de chantagem por parte do produtor Harvey Weinstein. Julgado e considerado culpado, Weinstein foi severamente condenado pela justiça americana, num processo perfeitamente equitativo. Quanto a Jeffrey Epstein, empresário bilionário envolvido em múltiplas fraudes e predador sexual, conseguiu escapar da justiça americana durante vinte anos, apesar dos testemunhos contundentes de suas numerosas vítimas. Foi graças ao movimento #MeToo que ele foi enfim desmascarado e encarcerado, suicidando-se em sua cela, em 10 de agosto de 2019, para escapar ao processo. Sua companheira, Ghislaine Maxwell, cúmplice de todos os seus crimes, foi condenada em 2021.

21. Empresária nova-iorquina, signatária da petição.
22. *Les Inrockuptibles*, 8 dez. 2018.
23. *Livres Hebdo*, 12 abr. 2019.
24. Laure Murat, "*Blow-up* revu et inacceptable". *Libération*, 8 dez. 2017. E a resposta de Serge Kaganski, "Faut-il brûler *Blow-up*, le chef-d'oeuvre d'Antonioni". *Les Inrockuptibles*, 15 dez. 2017.
25. Sobre a crítica da evolução da psiquiatria americana, ver Elisabeth Roudinesco, *Pourquoi la psychanalyse?*. Paris: Fayard, 1999. [Ed. bras.: *Por que a psicanálise?*. Trad. de Vera Ribeiro. Rio de Janeiro: Zahar, 1998.] E Stuart Kirk e Herb Kutchins, *Aimez-vous le DSM? Le Triomphe de la psychiatrie américaine*. Le Plessis-Robinson: Institut Synthélabo, 1998. (Coleção Les Empêcheurs de Penser en Rond).
26. Cf. Henri F. Ellenberger, *Histoire de la découverte de l'inconscient*. Paris: Fayard, 1994 [1970]. E Ian Hacking, *L'Âme réécrite: Étude sur la personaliaté multiple et les sciences de la mémoire*. Le Plessis-Robinson: Institut Synthélabo, 1998 [1995].
27. Cf. George Orwell, *1984*. Trad. de Amélie Audiberti. Paris: Gallimard, 1950 [1949]. [Ed. bras.: *1984*. Trad. de Heloisa Jahn e Alexandre Hubner. São Paulo: Companhia das Letras, 2009.]
28. Ver Sarah Chiche, "DSM-V: Troubles dans la psychiatrie". *Sciences Humaines*, n. 251, ago./set. 2013.
29. Associação militante e política de luta contra o HIV/aids, fundada, na França, em junho de 1989 [1987, Estados Unidos]. "Nós, mulheres e homens, militantes, soropositivos, soronegativos, hetero, homo, bi, trans, estamos engajados no Act Up-Paris há muito anos; é com os nossos corpos que militamos. Nossos corpos estropiados, para alguns, corpos feridos, nossos corpos expostos na ação pública, nossos corpos reunidos por manifestações, encontros e por todas as nossas reuniões: é em nossos corpos e em sua imagem encenada que reside nossa força. Nossos corpos que às vezes nos escapam, doentes em sobrevivência precária até 1995, transformamo-nos em sobreviventes marcados pelos efeitos colaterais dos tratamentos. Nesta sociedade da performance, resistimos graças a múltiplos artifícios, às paradas que organizamos, pois não abdicaremos jamais" (declaração de 12 de novembro de 2008).
30. Uma palavra performática é uma enunciação que faz existir o que ela diz na medida em que o diz. Assim, o gênero inseriu-se num espaço social pela maneira como se diz a ele o que ele é. Daí uma

negação absoluta da atribuição, no nascimento, a um sexo dito "natural". Cf. John Langshaw Austin, *Quand dire, c'est faire*. Paris: Seuil, 1970 [1962]. [Ed. bras.: *Quando dizer é fazer*. Trad. de Danilo Marcondes de Souza Filho. Porto Alegre: Artes Médicas, 1990.]

31. Desfraldada pela primeira vez em 1978, por ocasião de um desfile a favor da liberdade gay e lésbica, a bandeira representa diferentes aspectos das identidades político-sexuais: vermelho para a vida, laranja para a revigoração, amarelo para o sol, verde para a natureza, azul para a arte, roxo para a espiritualidade.

32. O termo foi forjado em 1990 por Teresa de Lauretis, universitária norte-americana de origem italiana influenciada pelo pensamento estruturalista e pós-estruturalista francês dos anos 1960-70 e sobretudo pela leitura de Jacques Derrida, Michel Foucault e Jean Laplanche.

33. E também na França, dez anos mais tarde.

34. Anne-Claire Rebreyend, "Quand la Médicine fait le genre", resumo de uma obra de Anne Fausto-Sterling na revista *Clio: Femmes, Genre, Histoire*, n. 37, pp. 251-4, 2013.

35. Anne Fausto-Sterling, *Corps en tous genres: La dualité des sexes à l'épreuve de la Science*. Paris: La Découverte; Institut Émilie du Châtelet, 2012 [2000]. Cf. igualmente J.-F. Braunstein, *La Philosophie devenue folle*, op. cit., pp. 62-73.

36. Segundo ela, os intersexuados representavam 1,7% dos nascimentos, e não 0.018%, nem mesmo 1%. Mas para chegar a esse número é preciso incluir todas as crianças portadoras de problemas diversos que nada têm a ver com o hermafroditismo: síndrome de Turner (doença genética do cromossomo X que afeta as mulheres), síndrome de Klinefelter (anomalia cromossômica).

37. Sobre a história do hermafroditismo, cf. Alice Domurat Dreger, *Hermaphrodites and the Medical Invention of Sex*. Cambridge, Mass.: Harvard University Press, 1998. A obra explora as relações entre os hermafroditas e seus médicos no final do século XIX. O destino trágico dos hermafroditas foi magnificamente descrito em *Herculine Barbin, dite Alexina B.*, obra apresentada por Michel Foucault (Paris: Gallimard, 1978. Coleção Les Vies Parallèles). [Ed. bras.: *Herculine Barbin: O diário de um hermafrodita*. Trad. de Irley Franco. Rio de Janeiro: Francisco Alves, 1982.]: "Seria como o inverso de Plutarco: vidas a tal ponto paralelas que nada nem ninguém pode mais reuni-las".

38. Vincent Guillot, "Intersexes: Ne pas avoir le droit de dire ce que l'on ne nous a pas dit que nous étions". *Nouvelles Questions Féministes*, v. 27, n. 1, pp. 37-48, 2008. É difícil avaliar o número de homossexuais declarados, mas todas as estatísticas mostram que a cifra se situa sempre em torno de 5% a 10% da população de um país. A porcentagem é constante. Eles nada têm em comum com os intersexuados além de uma aliança militante.
39. "Faut-il opérer les enfants intersexués?". *Le Monde*, p. 25, 5 jul. 2019.
40. Cf. o belo documentário de Floriane Devigne, *Ni d'Ève ni d'Adam: Une histoire intersexe* (2018), que pleiteia a abolição das intervenções cirúrgicas.
41. *Terrafemina*, 11 set. 2020.
42. Cf. o documentário *Petite Fille*, de Sébastien Lifshitz, Arte, 2 dez. 2020.
43. Cf. Vanessa Springora, *Le Consentement*. Paris: Grasset, 2020. A autora relata como o escritor Gabriel Matzneff exerceu sobre ela, que na época tinha catorze anos, uma ascendência sexual que a tornava vítima consensual de seu próprio aniquilamento.
44. Carta de Dany Nobus para mim, 21 out. 2020. E também "Governor of Tavistock Foundation Quits over Damning Report into Gender Identity Clinic". *The Guardian*, 23 fev. 2019.
45. *The Guardian*, 3 dez. 2020.
46. Judith Butler, *Trouble dans le genre: Pour un féminisme de la subversion*. Paris: La Découverte, 2005 [1990]. [Ed. bras.: *Problemas de gênero: Feminismo e subversão da identidade*. 21. ed. Trad. de Renato Aguiar. Rio de Janeiro: Civilização Brasileira, 2003.]
47. Termo emprestado da psiquiatria e da psicanálise, a noção de *borderline state* designa distúrbios da personalidade que se situam na fronteira entre a neurose e a psicose. Este empréstimo mostra que Judith Butler nunca recusou realmente o vocabulário psiquiátrico-psicanalítico de sua época.
48. Essa é também a posição da historiadora Joan W. Scot, que considera que o modelo francês da laicidade (baseado na lei de 1905) foi "instrumentalizado", por aqueles que proibiram o véu islâmico nas escolas, de uma forma "racista, para excluir uma minoria. E, por outro lado, é a desigualdade que está no coração de nossos Estados laicos, a começar pela desigualdade entre homens e mulheres, que justifica as outras, raciais, religiosas" (em entrevista a Marie Lemonnier, *L'Obs*,

7 set. 2018). Cf. também *La Politique du voile*. Paris: Amsterdam, 2017 [2007]. A posição é no mínimo contestável, pois não há nada de "racista" no modelo francês de laicidade republicana.

49. *Frankfurter Allgemaine Zeitung*, 28 ago. 2012.

50. Judith Butler, *Vers la Cohabitation, judeité et critique du sionisme*. Paris: Fayard, 2013. [Ed. bras.: *Caminhos divergentes: Judaicidade e crítica do sionismo*. Trad. de Rogério Bettoni. São Paulo: Boitempo, 2017.]

51. "Recusemos a transfobia. Respeitemos a identidade de gênero". Apelo à ONU, à OMS, aos Estados do mundo, 1 abr. 2009. Assinei esse apelo com Élisabeth Badinter, Michelle Perrot e muitos outros.

52. Richard von Krafft-Ebing (1840-1902): psiquiatra austríaco, fundador da sexologia e autor de uma obra célebre, *Psychopathia sexualis* (1886).

53. Raphaëlle Maruchitch, "Changer de sexe, un long parcours chirurgical". *Le Monde*, 28 maio 2019.

54. Serge Hefez, "Familles en transition". *Libération*, 6 out. 2020. Alterei os nomes.

55. "Garçon ou fille, à l'enfant de choisir!". *L'Obs*, 25-31 out. 2018. Ver também Thierry Hoquet, *Sexus nullus, ou l'égalité*. Donnemarie-Dontilly: iXe, 2015. Do ponto de vista científico, a "biodiversidade humana" não existe mais que a "raça". O que temos aí é uma nova invenção própria da política das identidades.

56. Gary L. Albercht, Jean-François Ravaud e Henri-Jacques Stiker, "L'Émergence des *disability studies*: États des lieux et perspectives". *Sciences Sociales et Santé*, v. 19, n. 4 dez. 2001. "*Disability*" significa incapacidade e foi traduzido em francês como *handicap*. Todas as políticas de saúde apoiam-se desde então na noção de *handicap*, o que permite resolver as abordagens pluridisciplinares. Especialmente para o autismo, que se transforma numa "chance para a biodiversidade humana", mesmo sendo assimilada a uma doença do desenvolvimento neurológico. A respeito desse reducionismo, lê-se com interesse Édith Sheffer, *Les Enfants d'Asperger: Le dossier noir des origines de l'autisme*. Prefácio de Josef Schovanec. Paris: Flammarion, 2019. [*Asperger's Children: The origins of Autism in Nazi Vienna*. Nova York: Norton, 2018.]

57. A obra de Andrew Solomon foi traduzida para o francês com o título de *Les Enfants exceptionnels: La Famille à l'épreuve de la différence*. Paris: Fayard, 2019. [Ed. bras.: *Longe da árvore: Pais, filhos e a busca da identidade*. Trad. de Pedro Maia Soares. São Paulo: Companhia das Letras, 2013.]

58. Ibid., p. 892.
59. Alice Coffin, *Le Génie lésbien*. Paris: Grasset, pp. 39, 228, 230. Alice Coffin nunca foi desautorizada por seu partido, embora suas palavras indiquem claramente que ela não poderia representar os eleitores de sexo masculino no exercício de suas funções de representante eleita da República.
60. Valerie Solanas, *Scum Manifesto* [1967]. Trad. fr. Paris: Mille et Une Nuits, 1998 e 2005, com posfácio de Michel Houellebecq, reeditado em 2021, desta vez com um prefácio de Manon Garcia e um posfácio de Lauren Bastide (*Scum: Society for Cutting Up Men* [Ed. bras.: *Scum Manifesto: Uma proposta para a destruição do sexo masculino*. Trad. de Maria Cristina Guimarães Cupertino. São Paulo: Conrad, 2000]). Cf. o excelente artigo de Éric Loret, "L'Homme couvert d'infâme". *Libération*, 28 maio 1998. Notemos que Avital Ronell, aluno de Jacques Derrida, redigiu em 2006 um belo prefácio à edição inglesa do *Scum Manifesto*, pela editora Verso.
61. *L'Express*, 26 maio 2016.
62. *Arrêt sur Images*, programa de 29 de junho de 2018.

3. **Desconstruir a raça** (pp. 70-117)

1. Organização das Nações Unidas para a Educação, a Ciência e a Cultura, fundada em 6 de novembro de 1945.
2. Hannah Arendt, *Sur l'Antisémitisme*. Paris: Seuil, 1984 [1951], p. 253. (Coleção Points Politique).
3. Cf. Elisabeth Roudinesco, *Retour sur la question juive*. Paris: Albin Michel, 2009. [Ed. bras.: *Retorno à questão judaica*. Trad. de Cláudia Berliner. Rio de Janeiro: Zahar, 2010.]
4. Paul-Éric Blanrue, *Le Monde contre soi: Anthologie des propos contre les Juifs, le judaïsme et le sionisme*, prefácio de Yann Moix. Paris: Blanche, 2007. Retirado de circulação, o livro foi reeditado em seguida por Alain Soral. A esse respeito, ver Elisabeth Roudinesco, "Se poser en victime d'un complot de l'extrême droite, le tour de force de Yann Moix". *Le Monde*, 1 set. 2019.
5. Claude Lévi-Strauss, *Les Structures élémentaires de la parenté*. Paris: Mouton, 1967 [1949]. [Ed. bras.: *As estruturas elementares do parentesco*. 7. ed. Trad. de Mariano Ferreira. Petrópolis: Vozes, 2011.]

6. O estruturalismo é uma corrente de pensamento oriunda do *Curso de linguística geral* (1916) de Ferdinand de Saussure, que, na origem, propõe que se estudem a língua e os sistemas de pensamento como um dispositivo no qual cada elemento (signo, símbolo, mito etc.) se define pelas relações de equivalência ou de oposição que mantém com outros elementos, esse conjunto formando uma "estrutura". A corrente será criticada por seu formalismo, anti-historicismo e dogmatismo.
7. Claude Lévi-Strauss, *Race et histoire*. Paris: Gallimard, 1987 [1952]. (Coleção Folio Essais), p. 11. [Ed. bras.: *Raça e história*. In: *Lévi-Strauss*. Trad. de Inácia Canelas. São Paulo: Abril Cultural, 1976, pp. 53-93. (Coleção Pensadores).]
8. Ibid., p. 21.
9. Cf. Fréderick Keck, "Le Sacrifice des insectes: Caillois entre Lévi-Strauss et Bataille". *Littérature*, n. 170, pp. 21-32, 2013.
10. Cf. Patrick Simon, "Pour Lutter contre le racisme, il ne faut pas invisibiliser la question de la 'race'". *Le Monde*, 12 jun. 2019.
11. Voltaire, *Essai sur les moeurs et l'esprit des nations* [1756], edição eletrônica da Universidade de Quebec, realizada a partir da edição original. "Cafre" é como os traficantes árabes de escravos designavam os autóctones dos países que se estendiam do entreposto moçambicano à região do Cabo, na África do Sul. Dava-se o nome de "ciência do homem" à abordagem naturalista dos tipos humanos, que se desenvolveu do final do século XVIII até o final do século XIX. Cf. a excelente tese de doutorado em história das ciências e filosofia de Antoine Lévêque, *L'Égalité des races en science et en philosophie (1750-1885)*. Universidade Sorbonne-Paris-Cité, elaborada na Universidade Paris-Diderot, sob orientação de Justin Smith e defendida em 27 de junho de 2017.
12. A respeito dessa questão e da gênese da dupla infernal arianos e semitas, inventada de fio a pavio pelos filólogos alemães e franceses, cf. Maurice Olender, *Les Langues du paradis. Aryens et Sémites: Un couple providentiel*. Paris: Gallimard; Seuil, 1989. (Coleção Hautes Études). Comentei essa obra em *Retour sur la question juive*, op. cit.
13. Ernest Renan, apud Olivier Le Cour Grandmaison, *La République impériale: Politique et racisme d'État*. Paris: Fayard, 2009, p. 7. E Jules Ferry, "Discours devant la Chambre des Députés", 28 de jul. 1885.
14. Georges Clemenceau, "Discours à la Chambre des Députés", 30 jul. 1885.

15. Frantz Fanon, *Les Damnés de la Terre*. Paris: La Découverte, 2002 [1961], p. 21. [Ed. bras.: *Os condenados da terra*. Trad. de José Laurêncio de Melo. Rio de Janeiro: Civilização Brasileira, 1968.]
16. Victor Schœlcher (1804-93): político e jornalista, artífice da abolição definitiva da escravatura na França através de um decreto assinado pelo governo provisório da Segunda República, em 27 de abril de 1848. O primeiro decreto de abolição fora votado pela Convenção em 4 de fevereiro de 1794, antes de ser revogado por Napoleão Bonaparte em 1802.
17. O princípio da colonização é bem anterior às conquistas coloniais. Sem remontar até a colonização da Gália pelos romanos, podemos sublinhar que foi contra "o colonialismo britânico" que a Irlanda lutou por sua independência.
18. Victor Hugo, "Discours sur l'Afrique". *Actes et paroles*. In: _____. *Oeuvres complètes*, seção "Politique". Paris: Laffont, 2002. (Coleção Bouquins).
19. Em especial no site do *Mediapart*, 22 abr. 2019. Periodicamente há apelos para arrancar as placas de rua com o nome de Victor Hugo. E é verdade que o próprio Aimé Césaire se indignou equivocadamente, no fim de sua vida, contra as afirmações de Hugo.
20. Cf. Cyril L. R. James, *Les Jacobins noirs, Toussaint-Louverture et la Révolution de Saint-Domingue*. Paris: Amsterdam, 2017. Tradução do inglês de Pierre Naville, revista por Nicolas Vieillescazes, prefácio de Laurent Dubois. [Ed. bras.: *Os jacobinos negros: Toussaint L'Ouverture e a Revolução de São Domingos*. Trad. de Afonso Teixeira Filho. São Paulo: Boitempo, 2000.]
21. Victor Hugo, *Bug-Jargal*. Paris: Gallimard, 2017 [1826]. (Coleção Folio Classique). Para a história dessa revolta, ver Aimé Césaire, *Toussaint-Louverture*. Paris: Présence Africaine, 1961. Cf. igualmente o excelente artigo de Pierre Laforgue, "*Bug-Jargal* ou De la difficulté d'écrire en 'style blanc'". *Romantisme*, n. 69, pp. 29-42, 1990. A Unesco instituiu o dia 23 de agosto como dia internacional da lembrança do tráfico negreiro e de sua abolição.
22. Ver Léon-François Hoffmann, "Victor Hugo, les Noirs et l'esclavage". *Francofonia*, v. 16, n. 31, pp. 47-90, 1996.
23. Victor Hugo, *Choses vues*, "Sur l'égalité des races". Paris: Gallimard, 2002. (Coleção Quarto).
24. Antoine Lévêque, *L'Égalité des races en science et en philosophie*, op. cit., p. 45.

25. René Depestre, "Itinéraire d'un langage de l'Afrique à la Caraïbe: Entretien avec Aimé Césaire". *Europe*, n. 612, pp. 8-19, 1980.
26. Léopold Sédar Senghor, *Liberté*, t. I: *Négritude et humanisme*. Paris: Seuil, 1964, p. 202. Senghor será atacado de todos os lados por essa proposição, especialmente por Abdoulaye Wade, presidente da República do Senegal de 2000 a 2012. Wole Soyinka ironizou a colocação: "O tigre não proclama sua tigritude, ele salta sobre a presa e a devora", ao que Léopold Senghor respondeu: "A zebra não pode se desfazer de suas listras sem deixar de ser zebra, assim como o negro não pode se desfazer de sua negritude sem deixar de ser negro".
27. Laurence Proteau, "Entre Poétique e politique: Aimé Césaire et la 'negritude'". *Sociétés Contemporaines*, n. 44, pp. 15-39, dez. 2001, Presses de Sciences Po.
28. Jean-Paul Sartre, "Orphée noir", prefácio à *Anthologie de la nouvelle poésie nègre et malgache de langue française*, textos reunidos por Léopold Sédar Senghor. Paris: PUF, 1948. Retomado em *Situations III*. Paris: Gallimard, 2013 [1949].
29. Idem, "La République du silence" (1944). In: *Situations III*. Paris: Gallimard, 2013 [1949].
30. Idem, "Orphée noir", op. cit. Esse é o mesmo movimento de inversão dos estigmas que levou os homossexuais a reivindicarem-se como gays ([em inglês, literalmente] alegres) e depois os "trans" como queers ([em inglês, literalmente] esquisitos). Ver também Ozouf S. Amedegnato e Ibrahim Ouattara, "'Orphée noir' de Jean-Paul Sartre: Une lecture programmatique de la négritude". *Revue d'Études Africaines*, pp. 23-50, abr. 2019.
31. Ibid., pp. 301-2.
32. Aimé Césaire, *Discours sur le colonialisme* [1950 e 1955], seguido de *Discours sur la négritude* [1987]. Paris: Présence Africaine, 2018, pp. 13-4. Uma primeira versão foi publicada em 1950, com prefácio de Jacques Duclos, e uma segunda em 1955, com acréscimos a respeito da conferência de Lévi-Strauss. [Ed. bras.: *Discurso sobre o colonialismo*. Trad. de Claudio Willer. São Paulo: Veneta, 2020.]
33. Gilbert Meyner e Pierre Vidal-Naquet, resenha da obra de Olivier Le Cour Grandmaison, *Coloniser, exterminer: Sur la guerre et l'État colonial* (Paris: Fayard, 2005), Études Coloniales, 10 maio 2006.
34. De Gaulle, Arquivos do INA [Instituto Nacional do Audiovisual].

35. Robert Gildea, *L'Ésprit impérial: Passé colonial et politiques du présent*. Paris: Passés Composés, 2020, p. 111.
36. Especialmente o das grandes famílias *bêkés* (brancos crioulos), detentoras das principais riquezas das Antilhas.
37. Aimé Césaire, *Nègre je suis, nègre je resterai: Entretiens avec Françoise Vergès*. Paris: Albin Michel, 2005, p. 27. (Coleção Itinéraires du Savoir).
38. Discurso na Assembleia Nacional, 3 nov. 1977.
39. Cf. *Textes sur la commémoration du Centenaire de l'Abolition de l'Esclavage*, 27 abr. 1948, pronunciados na Sorbonne. Césaire prestou várias homenagens a Schœlcher, que ele qualificava como o grande precursor do discurso de Brazzaville.
40. Promulgado por Luís XIV em 1685, depois da morte de Jean-Baptiste Colbert, que foi um de seus precursores, o Código Negro (Code Noir) definia em sessenta artigos as regras de gestão dos escravos pelos senhores. Ele era a consequência de uma política implementada por Henrique IV e Richelieu num mundo dominado pelo escravismo. Os escravos eram definidos como "seres móveis" privados de qualquer direito, propriedade de seus senhores, que deveriam, contudo, batizá-los, instruí-los, casá-los e enterrá-los na religião católica, e alimentá-los. Nenhum casamento era tolerado sem a autorização do senhor, que não deveria casar um escravo sob coação. Muitos artigos do Código Negro eram dedicados ao concubinato e ao casamento entre senhores e escravos. Assim, no coração do Código Negro estava uma contradição entre o fato de olhar um ser humano como bem móvel e ser obrigado a batizá-lo, instruí-lo ou casá-lo. Em caso de revolta, o escravo sofria as piores torturas: chicotadas, amputação de membros, decapitação etc. No artigo primeiro figura também a seguinte observação: "Ordenemos a todos os nossos oficiais que expulsem de nossas ilhas todos os judeus que nelas estabeleceram residência".
41. Todos os povos praticaram o escravismo, incluindo os africanos e o mundo árabe-islâmico, e as três grandes religiões monoteístas foram seus cúmplices ativos. Mas são os "tráficos negreiros" que caracterizam o modo mais massivo do escravismo triangular (Europa, África, América). Quanto à ideia da abolição, ela sempre existiu. Mas foi no século XVIII que o projeto abolicionista transformou-se numa corrente ideológica nas sociedades ocidentais. A primeira abolição da escravatura dos negros em todas as colônias francesas foi votada pela Convenção em 4 de fevereiro de 1794.

42. "Terceiro Mundo" foi um termo inventado por Alfred Sauvy em 1952, ecoando o terceiro estado, para designar os países menos favorecidos do planeta, que não pertenciam nem ao mundo ocidental capitalista desenvolvido, nem ao bloco soviético. Considerado depreciativo, o termo foi substituído por "países em desenvolvimento". As duas denominações, no entanto, coexistiram por muito tempo.
43. Frantz Fanon, *Peau noire, masques blancs*. Paris: Seuil, 1952. [Ed. bras.: *Pele negra, máscaras brancas*. Trad. de Sebastião Nascimento. São Paulo: Ubu, 2020.]
44. Cf. Jacques Lacan, "Le Stade du miroir comme formateur de la fonction du Je telle qu'elle nous est révelée dans l'expérience psychanalytique". In: *Écrits*. Paris: Seuil, 1966 [1949]. [Ed. bras.: *Escritos*. Trad. de Vera Ribeiro. Rio de Janeiro: Zahar, 1998.]
45. Vem à mente aqui a observação de Jean Genet, na epígrafe de sua peça *Os negros*, [1958]: "Mas o que é, então, um negro? Para começar, de que cor ele é?". É discutível ver em Fanon uma espécie de Lacan estruturalista avant la lettre, como sugerem alguns lacanianos pós-coloniais inspirados por Homi Bhabha em seu prefácio à edição inglesa do livro de Fanon [1986], retomado em *Les lieux de la culture: Une théorie postcoloniale* (Paris: Payot, 2007. Coleção Petite Biblio Payot Essais). [Ed. bras.: *O local da cultura*. Trad. Myriam Ávila. Belo Horizonte: Editora UFMG, 1998.] Nessa época, Fanon fazia uma leitura fenomenológica da teoria de Lacan, que ainda não era estruturalista.
46. Octave Mannoni, *Prospéro et Caliban: Psychologie de la colonisation*. Paris: Éditions Universitaires, 1984 [1950], seguido de "The Decolonization of Myself" (pp. 207-15). Este livro foi editado duas vezes em francês, com prefácios diferentes, e publicado duas vezes em inglês (1956, 1964), com comentários e introduções novas. Nunca um livro desse gênero suscitou tantas controvérsias e reedições.
47. Não trato aqui nem da questão das relações entre a psicanálise e a antropologia, depois da publicação de *Totem e tabu*, nem da gênese da etnopsiquiatria e da etnopsicanálise. A esse respeito, ver o prefácio que escrevi para a reedição do livro de Georges Devereux, *Psychothérapie d'un Indien des Plaines*. Paris: Fayard, 1998.
48. A rebelião dos malgaxes, acompanhada por massacres dos colonos franceses, foi reprimida a ferro e fogo pelo Exército francês.
49. Entre as dezenas de artigos consagrados ao livro de Mannoni, remeto àquele, muito bem documentado, de François Vatin, "Octave Mannoni

(1899-1989) et sa psychologie de la colonisation: Contextualisation et décontextualisation". *Revue du Mauss*, v. 37, n. 1, pp. 137-78, 2011.

50. Cf. Elisabeth Roudinesco, "La Décolonisation de soi: Un souvenir d'analyse". In: Anny Combrichon (Org.). *Psychanalyse et décolonisation, hommage à Octave Mannoni*. Paris: L'Harmattan, 1999, pp. 97-106.

51. Figura maior da escola de Alger, Antoine Porot (1876-1965) baseava sua abordagem psiquiátrica na teoria racista do "primitivismo". Cf. Frantz Fanon, *Écrits sur l'aliénation et la liberté*, textos reunidos, introduzidos e apresentados por Jean Khalfa e Robert Young. Paris: La Découverte, 2015, p. 343. [Ed. Bras.: *Alienação e liberdade*. Trad. de Monica Stahel. São Paulo: Ubu, 2020.] Era uma psiquiatria colonial bem de acordo com o código indigenista, que distinguia duas categorias de cidadãos: os cidadãos franceses (de raiz metropolitana) e os súditos franceses privados da maior parte de suas liberdades e de seus direitos políticos. No plano civil, eles só conservavam seu estatuto pessoal, de origem religiosa ou consuetudinária. Cf. Gilles Manceron, *Marianne et les colonies: Une introduction à l'histoire coloniale de la France*. Paris: La Découverte, 2003.

52. Antoine Porot, "Notes de psychiatrie musulmane". *Annales Médico-Psychologiques*, v. 74, n. 9, pp. 377-84, maio 1918.

53. Henri Alleg, *La Question*. Paris: Minuit, 1958. [Ed. Bras.: *A tortura*. Trad. de Samuel Titan Jr. São Paulo: Todavia, 2020.]

54. Publicado por François Maspero, ele mesmo militante anticolonialista, o livro seria proibido por atentar à segurança do Estado.

55. Frantz Fanon, *Les Damnés de la Terre*, op. cit., p. 203. O despertar do islã mencionado por Fanon não tem muita coisa a ver com o islamismo político do final do século XX e início do XXI.

56. Frantz Fanon, *Écrits sur la aliénation et la liberté*, op. cit., pp. 543-4.

57. Frantz Fanon, carta a François Maspéro, 7 abr. 1961: "Peça a Sartre que me escreva um prefácio. Diga que cada vez que me sento à minha mesa penso nele. Nele, que escreveu coisas tão importantes para o nosso futuro" (Ibid., p. 560).

58. Frantz Fanon, *Les Damnés de la Terre*, p. 33.

59. Ibid., p. 29. Sartre termina seu prefácio em setembro de 1996.

60. Jean-Luc Einaudi, *La Bataille de Paris, 17 octobre 1961*. Paris: Seuil, 1991. Comprovadamente, duzentos argelinos foram afogados ou massacrados no curso dessas "caçadas racistas". Sartre menciona a manifestação de 8 de maio de 1945, em Setif, durante a qual, no dia mesmo da

celebração da derrota do nazismo, o Exército francês realizou um massacre em regra de independentistas e nacionalistas argelinos.

61. Relatei esse episódio de minha vida no livro de Catherine Simon, *Algérie, les années pieds-rouges*. Paris: La Découverte, 2011. Hoje o liceu se chama Institut Algérien du Pétrole.
62. Kateb Yacine, *Nedjma*. Paris: Seuil, 1956.
63. Neste sentido, é absurdo afirmar, como fez o sociólogo Éric Fassin em sua conta no Twitter, em 10 de outubro de 2018, que "o racismo antibrancos não existe". E é ainda mais absurdo dizer que ele não existe "para as ciências sociais", o que significa dissuadir os pesquisadores de estudar a questão.
64. Frantz Fanon, *Peau noire, masques blancs*, op. cit., p. 98. Texto citado na primeira página de *L'Humanité*, 18 fev. 2019, acompanhado de uma fotografia de Simone Veil, no âmbito de um apelo à mobilização contra a multiplicação de atos antissemitas nas manifestações dos Coletes Amarelos.
65. William F. S. Miles, "La Créolité et les Juifs de la Martinique". *Pouvoirs dans la Caraïbe*, n. 16, 2010.
66. Aimé Césaire, *Cahier d'un retour au pays natal*. Paris: Présence Africaine, 1983 [1939 e 1947], p. 20. [Ed. bras.: *Diário de um retorno ao país natal*. Tradução e prefácio de Lilian Pestre de Almeida. São Paulo: Edusp, 2012. Ed. bilíngue, pp. 35-6.]
67. Carta de Jean Khalfa, 16 set. 2020. Ver também o número especial de *Temps Modernes* intitulado "Le Conflit israélo-arabe", jul. 1967.
68. André Schwarz-Bart, *Le Dernier des Justes*. Paris: Seuil, 1996 [1959]. (Coleção Points). [Ed. bras.: *O último dos justos*. Trad. de Maria Lúcia Autran Dourado. Rio de Janeiro: José Olympio, 2009.]
69. André Schwarz-Bart, *La Mulâtresse Solitude*. Paris: Seuil, 1996 [1972]. (Coleção Points Roman).
70. Simone Schwarz-Bart (entrevista a Annick Cojean), *Le Monde*, 11-12 out. 2020. Cf. igualmente o excelente artigo de Francine Kaufmann, "L'Oeuvre juive et l'oeuvre noire d'André Schwarz-Bart". *Pardès*, n. 44, pp. 135-48, 2008.
71. Nome dado aos escravos fugidos, que os senhores mandavam perseguir com cães.
72. É o que Claude Ribbe, presidente da Associação dos amigos do general Dumas, reivindica no *Journal du Dimanche*, de 4 de julho de 2020.
73. Aimé Césaire, "Discours sur la négritude". Miami, 26 fev. 1987. In: ______. *Discours sur le colonialisme*, op. cit., pp. 79-92.

74. Raphaël Confiant, *Aimé Césaire: Une traversée paradoxale du siècle*. Paris: Écriture, 2006 [1993].
75. Os crioulos (*créoles*) são línguas cuja estrutura gramatical é próxima daquela das línguas africanas e cujo léxico tem, no essencial, origem europeia, mas não exclusivamente, pois subsiste em cada língua crioula certo número de palavras africanas. O estatuto das línguas crioulas no mundo em geral é inferiorizado no plano social, cultural e político, sob pretexto de que elas resultam de uma mistura. Contudo, o francês, o inglês, o português etc. também são fruto de antigas misturas. O francês é uma língua românica oriunda do latim e matizada por influências gaulesas e sobretudo frâncicas; o inglês é resultado de uma mistura de antigo germânico, latim, normando e francês.
76. Raphaël Confiant, *Aimé Césaire: Une traversée paradoxale du siècle*, op. cit, p. 129. Confiant não é o único a se entregar a interpretações psicanalíticas da "antilhanidade" e da "crioulidade". Há, de fato, uma vulgata segundo a qual Césaire teria recusado o próprio princípio da mestiçagem, comum a todos os antilhanos, sob o efeito de uma identificação inconsciente e ambivalente com seu pai, símbolo de uma "ocidentalização branca", e de uma fusão com sua mãe, esta encarnando a insularidade crioula. Ele, portanto, não teria conseguido nem "matar o pai" nem aceitar a mãe, voltando-se, então, para a negritude a fim de escapar a seu complexo de Édipo. Cf. Lilyan Kesteloot, "Aimé Césaire et le refus du métissage". Éthiopiques, número especial de homenagem a Aimé Césaire, 2º semestre 2009.
77. Édouard Glissant, *Le Discours antillais*. Paris: Gallimard, 1997 [1981]. (Coleção Folio Essais).
78. Édouard Glissant, *Introduction à une poétique du divers*. Paris: Gallimard, 1996, p. 133. E Gilles Deleuze e Félix Guattari, *Capitalisme et schizophrenie*, t. II: *Mille plateaux*. Paris: Minuit, 1980. [Ed. bras.: *Mil platôs: Capitalismo e esquizofrenia*. Trad. de Suely Rolnik. São Paulo: Editora 34, 2002.] Opondo-se ao dogma da autoridade hierárquica, os autores denominam "rizoma" (ou "raiz polimorfa") uma estrutura que evolui de modo horizontal. Eles criticam tanto o edipianismo freudiano quanto os conceitos lacanianos de "significante" e de "nome-do-pai", e desenvolvem uma teoria da multiplicidade subjetiva. Com Jacques Derrida e Michel Foucault, Deleuze é um dos filósofos mais citados pelos pensadores dos estudos pós-coloniais francófonos, anglófonos e hispanófonos.

79. Jean Barnabé, Patrick Chamoiseau e Raphaël Confiant, *Éloge de la créolité*. Paris: Gallimard, 1989. E Raphaël Condiante, "La Créolité contre l'enfermement identitaire". *Multitudes*, n. 22, pp. 19-185, 2005. Cf. igualmente a excelente síntese de Philippe Chanson, "Identité et alterité chez Édouard Glissant et Patrick Chamoiseau, scripteurs visionnaires de la parole créole", para a Franklin College Conference on Caribbean Literatture and Culture, "The Caribbean Unbound", 13-16 abr. 2005 (In: *Potomitan*, "Site de promoção das culturas e línguas crioulas").
80. Raphaël Confiant, "La Créolité contre l'enfermement identitaire", art. cit., p. 185.
81. *Mémoires de Bailly*, t. 1. Paris: 1821, p. 281. Bailly relata aqui as propostas de Dominique Joseph Garat (1749-1833), advogado, futuro deputado da Gironde. Jean Sylvain Bailly (1736-93), matemático, deputado do Terceiro Estado nos Estados Gerais, prefeito de Paris, foi guilhotinado por não ter testemunhado contra Maria Antonieta.
82. Ramo francês, criado em 2000, da Jewish Defense League, organização de extrema direita fundada por Meir Kahane (1932-90), nos Estados Unidos, em 1968.
83. O vídeo desse encontro, de 3 de junho de 2005, está disponível na internet.
84. O texto integral de Confiant foi divulgado na internet com o título de "La Faute (pardonable) de Dieudonné".
85. Professor de filosofia no liceu Baimbridge (Guadalupe) e autor de inúmeros artigos sobre a escravidão, membro do Alto Conselho para a Integração de 2002 a 2008: "Há uma memória que liberta e uma memória que aprisiona", dirá ele em 22 de maio de 2015, numa entrevista ao jornal *Libération*.
86. Jacky Dahomay, "L'Innominable Raphaël Confiant?". *Le Monde*, 2 dez. 2006; "Ce qu'il faut penser de Dieudonné par Jacky Dahomay, philosophe antillais", blog de Jean-Charles Houel, 28 jan. 2014; Raphaël Confiant, "Les Noirs, du malaise à la colère". *Le Monde*, 8 dez. 2006.
87. Patrick Chamoiseau, *Texaco*. Paris: Gallimard, 1992. O romance recebeu o prêmio Goncourt. [Ed. bras.: *Texaco*. Trad. de Rosa Freire Aguiar. São Paulo, Companhia das Letras, 1993.]
88. Entrevista com Bernard Cerquiglini, 2 jul. 2020.

4. Pós-colonialidades (pp. 118-67)

1. Daniel Rivet, "Le Fait colonial et nous: Histoire d'un éloignement". *Vingtième Siècle*, n. 33, pp. 129-30, 138, 1992.
2. Vem daí o lugar considerável ocupado pela psicanálise nessa questão, como em todos os estudos de gênero.
3. Não se deve confundir com o "neocolonialismo", que diz respeito à maneira como as antigas potências coloniais mantêm seu domínio (econômico ou cultural) sobre as antigas colônias que conquistaram a independência.
4. A tal ponto que, há vários anos, as pessoas que utilizam o termo no rádio ou na TV, mesmo para citar as obras de Césaire ou de Dany Laferrière, são chamadas de racistas. Em 2020, o cúmulo do ridículo: os herdeiros de Agatha Christie decidiram retirar do mercado o seu célebre romance *O caso dos dez negrinhos* (*Ten Little Niggers*, no original). O título, considerado ofensivo, vem de uma cantiga infantil. Foi preciso também (decisão de 26 de agosto de 2020) suprimir do corpo do texto a palavra "negro" (citada 74 vezes). Por que não exigir a mudança do título do livro de Césaire, *Negro sou, negro permanecerei*? E o que fazer da célebre peça de Jean Genet, *Les Nègres*?
5. Com a Ligue Internationale contre le Racisme et l'Antisémitisme (Licra), fundada em 1927, e o SOS Racisme, em 1984.
6. Jacques Derrida, *Le Monolinguisme de l'autre ou La prothèse d'origine*. Paris: Galilée, 1996. Um ano mais tarde, em 6 de novembro de 1993, ele discutirá o assunto com Édouard Glissant no âmbito do Parlamento Internacional dos Escritores, reunido em Estrasburgo por Christian Salmon para a criação de uma estrutura internacional capaz de intervir a favor dos escritores vítimas de perseguições em seus países, tendo na direção executiva Adonis, Édouard Glissant, Pierre Bourdieu, Salman Rushdie etc.
7. Adolphe Crémieux, em 1870, atribuiu cidadania francesa aos "israelitas indígenas" da Argélia, até então excluídos.
8. Língua judaico-românica derivada do velho castelhano e do hebraico, equivalente ao iídiche para os judeus asquenazes.
9. Jacques Derrida, *Le Monolinguisme de l'autre*, op. cit., p. 91. E Marc Crépon, "Ce qu'on démande aux langues (autour du *Monolinguisme de l'autre*)". *Raisons Politiques*, n. 2, pp. 27-40, 2001.
10. Jacques Derrida, *Le Monolinguisme de l'autre*, op. cit., p. 68.

11. Cf. Jacques Derrida, *L'Autre Cap*. Paris: Minuit, 1991.
12. Sobretudo numa carta a Pierre Nora, de 27 de abril de 1961. Cf. Benoît Peeters, *Derrida*. Paris: Flammarion, 2010, p. 151. [Ed. bras.: *Derrida*. Trad. de André Telles. Rio de Janeiro: Civilização Brasileira, 2013.]
13. Jacques Derrida, "Admiration de Nelson Mandela". In: *Psyché*, t. 1: *Inventions de l'autre*. Paris: Galilée, 1987, p. 454.
14. Jacques Derrida, *Spectres de Marx*. Paris: Galilée, 1993. [Ed. bras.: *Espectros de Marx*. Trad. de Anamaria Skinner. Rio de Janeiro: Relume Dumará, 1994.] Ver também Elisabeth Roudinesco, "Jacques Derrida: Spectres de Marx, spectres de Freud". In: *Un jour Derrida*, atas do colóquio (Paris: Centro Pompidou, 21 nov. 2005) coordenado por Daniel Bougnoux e Peter Sloterdijk. Paris: Bibliothèque Publique d'Information, 2006.
15. Francis Fukuyama, *La Fin de l'histoire et le dernier homme* [1992], Paris: Flammarion, 2009. (Coleção Champs). [Ed. bras.: *O fim da história e o último homem*. Trad. de Aulyde S. Rodrigues. Rio de Janeiro: Rocco, 1992.] Samuel Huntington, *Le Choc des civilizations* [1996], Paris: Odile Jacob, 2000. Os dois livros vêm de artigos. Cf. igualmente Jean Birnbaum, *La Rèligion des faibles: Ce que le djihadisme dit de nous*. Paris: Seuil, 2018, pp. 138-9.
16. Paul Valéry, *Essais quasi politiques*. In: ______. *Oeuvres*, t. 1. Paris: Gallimard, 1957 [1919], p. 993. (Coleção Bibliothèques de la Pleiade).
17. Jacques Derrida e Elisabeth Roudinesco, *De quoi demain... Dialogue*. Paris: Fayard; Galilée, 2001, p. 168.
18. Jules Falquet, "Le Combahee River Collective, pionnier du féminisme noir [avril 1977]". *Les Cahiers do Cedref*, n. 14, pp. 69-104, 2006. Rosa McCauley Parks (1913-2005): figura emblemática da luta contra a segregação racial, próxima de Martin Luther King. Conservei uma lembrança emocionada de minha participação na Grande Marcha pelos Direitos Civis de Washington, em 28 de agosto de 1963, quando da minha primeira viagem aos Estados Unidos. Fiquei hospedada com uma família de intelectuais judeus antirracistas. A marcha foi organizada por Bayard Rustin, conselheiro de Martin Luther King que mais tarde foi vítima de uma dupla discriminação, como negro e como homossexual.
19. Termo inventado em 1989 por Kimberlé Crenshaw para conceitualizar uma ideia oriunda do *black feminism* americano.

20. A palavra *pós* não significa que se trata de um "depois": não há diacronia na noção de "pós-colonialismo", mas, antes, um "além" estrutural do colonialismo. Ver *infra*.
21. Thomas Brisson, "Pour une Sociologie des critiques postcoloniales". *Sociétés Contemporaines*, n. 93, pp. 89-109, 2014. Cf. igualmente Paul Gilroy, *Mélancolie postcoloniale*. Paris: B42, 2020 [2004]. Sociólogo britânico, Gilroy recebeu em 2019 o prestigioso prêmio Holberg; ver "De l'Atlantique noir à la mélancolie postcoloniale" (entrevista com Paul Gilroy a Jim Cohen e Jade Lindgaard). *Mouvements*, n. 51, pp. 90-101, 2007.
22. Alain Mabanckou e Dominic Thomas, "Pourquoi a-t-on a si peur en France des études postcoloniales?" (*L'Express*, 20 jan. 2020), em resposta a um violento artigo de Pierre-André Taguieff e Laurent Bouvet, convencidos de que os artífices dos estudos pós-coloniais seriam "charlatães em busca de respeitabilidade acadêmica" (*L'Express*, 26 dez. 2019). Eles se esqueceram de dizer que os "charlatães" eram, todos eles, professores diplomados, ensinando nas melhores universidades do mundo ocidental, e que se remetem, muitas vezes, a prestigiosos mestres oriundos do mundo acadêmico francês cujas obras são traduzidas em todas as línguas: Foucault, Bourdieu, Derrida etc.
23. A Guerra da Secessão norte-americana (1861-65) opôs os estados da União (o Norte) aos Confederados (onze estados do Sul).
24. Cf. Éliane Elmaleh, "Les Politiques identitaires dans les universités américaines". *L'Homme et la Societé*, n. 149, pp. 57-74, 2003. E Denis Lacorne, *La Crise de l'identité américaine: Du melting-pot au multiculturalisme*. Paris: Fayard, 1997.
25. Centenas de artigos e dezenas de obras foram publicados no campo das humanidades e das ciências sociais sobre a questão e sobre a recepção da noção de pós-colonialidade e decolonialidade. Cito alguns títulos entre os mais representativos: Sophie Bessis, *L'Occident et les autres: Histoire d'une suprématie*. Paris: La Découverte, 2001. Neil Lazarus (Org.), *Penser le postcolonial: Une introduction critique*. Paris: Amsterdam, 2006. Marie Claude Smouts (Org.), *La Situation postcoloniale: Les "postcolonial studies" dans le débat français*. Pref. de Georges Balandier. Paris: Presses de Sciences Po, 2007. Jean-François Bayart, *Les Études postcoloniales: Un carnaval académique*. Paris: Karthala, 2010. Thomas Brisson, *Décentrer l'Occident: Les intellectuels postcoloniaux chinois, arabes et indiens et la critique de la modernité*. Paris: La Découverte,

2018. Romain Bertrand, "La Mise en cause(s) du 'fait colonial'". *Politique Africaine*, n. 102, pp. 28-49, 2006. Anne Berger (entrevista a Grégoire Leménager e Laurence Marie), "Traversées de frontières: Postcolonialité et études de 'genre' en Amérique". *Labyrinthe*, n. 24, 2006. Béatrice Collignon, "Notes sur les fondements des *postcolonial studies*". *ÉchoGéo*, n. 1, 2007, pp. 1-9. Yves Lacoste, "Le Postcolonial et ses acceptions contradictoires dans trois récents recueils d'articles". *Hérodote*, n. 128, pp. 143-55, 2008. Os cursos pós-coloniais existem em todas as universidades francesas, assim como os estudos de gênero, mas são minoritários, ao contrário do que afirmam os polemistas alarmados pelo terror de uma invasão bárbara. Entre 2014 e 2019, 665 teses foram dedicadas ao tema, de um total de 40 453. E entre elas figuram aquelas que criticam as derivas (fonte: Agence Bibliographique de l'Enseignement Supérieur). A universidade francesa não está, portanto, sendo "devastada" por um "islamo-esquerdismo" racializado e generalizado, oriundo dos campi americanos, o que não impede que certos polemistas, sempre os mesmos, pretendam criar comitês destinados a vigiar os professores e quiçá recomendar a abertura de investigações parlamentares. Cf. a esse respeito o comunicado da Conferência dos Reitores da Universidade em resposta ao ministro da Educação nacional, Jean-Michel Blanquer, no dia seguinte ao assassinato do professor Samuel Paty por um islamista checheno: "Não, as universidades não são locais onde se construiria uma ideologia que leva ao pior [...]. A pesquisa não é responsável pelos males da sociedade, ela os analisa. Ela é, por essência, um local de debate e de construção do espírito crítico" (comunicado de 23 de outubro de 2020). Cf. igualmente Soazig Le Nevé, "Les Sciences sociales dans le viseur du politique". *Le Monde*, 3 dez. 2020.

26. Curso de Fatima Khemilat, "Épistémicides, L'imperialisme m'a TueR" [sic], reproduzido no YouTube (2015). A autora é professora assistente na EHESS, antiga doutoranda de ciência política em Aix-en-Provence e autora de inúmeros artigos sobre o assunto. Cf. igualmente os numerosos artigos e obras de Boaventura de Souza Santos (Portugal), Aníbal Quijano (Peru), Enrique Dussel (México), Ramón Grosfoguel (Porto Rico). Todos esses pesquisadores foram acolhidos pelas universidades norte-americanas e todos eles "mundializaram-se".

27. Dá-se o nome de *French Theory* a um corpus extraído dos principais pensadores franceses dos anos 1970 — de Foucault a Derrida, passando por Lacan, Simone de Beauvoir ou Jean-François Lyotard —, que permitiu, em seguida, que polemistas de direita, extrema direita e, por vezes, até esquerdistas afirmassem que eles eram impostores obscurantistas responsáveis pelas derivas identitárias. Diríamos, antes, que se trata do efeito da globalização de certos pensamentos críticos, reelaborados em prestigiosas universidades americanas. Cf. Razmig Keucheyan, "Le Moment américain: Sur la mondialisation des pensées critiques". *Revue Française d'Études Américaines*, n. 126, pp. 21-32, 2010.

28. Edward Said, *À Contre-voie: Memóires*. Paris: Le Serpent à Plumes, 2002 [1999], p. 24. [Ed. bras.: *Fora do lugar: Memórias*. Trad. de Tomás Rosa Bueno. São Paulo: Companhia das Letras, 2004.]
29. Ibid., p. 25.
30. Edward Said, *Joseph Conrad and the Fiction of Autobiography*. Cambridge, Mass.: Harvard University Press, 1966.
31. Joseph Conrad, *Au coeur des tenèbres*. Paris: Flammarion, 1993 [1899] [Ed. bras.: *Coração das trevas*. Trad. de Sergio Flaksman. São Paulo: Companhia de Bolso, 2008.]; *Lord Jim*. Paris: Gallimard, 1982 [1900]. (Coleção Folio). [Ed. bras.: *Lord Jim*. Trad. de Julieta Cupertino. Rio de Janeiro: Revan, 2008.]
32. Cf. Alexis Tadié, "Edward Said et Joseph Conrad: La critique de l'illusion coloniale". *Tumultes*, n. 35, pp. 67-80, 2010.
33. Ele se tornará professor titular em 1977.
34. Edward Said, *L'Orientalisme: L'Orient créé para l'Occident*. Prefácio de Tzvetan Todorov. Paris: Seuil, 1980; reeditado em 1997, com posfácio do autor, depois em edição de bolso na coleção Points Essais, em 2015. [Ed. bras.: *Orientalismo: O Oriente como invenção do Ocidente*. Trad. de Rosaura Eichenberg. Posfácio do autor, de 2003. São Paulo: Companhia de Bolso, 2007.]
35. Isto é, o Oriente no sentido do Oriente árabe ou mundo árabe ou mundo árabe-islâmico, cujos limites geográficos são variáveis.
36. Edward Said, *L'Orientalisme*, op. cit., p. 475. (Coleção Points).
37. Ibid., p. 501.
38. Gustave Flaubert, "Lettre à Louis Bouilhet", 13 mar. 1850. In: ______. *Correspondance*. Paris: Gallimard, 2018, pp. 126-7. (Coleção Folio).
39. Edward Said, *L'Orientalisme*, op. cit., p. 36.
40. Fabienne Dupray, "*Madame Bovary* et les juges: Enjeux d'un procès littéraire". *Histoire de la Justice*, n. 17, pp. 227-45, 2007.

41. Segundo o vocabulário da época. A citação a seguir é de carta a Louise Colet, 26 ago. 1846. Cf. a excelente tese de Hassen Bkhairia: *L'Inscription littéraire de l'histoire chez Flaubert, des oeuvres de jeunesse à "Salammbô"*, defendida na Universidade de Bordeaux, em 2012. Ver também o site do Centre Flaubert de Rouen e Francis Lacoste, "L'Orient de Flaubert". *Romantisme*, n. 119, pp. 73-84, 2003.
42. Cf. Guy Harpigny, resenha do livro de Said, *Revue Théologique de Louvain*, fasc. 3, 1981, pp. 357-61. E Jean Birnbaum, *La Religion des faibles*, op. cit., p. 62. Henry Laurens, historiador do mundo árabe, com razão critica Said pela recusa de aceitar a ideia de conflito entre Ocidente e Oriente e por persistir na representação de uma binaridade estática. Cf. "Dans l'Orient arabe toujours plus compliqué", aula inaugural no Collège de France, 11 mar. 2004, publicado em *Le Monde*, 12 mar. 2004; e *Orientales*, t. 1: *Autour de l'Expédition d'Égypte*. Paris: CNRS, 2004. Notemos que, como Michel Foucault, Jacques Derrida e muitos outros, Edward Said foi copiosamente insultado ao longo de toda a sua carreira.
43. Laurent Dubreuil observou muito bem essa deriva em *La Dictature des identités* (Paris: Gallimard, 2019). Ver igualmente, do mesmo autor, "Alter, inter: Académisme et *postcolonial studies*". *Labyrinthe*, n. 24, pp. 47-61, 2006.
44. Cf. Marion Uhlig, "Quand *postcolonial* et *global* riment avec 'médiéval': Sur quelques approches théoriques anglo-saxonnes". *Perspectives Médiévales*, n. 35, 2014.
45. Sonya Faure, "Faut-il utiliser le mot 'race'?". *Libération*, 25 set. 2020. Cf. também Maurice Olender, *Race sans histoire*. Paris: Seuil, 2009. (Coleção Points Essais).
46. Robin DiAngelo, *Fragilité blanche: Ce racisme que les Blancs ne voient pas*. Paris: Les Arènes, 2020.
47. Essa é a tese central desenvolvida pelo psicólogo indiano Ashis Nandy, que se inspira na conceitualidade psicanalítica: *L'Ennemi intime: Perte de soi et retour à soi sous le colonialisme*. Paris: Fayard, 2007 [1983]. Trata-se de uma temática bastante próxima daquela de Octave Mannoni. A versão francesa é prefaciada por Charles Malamoud e Pierre Legendre, que veem no colonialismo uma violência que recai sobre os vencedores, "vítimas camufladas num estágio avançado de decomposição psicológica".
48. Tomo este termo emprestado de Montaigne: "O falar obscuro, ambíguo e fantástico do jargão profético".

49. Robert Gildea, *L'Esprit impérial: Passé colonial et politiques du present*. Paris: Passés Composés, 2020, p. 245.
50. Consistindo em definir-se de modo binário, como islâmico ou não islâmico.
51. O episódio foi relatado por Paul Veyne, *Foucault, sa pensée, sa personne* (Paris: Albin Michel, 2008). Expulso do Iraque, Khomeyni morou na França entre 6 de outubro de 1978 e 1º de fevereiro de 1979. Raymond Aron, por sua vez, pensava equivocadamente que Khomeyni iria se aliar à URSS.
52. Michel Foucault, "À quoi Rêvent les Iraniens" [1978] e "Une Poudrière appelée islam" [1979]. In: ______. *Dits et écrits*, t. III: *1976-1979*. Paris: Gallimard, 1994, pp. 688-98 e 759-62. [Ed. bras.: *Ditos e escritos*. Trad. de Vera Lúcia Avellar Ribeiro. Rio de Janeiro: Forense Universitária, 2013. v. 4: *Repensar a política*.] Giesbert pretendia recordar "as besteiras" de Foucault (*Le Point*, 5 dez. 2003). Quanto a Minc, ele não hesitou em chamá-lo de "advogado do khomeynismo iraniano, solidário em teoria a seus abusos" (*Le Monde*, 7 nov. 2001). A esse respeito, ver o excelente esclarecimento de Julien Cavagnis, "Michel Foucault et le soulèvement iranien de 1978: Retour sur la notion de 'spiritualité politique'". *Cahiers Philosophiques*, n. 130, pp. 51-71, 2012. Ver igualmente Jean Birnbaum, *Un Silence religieux: La gauche face au djihadisme*. Paris: Seuil, 2016.
53. Salman Rushdie, *Les Versets sataniques*. Paris: Christian Bourgois, 1989. [Ed. bras.: *Os versos satânicos*. Trad. de Misael H. Dursan. São Paulo: Companhia de Bolso, 2008.]
54. Os *Cahiers de prison* foram editados em cinco volumes pela Gallimard, na Coleção Bibliothèque de Philosophie. [Ed. bras.: *Cadernos do cárcere*. Org. e trad. de Carlos Nelson Coutinho. Rio de Janeiro: Civilização Brasileira, 1999-2002. 6 v.]
55. Riccardo Ciavolella, "L'Émancipation des subalternes par la 'culture populaire': La pensée gramscienne et l'anthropologie pour appréhender l'Italie de l'après-guerre et le Tiers Monde en voie de décolonisation [1948-1960]". *Mélanges de l'École Française de Rome, Italie et Mediterranée Modernes et Contemporaines*, n. 128, 2016 (on-line).
56. O projeto dos *subaltern studies* concretizou-se com a publicação de uma série de onze volumes entre 1982 e 2000, reunindo um total de cerca de cinquenta colaboradores. Os dez primeiros volumes foram editados em Délhi pela Oxford University Press e o último em Nova York pela Columbia University Press, sendo que Gayatri Chakravorty

Spivak juntou-se à equipe em 1985. É claro que, como em todos os movimentos de vanguarda, os atores desse enorme projeto entraram em conflito entre si. Enfrentaram-se nas grandes universidades americanas — Harvard, Columbia, Cornell etc. —, entrecruzando-se com pensadores vindos da França ou da América Latina. Cf. Thomas Brisson, *Décentrer l'Occident*, op. cit. O historiador inglês Robert J. C. Young, especialista em Fanon, foi um dos primeiros a caracterizar a teoria pós-colonialista como um campo de estudo: *White Mythologies: Writing History and the West* (Londres: Routledge, 1990).

57. Além daqueles de Thomas Brisson, é possível consultar diversos trabalhos: Jacques Pouchepadass, "Les *Subaltern studies* ou La critique postcoloniale de la modernité". *L'Homme*, n. 156, pp. 161-86, 2000. E Isabelle Merle, "Les *Subaltern studies*: Retour sur les principes fondateurs d'un projet historiographique de l'Inde coloniale". *Genèses*, n. 56, pp. 131-47, 2004.
58. Cf. Thomas Brisson, *Décentrer l'Occident*, op. cit., p. 222.
59. Apud Chinua Achebe (1930-2013), escritor nigeriano de língua inglesa, professor na Universidade Brown e autor de um livro traduzido em cinquenta línguas sobre a perda da identidade africana no contato com a colonização europeia: *Le Monde s'effondre* [1958]. Paris: Présence Africaine, 2000. [Ed. bras.: *O mundo se despedaça*. Trad. de Vera Queiroz da Costa e Silva. Introdução e glossário de Alberto da Costa e Silva. São Paulo: Companhia das Letras, 2009.] Em 1975, ele rastreou o "racismo" de Joseph Conrad em *Coração das trevas*, segundo uma perspectiva pós-colonialista que nada tinha a ver com a de Said, que consagra seu texto ao estudo da maneira como Kurtz concebe a África.
60. Carlo Ginzburg, *Le Fromage et le vers: L'univers d'un meunier du XVIe siècle*. Paris: Flammarion, 1980. Reeditado em 2019 na Coleção Champs Histoire com prefácio e apresentação de Patrick Boucheron. [Ed. bras.: *O queijo e os vermes*. Trad. de Maria Betânia Amoroso. São Paulo: Companhia de Bolso, 2006.]
61. Georges Duby e Michelle Perrot, *Histoire des femmes en Occident*. Paris: Plon, 1991. 5 v.
62. Michele Perrot, *Mélancolie ouvrière*. Paris: Grasset, 2012; Kamel Daoud, *Meursault, contre-enquête*. Paris: Actes Sud, 2014 [Ed. bras.: *O caso Mersault*. Trad. de Bernardo Ajzenberg. São Paulo: Biblioteca Azul, 2016.]; Arlette Farge, *Vies oubliées: Au coeur du* XVIIIe *siècle*. Paris: La Découverte, 2019; Virginie Despentes, *King Kong Theory*. Paris:

Grasset, 2006. [Ed. bras.: *Teoria King Kong*. Trad. de Márcia Bechara. São Paulo: N-1 Edições, 2016.]

63. Robert O. Paxton, *La France de Vichy (1940-1944)*. Paris: Seuil, 1973. O livro causou escândalo e continua a ser alvo de todos os nacionalistas identitários.

64. Jacques Derrida, *De la Grammatologie*. Paris: Minuit, 1967. [Ed. bras.: *Gramatologia*. 2. ed. Trad. de Miriam Chnaiderman e Renato Janine Ribeiro. São Paulo: Perspectiva, 2011.]

65. Gayatri Chakravorty Spivak, *Les Subalternes peuvent-elles parler?*. Paris: Amsterdam, 2009 [1988]. [Ed. bras.: *Pode o subalterno falar?*. Trad. de Sandra R. G. Almeida, Marcos P. Feitosa e André P. Feitosa. Belo Horizonte: Editora UFMG, 2014.]

66. O texto de referência é o de Catherine Weinberger-Thomas, "Cendres d'immortalité: La crémation des veuves em Inde". *Archives de Sciences Sociales*, n. 67, pp. 9-51, 1989. Retomado em livro com o mesmo título pelas Editions du Seuil, em 1996.

67. Assim como o ritual do duelo.

68. Cf. Maurice Pinguet, *La Mort volontaire au Japon*. Paris: Gallimard, 1984.

69. Cf. C. Weinberger-Thomas, "Cendres d'immortalité", art. cit., p. 26. E entrevista com Vaiju Naravane, 8 ago. 2020.

70. Sigmund Freud, "On bat un enfant: Contribution à l'étude de la genèse des perversions sexuelles", retraduzido com o título "Un enfant est battu". In: ______. *Névrose, psychose et perversion*. Paris: PUF, 1973 [1919]. [Ed. bras.: "'Batem numa criança': Contribuição ao conhecimento da gênese das perversões sexuais". In: ______. *Obras completas*. Trad. de Paulo César Lima de Souza. São Paulo: Companhia das Letras, 2010. v. 14.]

71. Gayatri C. Spivak, *Les Subalternes peuvent-elles parler?*, op. cit., p. 74.

72. Dipesh Chakraberty, *Provincialiser l'Europe: La pensée postcoloniale et la différence historique*. Paris: Amsterdam, 2009 [2000]. Notemos que o historiador dos mundos africanos Xavier-François Fauvelle sublinhou, por ocasião de sua conferência inaugural no Collège de France (3 out. 2019) e em resposta a Chakraberty, que seria preferível "provincializar o mundo".

73. D. Chakrabarty, *Provincialiser l'Europe*, op. cit., p. 179.

74. A esse respeito, ver Matthieu Renault, "Heidegger en Inde: De Jarava Lal Mehta aux *subaltern studies*". *Revue Asylon(s)*, n. 10, jul. 2012/jul. 2014.

75. Dipesh Chakraberty, *Provincializer l'Europe*, op. cit., p. 374.
76. Terry Eagleton, "In the Gaudy Supermarket". *London Review of Books*, 13 maio 1999 (a respeito de Gayatri C. Spivak, *A Critique of Post-Colonial Reason: Toward a History of the Vanishing Present*. Cambridge, Mass.: Harvard University Press, 1999).
77. Homi Bhabha, *Les Lieux de la culture: Une théorie postcoloniale*, op. cit., p. 10.
78. Ibid.
79. Sobre as dificuldades encontradas pelos tradutores de Homi Bhabha, cf. Claire Joubert, "Théorie en traduction: Homi Bhabha et l'intervention postcoloniale". *Littérature*, n. 154, pp. 149-74, 2009.
80. Gilberto Freyre, *Maîtres et esclaves: La formation de la société brésilienne*. Paris: Gallimard, 1974 [1933]. [Ed. bras.: *Casa-grande & senzala*. 51. ed. Rio de Janeiro: Global, 2005.]
81. Alusão às línguas tupis faladas pelos ameríndios. Como o surrealismo, o movimento antropofágico desempenhou um papel importante na introdução da psicanálise no Brasil, especialmente em São Paulo. Cf. Carmen Lucia Montechi Valladares de Oliveira, *Histoire de la psychanalyse au Brésil (São Paulo, 1920-1969)*. Paris: L'Harmattan, 2005. [Ed. bras.: *História da psicanálise: São Paulo, 1920-1969*. São Paulo: Escuta, 2005.]
82. Homi Bhabha, *Les Lieux de la culture*, op. cit., pp. 62-3.
83. Ibid., p. 64.
84. Homi Bhabha e Jonathan Rutherford, "Le Tiers-espace". *Multitudes*, n. 26, p. 102, 2006.
85. Slavoj Žižek, *The Sublime Object of Ideology*. Londres: Verso, 1989 [1986]. [Ed. bras.: *Eles não sabem o que fazem: O sublime objeto da ideologia*. Trad. de Vera Ribeiro. Rio de Janeiro: Zahar, 1992.]
86. Ver a excelente análise de Azzedine Haddour, "Fanon dans la théorie postcoloniale". *Temps Modernes*, n. 635-6, pp. 136-59, dez. 2005/jan. 2006.
87. Hannah Arendt, "Sur la violence". In: ______. *Du Mensonge à la violence*. Paris: Pocket, 1994 [1972]. (Coleção Agora). [Ed. bras.: *Sobre a violência*. Trad. de André de Macedo Duarte. 7. ed. Rio de Janeiro: Civilização Brasileira, 2016.] Agradeço a Jean Khalfa por sua preciosa ajuda a respeito desse ponto: carta à autora em 6 set. 2020. Cf. igualmente Jean Khalfa, "Éthique et violence chez Frantz Fanon". *Les Temps Modernes*, n. 698, pp. 51-69, 2018.

88. Homi Bhabha, "Framing Fanon", prefácio a Frantz Fanon. *The Wretched of the Earth*. Trad. Richard Philcox. Nova York: Grove Press, 2004. *Framing* significa "enquadrar" ou "reenquadrar". Judith Butler deu apoio a Bhabha, acrescentando à sua abordagem um toque "generificado"; cf. "Violence, non-violence: Sartre, à propos de Fanon". *Actuel Marx*, n. 55, pp. 12-35, 2014.
89. Thamy Ayouch, titular de uma tese de habilitação (HDR) defendida na Universidade de Paris VII, 3 dez. 2016, publicada sob o título de *Psychanalyse et hybridité: Genre, colonialité, subjectivations*, com prefácio de Laurie Laufer (Louvain: Presses Universitaires de Louvain, 2018): "Este livro é uma abertura essencial para um pensamento epistemológico de uma certa psicanálise que recusa o fechamento, a dogmatização, a patologização".
90. Colóquio Internacional Psicanálise, Estudos de Gênero, Estudos Pós-Coloniais: Estado da Arte. Universidade Paris-Diderot, 14-15 dez. 2018.
91. "La Pensée 'decoloniale' renforce le narcissisme des petites différences", *Le Monde*, 25 set. 2019, e "Panique décoloniale chez les psychanalystes!", *Libération*, 4 out. 2019. A primeira tribuna foi iniciada por Céline Masson, militante de um universalismo freudo-republicano, e a segunda, por uma psicanalista de tendência culturalista, que teve o cuidado de garantir as assinaturas de numerosos pesquisadores em estudos pós-coloniais que não compreenderam muito bem, como pude constatar junto a muitos deles, o significado desse debate insano.
92. Jean-Loup Amselle analisou perfeitamente essa deriva em *L'Occident décroché: Enquête sur les postcolonialismes*. Paris: Stock, 2008.
93. Jasbir K. Puar, *Terrorist Assemblages: Homonationalism in Queer Times*, parcialmente traduzido para o francês com o título de *Homonationalisme: La politique queer après le 11 septembre 2001*. Paris: Amsterdam, 2012 [2007].

5. O labirinto da interseccionalidade (pp. 168-215)

1. Nicolas Bancel et al. (Orgs.), *hottentote aux reality shows*. Paris: La Découverte, 2002.
2. Nicolas Bancel, Pascal Blanchard e Sandrine Lemaire (Orgs.), *La Fracture coloniale: La société française au prisme de l'heritage colonial*. Paris: La Découverte, 2005.

3. Cf. Pierre-André Taguieff e Laurent Bouvet, "Les Bonimenteurs du *postcolonial business* en quête de respectabilité académique". *L'Express*, 26 dez. 2019.
4. Pascal Blanchard, Nicolas Bancel e Sandrine Lemaire, *Décolonisations françaises: La chute d'un empire*. Pref. de Benjamin Stora, posf. de Achille Mbembe. Paris: La Martinière, 2020. Cf. igualmente o belo documentário *Décolonisations: Du sang et des larmes*, 2020; entrevista com a autora em *Télérama*, pp. 75-7, 30 set. 2020.
5. Malek Bouyahia, verbete "Postcolonialités". In: Juliette Rennes (Org.). *Encyclopédie critique du genre*. Paris: La Découverte, 2016.
6. Nota de Bernard Cerquiglini em 7 de agosto de 2020.
7. Assim, Jacques Toubon, ex-ministro da Justiça do governo Jacques Chirac, foi chamado de "islamoesquerdista" por militantes da extrema direita por, como ouvidor público [*Défenseur des droits*] (2014-20), ter se mostrado alarmado com as condições de vida dos refugiados instalados em acampamentos. Da mesma forma, qualquer um hoje pode ser chamado de "islamofóbico" e insultado por coletivos extremistas que tentam instaurar na França uma lei que reprima a blasfêmia. Cf. Simon Blin, "En Finir avec l'islamo-gauchisme?". *Libération*, 23 out. 2020.
8. A Al-Qaeda é uma organização terrorista islamista cujo representante mais famoso é Osama bin Laden. Daesh ou Estado Islâmico é um ramo terrorista do salafismo, rival da Al-Qaeda, que preconiza o restabelecimento do califado. Sobre a influência do islamismo na França, cf. o excelente estudo coordenado por Bernard Rougier, *Les Territoires conquis de l'islamisme*. Paris: PUF, 2020.
9. Conforme demonstram as estatísticas que citei no capítulo anterior.
10. Cf. Relatório anual do *Observatoire de la Laïcité pour l'année 2019-2020* (636 p.). On-line desde 18 dez. 2020.
11. Charles Enderlin. "Il est du droit de tout Juif de se déclarer non sioniste". Entrevista a Valérie Toranian, *Revue des Deux Mondes*, p. 96, out. 2020.
12. Apelação de 13 de dezembro de 2005, reproduzida em toda a imprensa. Sou signatária desta apelação.
13. Eu já tivera ocasião de discutir a Lei Gayssot com Jacques Derrida (*De quoi demain... Dialogue*. Paris: Fayard; Galilée, 2001).
14. Frantz Fanon, *Peau noire, masques blancs*. Paris: Seuil, 1952, p. 187.
15. Aimé Césaire, *L'Express*, 13 set. 2001.

16. Retomado em termos idênticos em *Pardonner: L'impardonnable et l'imprescriptible*. Paris: Galilée, 2012.
17. Benjamin Stora, "Je ne suis pas pour effacer les traces, je suis pour renforcer l'histoire". *La Marseillaise*, 14 jun. 2020.
18. Esse movimento irá se transformar no Partido dos Indígenas da República (PIR, Parti des Indigènes de la République).
19. Simone de Beauvoir e Gisèle Halimi, *Djamila Boupacha*. Paris: Gallimard, 1962, com numerosos testemunhos e um desenho de Picasso.
20. Françoise Vergès, *Le Ventre des femmes: Capitalisme, racialisation, féminisme*. Paris: Albin Michel, 2017. Martine Storti criticou essa posição num belo ensaio: *Pour un Féminisme universel*. Paris: Seuil, 2020. (Coleção La République des Idées).
21. Françoise Vergès, *Un Féminisme décolonial*. Paris: La Fabrique, 2019, pp. 83-4. [Ed. bras.: *Um feminismo decolonial*. Trad. de Jamile Pinheiro Dias e Raquel Camargo. São Paulo: Ubu, 2020.]
22. Paul Vergès (1925-2016): fundador do Partido Comunista Reunionense, deputado e senador na Quarta e na Quinta Repúblicas, filho de Raymond Vergès, cônsul da França no Sião [atual Tailândia], e de Pahm Thi Khang, professora vietnamita, e irmão do célebre advogado Jacques Vergès (1924-2013). Laurence Deroin (1924-2012): militante do PCF, próxima de Raymond Aubrac, feminista e cofundadora da União de Mulheres da Ilha da Reunião.
23. Sara R. Farris, *In the Name of Women's Rights: The Rise of Femonationalism*. Durham: Duke University Press, 2017. Observemos que o prêmio Simone de Beauvoir, presidido por Sylvie Le Bon de Beauvoir, foi atribuído, em 2017, a Giusi Nicolini, prefeita de Lampedusa, combatente pelos direitos dos refugiados e dos imigrantes. Sabe-se que, nos barcos da morte e do afogamento, as mulheres sofrem uma pena dupla, pois são estupradas por seus companheiros de infortúnio. O estupro é uma prática universal, e não há "bons" e "maus" estupradores.
24. Ver Sadri Khiari, *Pour une Politique de la racaille: Imigré-e-s, indigènes et jeunes de banlieus*. Paris: Textuel, 2006; Id., *La Contre-Révolution coloniale en France de De Gaulle à Sarkozy*. Paris: La Fabrique, 2009. Houria Bouteldja, Sadri Khiari et al., *Nous sommes les Indigènes de la République*. Paris: Amsterdam, 2012; Houria Bouteldja saiu do PIR em outubro de 2020.

25. Ver Joseph Massad, *Desiring Arabs*. Chicago: University of Chicago Press, 2007. Ver o excelente comentário de Jean Birnbaum, *La Religion des faibles: Ce que le djihadisme dit de nous*. Paris: Seuil, 2018, pp. 197-8. Tive a oportunidade de confrontar-me com Joseph Massad num colóquio em Londres, em 2008. Ver Joseph Massad, *Islam in Liberalism*. Chicago: University of Chicago Press, 2015, p. 309. Notemos que, em virtude de sua concepção de uma psicanálise hibridizada, Thamy Ayouch afirma, ele também, a inexistência da noção de homossexualidade no mundo árabe-muçulmano. Cf. Thamy Ayouch, *Psychanalyse et hybridité: Genre, colonialité, subjectivations*. Louvain: Presses Universitaires de Louvain, 2018, p. 164. [Ed. bras.: *Psicanálise e hibridez: Gênero, colonialidade e subjetivações*. Curitiba: Calligraphie, 2019.]
26. Site dos Indigènes de la République, 23 fev. 2013.
27. Houria Bouteldja, "Mohamed Merah et moi", site dos Indigènes de la République, 6 abr. 2012.
28. Houria Bouteldja, *Les Blancs, les Juifs et Nous: Vers une politique de l'amour révolutionnaire*. Paris: La Fabrique, 2016. Nesse livro as maiúsculas são utilizadas sistematicamente: Brancos, Nós, Vocês, Negros, Indígenas etc., como se fossem povos ou cidadãos de uma nação.
29. Houria Bouteldja, *Les Blancs, les Juifs et Nous*, op. cit., p. 72.
30. *L'Abécédaire de Raymond Aron*. Paris: L'Observatoire, 2019, p. 16.
31. Houria Bouteldja, *Les Blancs, les Juifs et Nous*, op. cit., p. 28. Em 3 de outubro de 1960, 7 mil manifestantes favoráveis à Argélia francesa desfilaram na Champs-Élysées gritando: "Fuzilem Sartre!". De Gaulle decidiu seguir a opinião de Malraux: é melhor deixar Sartre gritar "Viva a FLN!" que cometer o erro de prendê-lo. O encontro entre Sartre e Fanon ocorreu nesse momento. Cf. Joseph Mornet, "Commentaire à la préface de Jean-Paul Sartre pour *Les Damnés de la Terre*, de Frantz Fanon". *Vie Sociale et Traitements*, n. 89, pp. 148-53, 2006.
32. No programa da TV francesa *Ce Soir (ou Jamais!)*, de Frédéric Taddéi, de 18 de março de 2016, na presença de Houria Bouteldja e de sua aliada, a professora universitária pós-colonial Maboula Soumahoro, Thomas Guénolé, cientista político de esquerda, arrasou o livro.
33. Frantz Fanon, *Écrits sur aliénation et la liberté*, textos reunidos, introduzidos e apresentados por Jean Khalfa e Robert Young (Paris: La Découverte, 2015, p. 556). [Ed. bras.: *Alienação e liberdade: Escritos psi-*

quiátricos. Apres. de Renato Noguera. Trad. de Sebastião Nascimento. São Paulo: Ubu, 2020.]

34. "Vers l'Émancipation, contre la calomnie: En soutien à Houria Bouteldja e à l'antiracisme politique". *Le Monde*, 19 jun. 2017. Resposta a um artigo crítico de Jean Birnbaum, "La Gauche dechirée par le 'racisme antiraciste'", *Le Monde*, 10 jun. 2017.
35. Houria Bouteldja, *Les Blancs, les Juifs et Nous*, op. cit., pp. 22-3.
36. Num livro apaixonante, Fethi Benslama e Farhad Khorokhavar mostram que as mulheres que escolhem o jihadismo invertem os valores da emancipação das mulheres para reivindicar uma identidade regressiva baseada na rejeição dos ideais de seus pais, assimilados a serviçais humilhados pelo colonialismo. Trata-se, então, de redimi-los através de um sacrifício. Cf. *Le Jihadisme des femmes: Pourquoi ont-elles choisi Daech?*. Paris: Seuil. 2017.
37. *Les Inrockuptibles*, 8 jan. 2017.
38. Trata-se de uma "cerimônia paródica de entrega de prêmios aos argumentos racistas mais representativos do racismo sistêmico, enunciadas por personalidades públicas na mídia".
39. Entrevista com Michel Wieviorka, 1 set. 2020.
40. Ibid. Cf. Hervé Le Bras, Michel Wieviorka et al. (Orgs.). *Diviser pour unir? France, Russie, Brésil, États-Unis face aux comptages ethniques*. Paris: Maison des Sciences de l'Homme, 2018. Cf. igualmente Catherine Vincent, "Querelle républicaine autour des statistiques ethniques". *Le Monde*, 12 set. 2020.
41. Tema do colóquio Identités au Prisme de la Restitution, 6 jun. 2019, Universidade Paris v-Descartes. Louis-Georges Tin, *Les Impostures de l'universalisme: Conversation avec Régis Meyran*. Paris: Textuel, 2020. Sobre as lutas fratricidas internas ao Cran, cf. Sara Daniel, *L'Obs*, 18 ago. 2020. Depois de graves divergência internas, Louis-Georges Tin foi expulso do Cran em julho de 2020.
42. No mesmo dia, teve lugar o atentado contra o Hyper Cacher, supermercado kosher de Porte de Vincennes. Além dos jornalistas do *Charlie Hebdo*, cinco outras pessoas foram assassinadas. No total, foram dezessete mortos.
43. "Eu sou Carlos Martel". Carlos Martel (690-741) foi responsável pela vitória franca na Batalha de Poitiers (732), que barrou de vez a expansão muçulmana em território francês.
44. Cf. *Libération*, 16 jan. 2015.

45. Notemos que *"Je ne suis pas Charlie"* [Eu não sou Charlie] não significa *"Je suis anti-Charlie"* [Eu sou anti-Charlie]. A nuance é considerável, pois autoriza os que reivindicam o *"Je ne suis"* a afirmar que nem por isso eles aprovam o recurso a ações homicidas.
46. Artigo publicado no *Le Monde* de 14 de janeiro de 2015, assinado por sociólogos, economistas e historiadores de esquerda e de extrema esquerda.
47. *Les Inrockuptibles*, 17 jan. 2015.
48. Jean-Marie Poitier, *Sofilm*, 6 maio 2015.
49. Robert Gildea, *L'Ésprit impérial: Passé colonial et politiques du présent*. Paris: Passés Composés, 2020, pp. 342-5. Ainda podemos ler esses argumentos hoje, sobretudo nas colunas da imprensa americana, mais particularmente nas páginas do *Washington Post*.
50. Tomamos consciência disso com a hashtag #MeToo, uma passagem necessária à ação, mas que não deveria se prolongar ao infinito.
51. Éric Fassin, "L'Appropriation culturelle c'est lorsqu'un emprunt entre les cultures s'inscrit dans un contexte de domination". *Le Monde*, 24 ago. 2018. Cf. Sonya Faure, "Un Credo pour les antiracistes". *Libération*, 29 jun. 2016. A mesma acusação foi levantada contra Pascal Blanchard.
52. Nome de uma aldeia iroquesa que deu origem à palavra "Canadá".
53. Declaração à Radio-Canada, 17 jul. 2018.
54. Manifesto da Unef, 25 mar. 2019.
55. Comunicado de imprensa de Frédérique Vidal, ministro do Ensino Superior, da Pesquisa e da Inovação, e de Franck Riester, ministro da Cultura, 27 mar. 2019.
56. *Libération*, 10 abr. 2019.
57. Laure Murat, "La *Cancel culture* c'est d'abord un immense ras-le-bol d'une justice à deux vitesses". *Le Monde*, 2-3 ago. 2020.
58. Constituição da França, 12 jul. 2018.
59. Éric Fassin, "Le Racisme anti-Blancs n'existe pas", loc. cit. E em seu blog Identités Politiques (*Mediapart*), 26 set. 2019.
60. Entrevista a Laure Daussy. *Charlie Hebdo*, 6 jun. 2018. E Tania de Montaigne, *L'Assignation: Les Noirs n'existent pas*. Paris: Grasset, 2018. Tania de Montaigne é membro do coletivo 50/50, que tem como objetivo promover a igualdade das mulheres e dos homens e a diversidade no cinema e no audiovisual.

61. Declaração a Valérie Marin La Meslée e Christophe Onodit-Biot. *Le Point*, 13 ago. 2020.
62. Todos esses atos ocorreram entre 2019 e 2020.
63. "Un Espace public corseté par la *cancel culture* ne sert pas les intérêts des minorités". *Le Monde*, 26 jul. 2020. Thomas Chatterton Williams é autor de uma obra autobiográfica, *Self-Portrait in Black and White: Unlearning Race* [2019], publicada na França como *Autoportrait en noir et blanc: Désapprendre l'idée de race*. Trad. de Colin Reingewirtz. Paris: Grasset, 2021
64. Benjamin Stora, *La Guerre des mémoires: La France face à son passé colonial*. Entrevistas a Thierry Leclère, La Tour-d'Aigues. Paris: Éditions de l'Aube, 2007. Jacques Chirac, discurso de 16 jul. 1995, pronunciado quando da celebração de 53º aniversário da razia do Velódromo de Inverno: "A França, neste dia, consumou o irreparável".

6. Grandes substituições (pp. 216-54)

1. Mark Lilla, *La Gauche identitaire: L'Amérique en miettes*. Paris: Stock, 2018.
2. O cuidado mútuo ou sabedoria prática. A filosofia do *care* nasceu nos Estados Unidos em 1982, em reação à escalada do individualismo. Ela está presente em Paul Ricoeur, no livro *Soi-même comme un autre*, e é defendida, na França, pela filósofa Sandra Laugier.
3. É o caso especialmente de Vincent Geisser, autor de *La Nouvelle islamophobie* (Paris: La Découverte, 2003), que popularizou a expressão na França, atacando o SOS Racisme e o modelo francês de laicidade, qualificado como "nacional-laicismo", antes de acusar erroneamente um alto funcionário do CNRS, Joseph Illand, de ser um agente de informação encarregado de vigiar os especialistas no islã. Em 2009, o caso incendiou o ambiente universitário, pois Geisser foi apoiado por 5 mil pesquisadores. Escrevi um artigo a esse respeito: "Geisser: Une petition à l'aveuglette" (*Libération*, 25 jun. 2009). Cf. igualmente Joseph Illand, "L'Honeur d'un ingénieur général: Reponse aux accusations de Vincent Geisser". *Le Monde*, 9 jul. 2009.
4. Sermão conclamando apoio ao assassino de Samuel Paty, em 3 de novembro de 2020. Sobre a questão das decapitações exibidas em vídeo na internet, remeto ao magnífico livro de Jean-Louis Comolli,

Daech, le cinéma et la mort (Lagrasse: Verdier, 2016), que mostra como os "inimigos do Ocidente" utilizam os efeitos visuais inspirados nos filmes de ação hollywoodianos.

5. Fethi Benslama, *La Guerre des subjectivités en islam*. Fécamp: Lignes, 2014.
6. Navio do rei Teseu, que os atenienses veneravam e cujas peças gastas eles substituíam por novas, tanto que os filósofos o transformaram no suporte de uma experiência de pensamento sobre a identidade, alguns sustentando que o barco era sempre o mesmo, outros, que ele era diferente. A história é narrada por Plutarco em *As vidas dos homens ilustres*.
7. O termo "populismo" deve ser usado com prudência. Ele é empregado aqui no sentido de regime de paixões e emoções marcado por um sentimento de abandono que leva à construção de narrativas frequentemente conspiracionistas. Cf. Pierre Rosanvallon, *Le Siècle du populisme: Histoire, théorie, critique*. Paris: Seuil, 2020. [Ed. bras.: *O século do populismo: História, teoria, crítica*. Trad. de Diogo Cunha. Cotia, SP: Ateliê de Humanidades, 2021.]
8. Em novembro de 2005 foi criado na França, espelhado no Cran, um Conselho Representativo das Associações Brancas (Crab), que logo cairá em desuso: "Há mais de 2000 anos a França é branca. Há quarenta anos ela tornou-se cinza e negra!!! Não somos obrigados a suportar pessoas que têm uma cultura religiosa acima das leis da República. Não à mestiçagem."
9. Mark Lilla, *L'Esprit de réaction*. Paris: Desclée de Brouwer, 2019 [2016], p. 12.
10. Jean Starobinski, *L'Invention de la liberté (1700-1789)*, seguido de *Les Emblèmes de la raison*. Paris: Gallimard, 2006 [1964]. [Ed. bras.: *A invenção da liberdade*. Trad. de Fúlvia M. L. Moretto. São Paulo: Unesp, 1994; e *1789: Os emblemas da razão*. Trad. de Maria Lucia Machado. São Paulo: Companhia das Letras, 1988.]
11. Literalmente: "Onde cresce o perigo, cresce também o que salva."
12. Cf. Jacques Julliard, "La Démocratie en danger". *Le Figaro*, 5 out. 2020.
13. Ver, a esse respeito, Sylvie Laurent, *Pauvre petit Blanc: Le mythe de la dépossession raciale*. Paris: Maison des Sciences de l'Homme, 2020.
14. Donald Trump que, felizmente, terá apenas um mandato (2016-20).
15. Silvie Laurent, *Pauvre petit Blanc*, op. cit., p. 19.

16. Filiado à corrente da *cross-cultural psychology*, ou psicologia intercultural, que estuda a maneira como a origem étnica, a classe social, o sexo etc. atuam na constituição da personalidade. Negy especializou-se no estudo e nas terapias das famílias hispânicas pobres. Em 2012, ele disse que não havia nenhuma prova da existência do "paraíso" e teve de enfrentar um grupo de estudantes extremistas que afirmavam a superioridade do cristianismo sobre as outras religiões.
17. Charles Negy, *White Shaming: Bullying Based on Prejudice Virtue-Signaling and Ignorance*. Dubuque: Kendall Hunt, 2020. E Michael Levenson, "University to Investigate Professor who Tweeted about 'Black Privilege'". *New York Times*, 5 jun. 2020.
18. Joseph de Maistre, *Considérations sur la France*, de acordo com as edições de 1797, 1821 e o manuscrito original, introdução e notas de René Johannet e François Vermale. Paris: Vrin, 1936 [1796], p. 81. [Ed. port.: *Considerações sobre a França*. Lisboa: Almedina, 2010. (Coleção Argumentos Clássicos).] Jean-Marie Le Pen retomou esse modelo, assim como Houria Bouteldja. Ver igualmente Zeev Sternhell, *Les Anti-Lumières: Du XVIIIe siècle à la Guerre Froide*. Paris: Fayard, 2006.
19. Cf. Alain Finkielkraut, *L'Identité malheureuse*. Paris: Stock, 2013. Esse livro será duramente criticado por Pierre Nora, *Le Débat*, n. 179, mar./abr. 2014: "A identidade francesa seria igualmente infeliz ainda que não houvesse um só imigrante". A expressão "identidade infeliz" será amplamente retomada a partir de 2014 para designar um "mal francês".
20. Sobre o antiamericanismo especificamente francês, cf. Philippe Roger, *L'Ennemi américain: Généalogie de l'anti-americanisme français*. Paris: Seuil, 2002.
21. Édouard Dumont, *La France juive: Essai d'histoire contemporaine*. Paris: Ernest Flammarion & Charles Marpon, 1886. A primeira edição, em dois volumes de 1200 páginas, vendeu 65 mil exemplares, em 150 edições. Existe uma edição de 1887, ilustrada por "cenas, paisagens, retratos, mapas e plantas por nossos melhores artistas".
22. Ibid., p. 154.
23. Maurice Barrès, *Le Journal*, 15 fev. 1900.
24. Georges Mauco, *Les Étrangers en France: Leur rôle dans la vie économique*. Paris: Armand Colin, 1932.
25. Patrick Weil e eu fomos os primeiros a retraçar o passado colaboracionista de Mauco, fundador dos Centros Claude-Bernard, que

conseguiu durante toda a sua vida se fazer passar por resistente e benfeitor da humanidade. Cf. Elisabeth Roudinesco, "Georges Mauco (1899-1988): Un psychanalyste au service de Vichy. De l'antisemitisme à psychopédagogie". *L'Infini*, n. 51, outono 1995.

26. Jean Giraudoux, *Pleins pouvoirs*. Paris: Gallimard, 1939, sobretudo o capítulo "La France peuplée" (pp. 65-76). Cf. Jean-Claude Milner, "Entretien" com Jean-Claude Poizat, *Le Philosophoire*, n. 43, 2015, pp. 9-55: "[Neste livro] Giraudoux não visa simplesmente aos judeus não assimilados, ele é bem mais radical: se a República francesa representa o bem, estão os judeus estão excluídos dela, sejam eles nascidos ou não na França" (p. 47).
27. Entrevista com Bernard Cerquiglini, 7 nov. 2020.
28. Gilles Fournier, "La Guerre de demain est déjà déclenchée". *Europe-Action*, n. 16, pp. 20-1, abr. 1964. E Pino Rauti, "L'Europa e il Terzo Mondo". *Ordine Nuovo*, v. 10, n. 5-6, jun./jul. 1964, p. 8. Encontra-se uma excelente síntese de todas essas posições em Pauline Picco, "Penser et dire la race à l'extrême droite (France-Italie, 1960-1967)". *Vingtième Siècle*, n. 130, pp. 77-88, 2016.
29. Jean Raspail, *Le Camp des saints*. Paris: Laffont, 2011 [1973], com um prefácio do autor intitulado "Big Other". [Ed. bras.: *O campo dos santos*. Trad. de Roberto Cortes de Lacerda. Rio de Janeiro: Ediouro, 1998.]
30. Jean Raspail, *Moi, Antoine de Tounens, roi de Patagonie*. Paris: Albin Michel, 1981.
31. Solenn de Royer, "L'Épopée des Kurdes de l'*East Sea*: Drame en cinq actes". *Confluences Méditerranée*, n. 42, pp. 13-21, 2002.
32. George Orwell, *1984*. Paris: Gallimard, 1950 [1949]. Neste livro, "Big Brother" é o chefe bigodudo e invisível de um partido que vigia, através de uma tela, a totalidade dos fatos e gestos de uma população reduzida a nada.
33. Sobre as tumultuosas condições da reedição da obra, que não foi alvo de nenhuma perseguição, cf. Pierre Assouline, "*Le Camp des saints* pousse à choisir son camp". *Le Monde*, 24 mar. 2011.
34. "Big Other" é a tradução em língua inglesa do célebre conceito de "grande Outro" ("grande A") elaborado por Jacques Lacan e conhecido por todos os especialistas em ciências humanas e sociais. Ele designa uma alteridade simbólica — Lei, Linguagem, Inconsciente, Deus — que determina o sujeito a despeito dele mesmo. Sobre isso,

acreditando-se orwelliano, Raspail teria convocado, sem sabê-lo, o seu próprio inconsciente, de preferência lacaniano.

35. Jean Raspail, *Le Camp des saints*, op. cit., p. 24.

36. Michel Houellebecq, *Soumission*. Paris: Flammarion, 2015. [Ed. bras.: *Submissão*. Trad. de Rosa Freire d'Aguiar. São Paulo: Alfaguara, 2015.]

37. O POUM era qualificado de hitler-trotskista pelos stalinistas e reprimido pelos franquistas.

38. Cf. Jean-Claude Michéa, "Orwell, la gauche e la double pensée", posfácio a *Orwell anarchiste tory*. Castelnau-le-Lez: Climats, 2020.

39. Philip Roth, *La Tache*. Paris: Gallimard, 2002 [2000]. [Ed. bras.: *A marca humana*. Trad. de Paulo Henriques Britto. São Paulo: Companhia das Letras, 2002.]

40. Entre os colaboradores da *Krisis* encontravam-se autores que nunca, nem de perto nem de longe, haviam apoiado as ideias da nova direita: Jean-Luc Mélanchon, Jacques Julliard, Boris Cyrulnik, André Comte-Sponville etc.

41. Georges Dumézil [1898-1986]: linguista, antropólogo, filólogo, teórico da mitologia indo-europeia e da trifuncionalidade indo-europeia: padres, guerreiros, agricultores. Sobre suas afinidades com a extrema direita, cf. Didier Eribon, *Faut-il brûler Dumézil? Mythologie, science et politique*. Paris: Flammarion, 1992.

42. "Appel à la vigilance", seguido de um artigo de Roger-Pol Droit, "La Confusion des idées: Quarante intellectuels appelent à une 'Europe de la vigilance' face à la banalisation de la pensée d'extrême droite". *Le Monde*, 13 jul. 1993. E Maurice Olender, *Race sans histoire*. Paris: Seuil, 2009. (Coleção Points Essais).

43. O prefixo "pan-" ("tudo") serve em geral para amplificar e universalizar a periculosidade do fenômeno designado pelo termo ao qual é acrescentado. Assim, a palavra "pansexualismo" é utilizada para designar pejorativamente a doutrina freudiana da sexualidade que teria "invadido" o campo dos estudos da sexualidade.

44. Paul Yonnet, *Voyage au centre du malaise français: L'antiracisme et le roman national*. Paris: Gallimard, 1993. E "Sur la crise du lien national". *Lé Débat*, n. 75, maio/ago. 1993, p. 135, resposta a uma crítica ferina de Michel Wieviorka no mesmo número.

45. Participei dos debates com Jacques Derrida, Jean-Pierre Vernant e Claude Lanzmann, e recebi, na ocasião, tantas injúrias quanto, dez anos depois, as da época em critiquei Michel Onfray por seu panfleto

dedicado a Freud. Cf. Jacques Derrida e Elisabeth Roudinesco, *De quoi demain... Dialogue*, op. cit. Todos os documentos relacionados ao caso podem ser encontrados no site de Renaud Camus. Ler também o relato de Olivier Bétourné, que se explicou pela primeira vez em *La Vie comme un livre, Mémoires d'un éditeur engagé*. Paris: Philippe Rey, 2020.

46. Renaud Camus, *La Campagne de France*. Paris: Fayard, 2000, p. 48.
47. Ibid., pp. 60-1.
48. Renaud Camus, *Le Grand Remplacement*, Neulliy-sur-Seine: David Reinharc, 2011 (2. ed. ampl. em 2012). É possível consultar também *2017, Dernière chance avant le Grand Remplacement: Changer de peuple ou changer de politique?*. Entrevistas com Philippe Karsenty. Paris: La Maison d'Édition, 2017. Observemos que Kemi Seba, ativista franco-beninense, amigo de Alain Soral e de Dieudonné, que passou da extrema esquerda anticolonialista à extrema direita identitária, transformou-se no porta-voz de uma remigração inversa, que visava a promover um movimento de retorno das populações negras da Europa a seus países de origem, única maneira, a seu ver, de cultivar a pureza da "raça negra" e de separá-la da "raça branca". Seu grupo segregacionista Tribu Ka (2004-6) foi dissolvido por incitação ao ódio racial. Em 2008, convertido ao islamismo, ele anunciaria que "o homem branco é o diabo". Cf. *Les Inrockuptibles*, 16 set. 2017.
49. Cf. Ariane Chemin, "Et Zemmour devint Zemmour". *Le Monde*, 6 nov. 2014. E Gérard Noiriel, *Le Venin dans la plume: Édouard Drumont, Éric Zemmour et la part sombre de la République*. Paris: La Découverte, 2019.
50. Inventado por Jacques Lacan em 1953 para designar o significante da função paterna.
51. Rádio RTL, 9 maio 2017. Zemmour apoiava-se aqui numa vulgata psicanalítica de botequim que pretendia explorar o inconsciente dos homens políticos.
52. Éric Zemmour, *Mélancolie française*. Paris: Fayard; Denoël, 2010; *Le Suicide français*. Paris: Albin Michel, 2014; *Destin français*. Paris: Albin Michel, 2018.
53. A cada entrevista Zemmour acrescenta novas listas às que publicou em *Le Suicide français*. Cf. a grande entrevista concedida à Radio Courtoise, 16 out. 2014.
54. Murat Lama, "*Destin français* de Zemmour: Le livre le plus antisémite de la Ve République?". Site Mediapart, 11 out. 2018.

55. Houria Bouteldja, "Lettre à Éric Zemmour, l'"israélite"". Site do PIR, 12 jun. 2014.
56. Michel Onfray, "La Gauche acéphale". *Le Figaro Magazine*, 19 jun. 2020. Sobre Onfray, ver Elisabeth Roudinesco (Org.), *Mais Pourquoi tant de haine?*. Paris: Seuil, 2010. [Ed. bras.: *Freud: Mas por que tanto ódio?*. Trad. de André Telles. Rio de Janeiro: Zahar, 2011.] E "Onfray, fin de partie", diálogo entre Elisabeth Roudinesco e Guillaume Mazeau, mediado por Gilles Gressani. *Le Grand Continent*, jul. 2020. Terra Nova é uma associação francesa de orientação social-democrata, fundada em 2008.

Epílogo (pp. 255-6)

1. O que seria incompatível com a Declaração Universal dos Direitos das Crianças (1959).
2. Cf. Maurice Samuels, "Dès 1789, le républicanisme français s'est montré ouvert au particularisme religieux". *Le Monde*, 1 jan. 2021.

Coleção Transmissão da Psicanálise

Não Há Relação Sexual
Alain Badiou

Fundamentos da Psicanálise de Freud a Lacan
(3 volumes)
Marco Antonio Coutinho Jorge

Histeria e Sexualidade

Transexualidade
Marco Antonio Coutinho Jorge; Natália Pereira Travassos

Por Amor a Freud
Hilda Doolittle

A Criança do Espelho
Françoise Dolto e J.-D. Nasio

O Pai e Sua Função em Psicanálise
Joël Dor

Introdução Clínica à Psicanálise Lacaniana
Bruce Fink

A Psicanálise de Crianças e o Lugar dos Pais
Alba Flesler

Freud e a Judeidade
Betty Fuks

A Psicanálise e o Religioso
Phillipe Julien

O Que É Loucura?

Simplesmente Bipolar
Darian Leader

5 Lições sobre a Teoria de Jacques Lacan

9 Lições sobre Arte e Psicanálise

Como Agir com um Adolescente Difícil?

Como Trabalha um Psicanalista?

A Depressão É a Perda de uma Ilusão

A Dor de Amar

A Dor Física

A Fantasia

Os Grandes Casos de Psicose

A Histeria

Introdução à Topologia de Lacan

Introdução às Obras de Freud, Ferenczi, Groddeck, Klein, Winnicott, Dolto, Lacan

Lições sobre os 7 Conceitos Cruciais da Psicanálise

O Livro da Dor e do Amor

O Olhar em Psicanálise

Os Olhos de Laura

Por Que Repetimos os Mesmos Erros?

O Prazer de Ler Freud

Psicossomática

O Silêncio na Psicanálise

Sim, a Psicanálise Cura!
J.-D. Nasio

Guimarães Rosa e a Psicanálise
Tania Rivera

A Análise e o Arquivo

Dicionário Amoroso da Psicanálise

O Eu Soberano

Freud — Mas Por Que Tanto Ódio?

Lacan, a Despeito de Tudo e de Todos

O Paciente, o Terapeuta e o Estado

A Parte Obscura de Nós Mesmos

Retorno à Questão Judaica

Sigmund Freud na sua Época e em Nosso Tempo
Elisabeth Roudinesco

O Inconsciente a Céu Aberto da Psicose
Colette Soler

1ª EDIÇÃO [2022] 2 reimpressões

ESTA OBRA FOI COMPOSTA POR MARI TABOADA EM DANTE PRO E
IMPRESSA EM OFSETE PELA GEOGRÁFICA SOBRE PAPEL PÓLEN NATURAL
DA SUZANO S.A. PARA A EDITORA SCHWARCZ EM AGOSTO DE 2022

A marca FSC® é a garantia de que a madeira utilizada na fabricação do papel deste livro provém de florestas que foram gerenciadas de maneira ambientalmente correta, socialmente justa e economicamente viável, além de outras fontes de origem controlada.